現代ドイツ思想講義

仲正昌樹
Nakamasa Masaki

作品社

【目次】

現代ドイツ思想 講義

本書は、ブックファースト新宿店で行った「仲正昌樹の書店出張講座 入門現代ドイツ思想」と題した全6回の連続講義の内容をもとに、大幅に書き直し、適宜見出しを入れて区切る形で編集したものである。

文章化するに当たって正確を期すべく随所に手を入れたが、講義の雰囲気を再現するため話し言葉のままとした。また会場からの質問も、講義内容に即したものを、編集し直し収録した。

講義の中でテクストとして主に参照したのは、『啓蒙の弁証法』（岩波文庫）であるが、原文を適宜参照した。

来場していただいた会場のみなさん、ご協力いただいたブックファースト新宿店・手間本千夏さん、心より御礼申し上げます。【編集部】

目次

［講義］

第1回　ハイデガーからフランクフルト学派まで

はじめに――フランクフルト学派とは？

この連続講義では、フランクフルト学派を中心にしたドイツの現代思想についてお話ししたいと思います。とくに次の第二回から第四回まで三回ほどは、フランクフルト学派の原点とされている『啓蒙の弁証法』（一九四七）を中心に話をしていこうと思います。今回は、イントロとして「フランクフルト学派はドイツを中心としたヨーロッパ思想史の中でどのような位置づけにあるのか」「どういう特徴があるのか」をお話ししたいと思います。

フランクフルト学派のことは近年あまり話題にされなくなりましたが、この学派についてある程度知っている人は、「ヨーロッパの新しいマルクス主義の潮流の一つ」というイメージを持っているのではないかと思います。フランクフルト学派を過大評価して、「暴力革命を掲げるマルクス主義が退潮したと思いきや、隠れマルクス主義であるフランクフルト学派による日本のメディアや大学、公的機関への浸透工作は成功を収めつつあり……」などと批判する保守派の人もいます。そういう場合のフランクフルト学派はかなり拡大解釈されて、［非正統マルクス主義＝フランクフルト学派］、みたいな感じになっていますね。どちらかというと左派的な傾向の人でも、思想史に詳しくないと、それに近いような大ざっぱな理解をしていることが少なくありません。そこで狭い意味、つまり本来の意味での「フランクフルト学派」と、そうした一般的なイメージを区別するところから、話を始めたいと思います。

ユーロ・コミュニズム

第二次大戦後のヨーロッパのマルクス主義の大きな潮流として、「ユーロ・マルクス主義」あるいは「ユーロ・コミュニズム」と呼ばれるものがありました。一九六〇年代末から西ヨーロッパ諸国で台頭してきた、ロシア革命以後のソ連をモデルとする東欧圏の社会主義とは一線を画し、(西)ヨーロッパ独自の社会主義への道を歩もうとする路線の総称です。私が学生だった一九八〇年代にはしばしば耳にしましたが、最近はほとんど目にしなくなりました。

「ユーロ・コミュニズム」の理論的源泉として名前がよく挙がる二人のマルクス主義哲学者がいます。ルカーチ(一八八五—一九七一)とグラムシ(一八九一—一九三七)です。ルカーチはハンガリー人なので、ハンガリー式にはルカーチ・ジョルジュですが、ドイツ式に言うと、ゲオルク・ルカーチです。この二人を説明し出すと長い時間かかってしまうのですが、どちらもマルクス・レーニン主義者で、彼ら自身はおそらくマルクス・レーニン主義から離れようと思ったことはないと思いますが、新左翼や市民社会派など、非共産党系左翼の間で人気が高い、あるいは高かった人です。

グラムシは、イタリア共産党の創設者の一人で、ファシスト政権によって投獄され、獄中で、『獄中ノート』と呼ばれる論稿を書き続け、死後刊行されています。彼の「ヘゲモニー egemonia」論は有名ですね。ヘゲモニーは、一般的には「覇権」という意味の言葉ですが、グラムシはこれを、社会の中のある階級の他の階級に対する文化的、政治的指導という意味で使いました。グラムシは、軍事的な闘争(機動戦)によってブルジョワ政権を一気に倒し、社会主義政権を作ることよりも、知識人を中心にして「市民社会 la società civile」の中でヘゲモニーを獲得し、社会全体の、今風に言うと言説的な構造を変化させていく中で、革命を達成していくことを重視しました。最近、ポスト・コロニアル理論の文脈でよく出る被従属民という意味での「サバルタン subaltern」ももともとはグラムシの概念でした。スピヴァック

（一九四二― ）が「サバルタン」を、「自分（たち）の歴史を語る言語を持たない人たち」、あるいは、そのように見える人たちとして呈示し、「歴史」と権力の複合的な関係を問題にしたところから、この言葉は有名になりました。しかしもともとは、グラムシが社会のヘゲモニー的部分へのアクセスを遮断されている階級の状態を形容するために用いた概念です。グラムシは、イタリア人で、長い間刑務所に入っていたということもあって、フランクフルト学派との直接的な接点はほとんどありません。戦後、イタリアで共産党の勢力が大きくなり、特にユーロ・コミュニズムのトレンドの中で、グラムシの思想に注目が集まると、フランクフルト学派系の人もグラムシのことを参照するようになりましたが、初期の学派の中心的メンバーで、『啓蒙の弁証法』の共著者であるホルクハイマー（一八九五―一九七三）やアドルノ（一九〇三―六九）との間で、理論的に直接影響を与え合うような関係はありませんでした。ルカーチとは、第一次大戦前まで半ドイツ語圏であったハンガリー出身で、本人がドイツ語で執筆活動をしていたこともあって縁が深いです。ハンガリーが、オーストリア＝ハンガリー二重帝国の一方を構成していたことは御存じですね。

ルカーチ――疎外と物象化

ルカーチは、一九二三年に出版された『歴史と階級意識』で有名です。二十数年前なら、左翼的な思想を勉強している人であれば一度は読まなければならない重要な文献でしたが、現在ではマニアの人以外にはあまり読まれなくなっています。『歴史と階級意識』でのルカーチの議論と、それまでの主流派マルクス主義との違いは、「階級意識」を強調しているところにあります。下部構造（＝生産様式）決定論的な発想ではなく、プロレタリアート＝労働者階級に属する人たちが、自分自身、及び自分が属する階級の置かれている階級的立場をどのように認識しているかが、革命の実現にとって重要である、ということです。ルカーチは、それがマルクス＝レーニンの原則にちゃんと則った議論だと思っていたようです。

『歴史と階級意識』が出版された一九二三年は、ロシア革命が起こってからまだ六年くらいしか経っていないわけです。ソ連が正式に建国されたのは、二二年だからその翌年です。ルカーチは、一九一八年にハンガリー共産党に入党して、それ以降は、ずっとマルクス主義者として活動していますが、最初は「マルクス主義」が付かない、普通の文芸評論家として文筆活動を始め、『魂と形式』（一九一一）とか『小説の理論』（一九一六）といった著作を出しています。いわゆる、ブルジョワ文学に失望して、次第にブルジョワ・イデオロギーを批判するマルクス主義に傾斜していったとされています。

ルカーチの理論のキーワードとして、「疎外 Entfremdung」あるいは、それとほぼ同義で使われている「物象化 Verdinglichung」を挙げることができます。また、これと密接に結び付いた「イデオロギー＝虚偽意識」理解があります。マルクス（一八一八－八三）は、社会の上部構造が「イデオロギー＝虚偽意識 falsches Bewußtsein」によって出来上がっていることを指摘しましたが、そのイデオロギーがどのように作用するかについては、マルクス主義の中でもいろいろ解釈があります。「虚偽意識」は、読んで字の如く、事物の本質について間違った意識を持つということですが、どうして間違ってしまうのか、どうしたら、その間違いを克服できるのかについて、いろいろな見方があるわけです。ルカーチは、それを「疎外」と関係付けます。

「疎外」というのは、初期マルクスの重要概念です――中期以降は、あまり問題にならなくなるとされています。きちんと説明すると長くなりますが、ごく簡単に言うと、労働からの疎外の話です。「労働」は人間の類的本質で、人間は本来、自らの主体的意識に基づいて労働しているはずだけど、資本主義社会では、生産手段が資本家によって独占されているため、労働者は自分の意志で働くのではなく、資本家のために働かされている。労働の産物も自分のものにならず、僅かの賃金を払われているだけ。労働それ自体が、労働者にとってよそよそしい、疎遠な（fremd）ものになった。自分自身の本質である労働から引き離され、自分の意志で働くことは許されず、他者によって強制的に働かされている内に、現実を見失い、虚偽意識が生まれてくる。自分の置かれている状況を正しく認識できない状態に陥る、ということです。

グラムシ

ルカーチ

「物象化」については、日本のマルクス主義哲学の開拓者である廣松渉さん（一九三三－九四）とか、これから話をするアドルノなどは、主体同士の関係性であると同時に、社会的な客観性の根拠でもある「間主観性」と結び付け、掘り下げた解釈をしているんですが、ルカーチの場合はわりと素朴です。「疎外」と「物象化」を、ほぼ同じ意味合いで理解している。つまり、本来の活き活きした労働ができなくなり、まるで機械の部品のように何も考えなくなり、自分自身の置かれている状況を主体的に捉え直すことができなくなっている、ということです。簡単に言うと、自分自身の主体性を失って、「物 Ding」のようになっている。それを外から観察すると、「物象化 Verdinglichung」になるわけです。アドルノや廣松だと、これを、資本主義社会特有の現象として片づけるのではなく、人間というのは、対象を常に間主観的に物象化して見ているのだ、という方向に議論を発展させますが、ルカーチはそこまで話を持っていかず、あくまで資本主義の枠内で生じる「物象化」に話を絞っている。私たちが、何の気なしに半日常語的に使っている「疎外」とほぼ同じような意味です。

『歴史と階級意識』では、そうしたことを、レーニン（一八七〇－一九二四）、マルクス、ヘーゲル（一七七〇－一八三一）のテクストに即して、結構難しく論証しています。疎外＝物象化され、虚偽意識に囚われているような状態から、どのようにして抜け出すかという時、ルカーチは、生産様式を変えることよりも、まずそのような自分の置かれている状況を自覚し、客観的に捉え直すことを通して、主体性を獲得することを強調します。簡単に言うと、労働者の自己認識から真の実践が生まれ、革命が生じる、ということです。

マルクス主義者でない第三者の立場からすると、労働者の革命的主体性を強調するというのは、いかにもマルクス主義者らしい議論ですが、その当時の正統派マルクス主義者から見ると、それは、意識における革命を意味しており、ヘーゲル等のドイツ観念論に回帰している、ということになるわけです。裏を返して言うと、「生産様式の話はどこに行ったのだ?」、ということです。同じような論争は、日本の左翼の間でも何度も繰り返されましたね。

歴史的背景

歴史的な背景について少しお話ししておきましょう。ロシア革命の後、ドイツやハンガリーなどで、それに刺激されたマルクス主義系の革命の試みがありましたが、すぐに鎮圧されました。

ドイツで共産党系の革命を鎮圧したのは社会民主党系の政権です。ご存知かと思いますが、第一次大戦後成立したワイマール政権の中で、政党として最も大きかったのが社会民主党（ＳＰＤ）です。ドイツ共産党（ＫＰＤ）は、第一次大戦中にＳＰＤから左派が分離して出来た政党です。元々、ＳＰＤの内部で、議会主義で行くか、マルクス主義的革命を実現するか路線争いがあったのですが、ドイツ帝国の第一次大戦参戦を支持するかどうかで決定的に分裂します。大戦末期のドイツ帝国崩壊に際してSPDは政権を受け継ぎ、体制派になったのに対して、KPDなどのマルクス主義的左派勢力は、各地で自然発生的に結成されていた評議会（Räte）――ロシア語で「評議会」を意味する言葉が「ソヴィエト」です――の運動を広げて、ロシア革命のような革命に繋げようとし、両者は全面対決するに至りました。SPDは軍隊を動かし、KPD側の革命を武力弾圧しました。そこで、仲たがいは決定的になります。それ以降、ドイツでは社会民主党と共産党は全く別の存在になっていくわけです。ドイツの左派知識人たちも、議会主義を支持する人と、マルクス主義革命を標榜する人に分かれることになります。

ルカーチは、ハンガリーの臨時革命政権で閣僚に相当する人民委員に就任しましたが、革命政権はすぐに崩壊し、ルカーチはウィーンに亡命します。ウィーン滞在中に『歴史と階級意識』を書いたわけですが、その主張は、ソ連共産党や、共産党の国際組織であるコミンテルン（共産主義国際労働者同盟）から、主体性を強調する議論は、観念論への逆戻りだとして強く批判され、ルカーチは自己批判を余儀なくされます。

そのルカーチが、フランクフルト学派と親しい関係にあったわけですが、ルカーチ自身はフランクフルト学派か？と言うと、違います。フランクフルト学派というのは、一九二三年にドイツのフランクフルト大学に付属研究機関として創設された社会研究所（Institut für Sozialforschung）に集まり、フロイトの精神分析なども取り入れて、学際的な研究をしたネオ・マルクス主義系の学者たちのことを指します――その多くは、ユダヤ系で、ユダヤ系である点は、ルカーチと共通しています。戦後、ホルクハイマーとアドルノが社会研究所を再建してから、彼らの下に集った人たちだけを狭義のフランクフルト学派と見なすこともあります。

社会心理学——エーリッヒ・フロムとマルクーゼ

戦前のメンバーで、戦後アメリカに残って活動したエーリヒ・フロム（一九〇〇－八〇）やマルクーゼ（一八九八－一九七九）も、フランクフルト学派に数えられることがあります。社会心理学者のフロムは、自由の重荷に耐えられなくなった近代人が、自由を放棄して、権威主義を志向するようになるメカニズムを論じた『自由からの逃走』（一九四一）の著者として有名ですね。分かりやすい本です。大体、タイトルから想像される通りの論理が展開されています（笑）。マルクーゼは、フロイトの精神分析に依拠しながら、人間の解放の可能性を論じた『エロス的文明』（一九五五）で有名です。これもどういう話か大体想像つきますね（笑）。細部には難しいことも書かれていますが、文明はエロスの抑圧によって成り立っているというお馴染みの話です。フロムは文章がソフトで分かりやすいし、愛のことも語るので癒し系的な魅力があり、今でも結構ファンがいます。日本の大きな書店の心理学のコーナーには、大抵、フロムの本が入っています。『自由からの逃走』というタイトルだけ聞いて知っている人は多いのではないでしょうか。マルクーゼの方はそれとは対照的に過激で、解放のための運動に扇動する感じがあるので、六〇年代末のアメリカの新左翼系学生運動の理論的源泉になりました。こういうスター的な人がいるおかげで、フランクフルト学派の大陰謀物語が出来上がるのかもしれません。

エルンスト・ブロッホ

話を戻しますと、グラムシもルカーチも、ヨーロッパの非正統マルクス主義の理論家で、文化的な要素を重視します。その点で、フランクフルト学派と同じ陣営と見ていいかもしれませんが、どちらも社会研究所に属したことがないので、学派とは言えません。

ルカーチと並んでフランクフルト学派と思想的に親交の深かったマルクス主義哲学者として、エルンス

ブロッホ

マルクーゼ

エーリッヒ・フロム

ト・ブロッホ（一八八五－一九七七）を挙げることができるでしょう。彼もユダヤ系ドイツ人です。ルカーチとは親友で、二人ともマックス・ウェーバー（一八六四－一九二〇）と知り合いになり、その影響を受けています。一九一八年に、グノーシスやカバラなどの神秘主義思想と、マルクス主義を結合する形で、「ユートピア」概念を新たに規定することを試みた『ユートピアの精神』を出しています。第二次大戦後は、西ドイツで活動したホルクハイマー、アドルノとは対照的に、東ドイツ（ドイツ民主共和国）に移住し、ライプツィッヒ大学で哲学を教えるようになり、『ユートピアの精神』のテーマを拡大発展させた『希望の原理』（一九五四－五九）という大著も出したのですが、東ドイツの政府が次第に党中央による思想統制を強めて行く中で、体制に好ましくない影響を与える異端の思想家として危険視されるようになります。一九五六年のハンガリー動乱の際に、ブロッホが叛乱を起こした側を支持する発言をしたのが、当局から目を付けられるきっかけになりました——ハンガリー人であるルカーチは当事者として動乱の側につき、臨時政権の閣僚にもなったので、ソ連の支援を得て動乱を鎮圧した新体制によって逮捕されました。ブロッホは六一年に「ベルリンの壁」が建設されたのを機に、西側に移り、その後は西ドイツのチュービンゲン大学などで教鞭を執りました。

　彼はマルクス主義者なのですが、グノーシスや千年王国運動、ドイツ・ロマン派のシェリング（一七七五－一八五四）の神話的無意識論など、一見社会主義・労働者運動と全く異質に見えるようなものを、マルクス主義と融合し、新しい唯物論、ユートピア論、マルクス主義芸術論を展開しようとしました。

どうして神秘主義的な思想や運動、芸術に関心を持つのかというと、それらの非合理的な表象の中にこそ、人々の無意識的な願望、ユートピアを求める願望が現われており、そこに社会を変革する革命的ポテンシャル、「来るべきもの」の徴候が現われていると見たわけです。

そのブロッホとルカーチを中心として、一九三〇年代後半に、左派知識人たちの間で「表現主義論争」というものがありました。ルカーチのマルクス主義的な芸術理論では、人々を、階級的現実に目覚めさせるような表現形式を持つリアリズム芸術だけが、真に革命的芸術で、そうでない芸術は堕落している。人々の混沌とした感情をそのまま描き出そうとする表現主義芸術は、時代の進歩に抵抗する非合理的な要素を表現しているので、人々を退廃させるというわけです。それに対して無意識の世界に、ユートピアの萌芽を見るブロッホは、非合理の世界の中にこそ、現実を攪乱する革命のポテンシャルがあるのだと主張します。それが、マルクス主義と前衛芸術の関係をめぐる一大論争になったわけです。

ベンヤミン

それから、現代思想に影響を与えたベンヤミン（一八九二―一九四〇）がいます――ベンヤミンはフランクフルト学派との関係、特にアドルノに与えた影響で極めて重要な人物ですが、前に三省堂書店での連続講義で取り上げましたし、その記録を本（『ヴァルター・ベンヤミン――「危機」の時代の思想家を読む』作品社、二〇一一）にしましたので、短めに説明することにします。ベンヤミンの場合、純粋なマルクス主義者ではなく、立ち位置が少し微妙です。彼は、資本主義を、商品が帯びている「ファンタスマゴリー Phantasmagorie」という側面から分析しました。ファンタスマゴリーの元の意味は、幻燈装置、つまりスクリーン上に、光が当てられたオブジェの大きな影を映し出す装置です。ベンヤミンは、使用価値がそれほど高くないような物の価値が、それを見つめる人々の潜在的願望、集合的無意識を反映して、市場で大きな価値を獲得し、流行を引き起こすことに関心を持ちました。商品が帯びている、間主観的に構成される幻影のことを、『資本論』（一八六七）の用語を借りて、「ファンタスマゴリー」と呼んだわけです。ベンヤミンは、ファンタスマゴリーを生み出している人々の願望を、太古回帰願望と見なし、その視点から都市表象や、複製技術などを研究しました。彼は、社会研究所の正式のメンバーではありませんでしたが、ナチス・ドイツから亡命してパリに移った三三年以降、やはり亡命中だった社会研究所の紀要『社会研究』に寄稿するようになりました。その原稿料で生活していたようです。『複製技術時代の芸術作品』（一九三六―三九）を始め、いくつかの重要な論文は、『社会研究』に掲載されました。その関係もあって、アドルノと頻繁に意見交換しています。元々は年長者であるベンヤミンの方が、アドルノを指導するような関係だったようですが、仕事の関係で、立場が逆転してしまったようです。

ベンヤミン

狭義のフランクフルト学派――社会研究所の創設

先ほどお話ししたように社会研究所は二三年に創設され、三一年にホルクハイマーが所長に就任します。ホルクハイマーはナチスが政権掌握した時のことを懸念して、ジュネーヴやパリに支部を準備していました。政権掌握と共に、ドイツを出て、ジュネーヴとパリに拠点を移します。戦火が激しくなる中で、ホルクハイマーはアメリカに亡命し、それに伴って研究所の本部もアメリカに移ります。ホルクハイマーとアドルノは、アメリカの大学で教え、経験的な社会心理学の研究もしていたのですが、ホルクハイマーがフランクフルト大学から再招聘されたのに伴い、帰国し、一九五〇年に社会研究所を再建しています。ホルクハイマーは翌五一年には、フランクフルト大学の学長に選出されています。アドルノも、哲学と社会学の正教授になりました。

この二人によって、狭義のフランクフルト学派が始まるわけです。二人とも、マルクスの分析装置を利用して、大衆社会化した資本主義社会を批判的に分析しましたが、マルクス主義者と言えるかどうか微妙です。少なくとも暴力革命を通しての共産主義社会の実現を標榜してはいません。［資本主義社会を批判すること＝共産主義社会待望］とは言えません。次回お話しする予定ですが、『啓蒙の弁証法』を見る限り、彼らは、マルクス主義的なものも含めて進歩一般に懐疑的であるように見えます。そもそもルカーチやブロッホのように、戦後東ヨーロッパで活動し、共産主義社会の建設に貢献しようとした人たちと比べると、西ドイツを選んだホルクハイマーとアドルノは、それだけで西側の市民社会志向だと言えます。徹底した反共の人からすれば、潜入工作だということになるのかもしれませんが。

ルカーチとアドルノの「物象化」

初期フランクフルト学派の理論的特徴を際立たせるために、ルカーチとアドルノの「物象化論」の違いについてお話ししておきましょう。「物象化論」をどのように展開するのかというのは、マルクス主義哲学にとって重要なテーマです。先ほどお話ししたように、ルカーチは労働者の意識が疎外によって主体性を失い、機械の部品のようになる状態を物象化と呼んでいましたが、アドルノは、「意識だけが物象化している」という立場は取りません。また、物象化は資本主義社会に特有の現象でもありません。資本主義社会によって、物象化が顕在化したということはあるけれど、基本的に、人間が理性を働かせるようになった時点から、物象化の作用は働いています。アドルノの立場からすれば、私たちの世界を構成している「主体―客体」関係全般が、「物象化」しているということになります。難しく聞こえるかもしれませんが、要は、我々の認識の仕組み、我々が自分の知覚を通して個々の対象を認識する時の根源的なメカニズム自体が既に物象化をしている、ということです。というより、物象化によって、「物」としての形式が付与されていないと、個々の物の種類や形状、個別性をきちんと認識できない、という論理です。物象化作用の圏内に取り込まれていないと、私たちは、物ごころついていない幼児のように、かなり漠然とした形でしか、自分の周囲の〝もの〟を認識できない。言わば、主客未分化の状態にあるわけです。『啓蒙の弁証法』にも出てくる議論ですが、そうした「物象化」作用は、別の面から見れば、同一化作用（Identifikation）だとも言えます。

「同一化作用 Identifikation」

同一化作用という側面から説明した方が、少し分かりやすいでしょう。例えば、私たちがミカンやリンゴをどのように認識するか考えてみて下さい。ミカンやリンゴはどれ一つとってみても全く同じ形はしていないわけです。大きさとか色も微妙に違います。しかし、我々は、これはミカンというカテゴリーに属するもので、このような形態をしているものは、「同じミカン」だ、という認識の形式を一度獲得すると、一〇〇個あっても、一〇〇〇個あっても、全部が「同じ identisch」に見えてくる。人間は、客体を認識するための形式を一度手に入れると、その形式に当てはまるものは、「同一」に見えてくる。細かい差を捨象して、形式に従って「同じ」部分だけを感知して、同一の対象として認識する。

そのように対象のカテゴリーを作って、同じカテゴリーに属するものを「同一」と判定できる能力を、私たちはどのように獲得するのか？ それは、生物としての人間に最初からインプットされている面もあるはずですが、社会が出来た時に約束事として決まっている面もあるのではないか。これとこれは「同一」で、あれとは「違う」と認識する慣習を身に付けることで、同じように物を分類し、認識する人たち

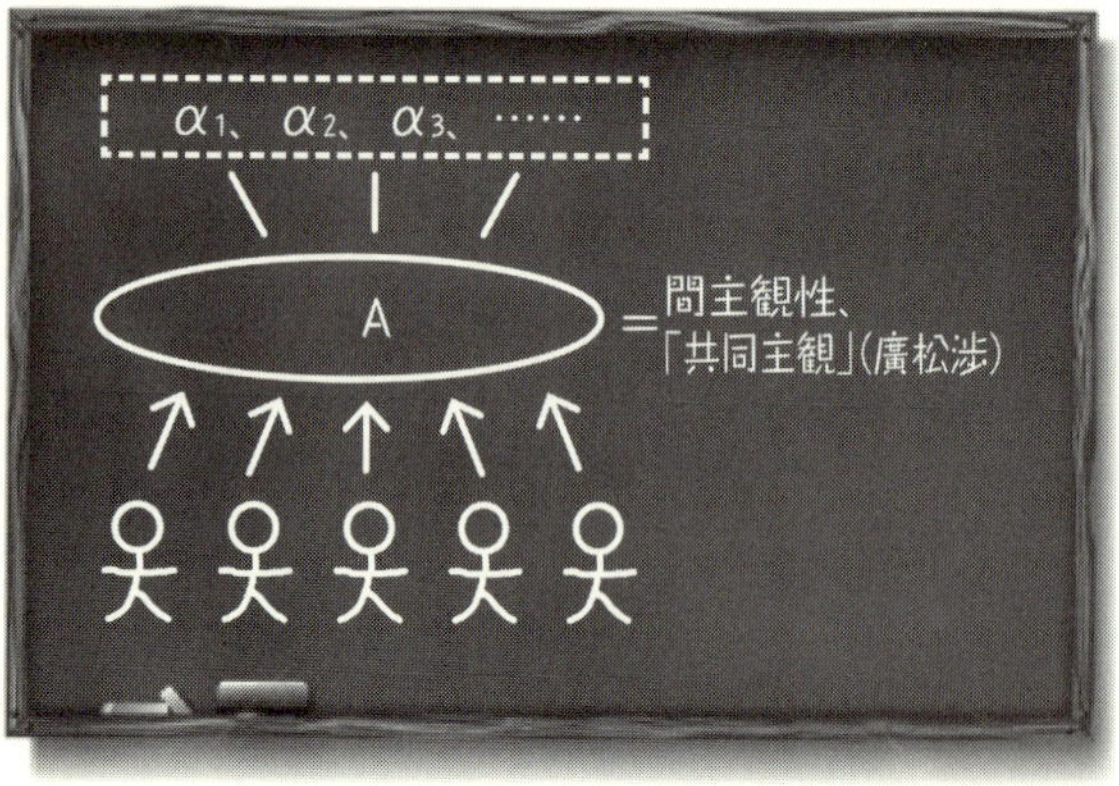

と世界を共有している面もありそうですね。文化圏・言語圏ごとに、物の分類の仕方は違うわけですから。つまり、「私」の対象にする関わり方は、他の「私」との関係によって規定されているわけです。

他の「私」たちと「同じ」様に「世界を見る」ことを、フッサール（一八五九－一九三八）の現象学では、間主観性（Intersubjektivität）と言います。共同主観性と訳す時もあります。廣松渉は、共同主観性という訳語を使っています。私の前に共同主観的な世界が現われてくる時、その「世界」には既に、その世界に固有の共同主観性に根差した「同一化」の論理が働くようになります。α_1、α_2、α_3……は、みなAという同じ対象だと、「みんな」が認識するわけです。「みんな」と、「私」の認識が一致していることによって、「私」にとっての諸物の同一性は確認・強化されます。それは裏を返して言えば、そうした間主観的に通用している形式と異なる形では、個々の〝物〟の個性、多様性を認識できなくなる、ということです。それが、「物象化」です。共同主観性の下での物象化＝同一化に囚われてないのは、物ごころのついていない子供や、狂気の人です。芸術家は、何とか同一化作用を逃れ、同一化以前の層で〝もの〟を見ることを試みている人と言えるでしょう。

アドルノはさらにこの同一化作用を、貨幣を媒介とする交換という行為と結び付けます。貨幣は交換される二つの物の価値を、例えば［缶ジュース一本＝一二〇円＝チョコレート一箱］というような形で、等価性（Äquivalenz）の原理で結びます。AとBという元々異なる質の物同士を、同じ価値のものとして同一化していき、全ての物を同じ尺度で結び付けるわけです。違うところは無視するわけです。そうでないと、等価交換にはなりません。交換価値と同一化は相互に結び付いています。これとこれは、交換価値が〝同じ〟だという間主観的な合意が成立するのは、認識のレベルでの同一化が起こっているからです。自然界の物には、いろいろな微妙な感性的な差異があり、全く〝同じもの〟なんてないけれど、特定のカテゴリーに収め込むことで、認識し、交換する。これとこれはこの属性を共有しているので同じ、これとこれは一応違うのだけれど、価値としては同じなので等号で結ばれる……。

我々の認識の間主観性は、等価性の原理に基づく交換行為に支えられて出来上がっている。狭義の資本主義よりもはるか昔から、人間が万物の目録を作って、これとこれは「同じだ」と同定し始めた時から「ある」。だから、資本主義を打倒することによって、資本家による搾取とか、労働疎外とかはどうにかなるかもしれないけれど、根源的な物象化の層、「物」を「物」たらしめている基本カテゴリーの部分はどうしようもない。人間が人間として、間主観的に物を対象として認識し、他者と交換する限り、同一化作用＝等価交換の呪縛は続く。

そのような哲学的な議論をどこまでも掘り下げていこうとすると、ルカーチの物象化＝疎外論のように、意識の変革、主体性の覚醒を通して革命を起こすという話には、なかなか繋がりそうにありません。ルカーチの議論は、コミンテルンから極左と批判され、戦後新左翼に支持されたことからも分かるように、大学生など、やや観念的なところのある若者を実践へとインスパイアするのに、都合がいいです。それに対して、アドルノの物象化論は、等価性の原理を基盤とする我々の現在の理性が存続する限り、物象化の連鎖を断ち切れないという話になるので、あまり元気になれません。

西か、東か

こうした態度は、先ほど少し触れた、西ドイツ(ドイツ連邦共和国)か東ドイツ(ドイツ民主共和国)か、という問題と絡んでいるかもしれません。亡命していたドイツの知識人にとって、西を選ぶか東を選ぶかというのは、大きな政治的決断を意味していました。アメリカ、英国、フランスの三か国の占領地域に一九四九年に建国された西ドイツでは、アメリカ中心の占領改革が進められ、アメリカ的な意味で民主化されつつありました。アメリカ的な大衆文化やコマーシャリズム、プラグマティズム的な発想法なども、アメリカ的な自由の一部として受容されつつありました。戦前の「象牙の塔」的なイメージの強かった大学教育の理念も見直され、社会学も、哲学的・解釈学的なやり方から、社会調査とか統計を重視するアメリカ的なやり方へと大きく変貌しつつありました。アメリカ的な市民社会を、その欠点も含めていったん受け入れたうえで、その「内」側にあって、合理主義による自然破壊と、市場での飽くなき交換価値追求を批判しながら、同時に、ナチズムに象徴される野蛮への退行に警告を発し続ける、という難しい思想戦略を展開したわけです。そうした彼らの戦略については、フランクフルト学派第三世代のアレックス・デミロヴィッチ(一九五二―)の『非体制順応的知識人』(一九九九)で詳しく紹介されています。私が監訳者になって、御茶の水書房から、四分冊で訳書を出していますので、関心があれば読んでみて下さい。

西側の高度に発達した市民社会に拠点を置いた戦後のフランクフルト学派が力を入れたテーマの一つに、「文化の消費」があります。資本主義社会において商品に対する人々の欲望を喚起し、交換価値を増大させていく、「物」のファンタスマゴリー的性格をどう分析するかというのは、先ほどお話ししたように、ベンヤミンが開拓したテーマです。マルクス主義は、マルクス以来、労働を通しての商品の生産過程に焦点を当てて、資本主義を分析してきました。消費も無視していたわけではないのですが、それはあくまで、労働者が生きていくための生活資料の消費という話で、使用価値の問題です。しかし、資本主義がある程度まで発展し、生活必需物資が十分供給されるようになると、今度は、直接的に必要な物だけでなく、人々に感性的・美的な満足を与えてくれるような物を作って、人工的に人々の欲望を掻き立てるような商品がどんどん登場し、それが次第にメインになっていきます。必ずしも生活するのに必要のない物が、どうして魅力的なのか、という話は通常のマルクス主義には出てきません。ベンヤミンは、そうした商品のファンタスマゴリー的な喚起力の問題を「美」一般の問題と結び付けて論じ、文化的表象の記号論的な分析に先鞭を付けました。

「文化産業 Kulturindustrie」

アドルノたちは、そうしたベンヤミンの記号論的な消費文化論を継承して、アメリカ的な商業主義が蔓延する社会を分析します。アドルノはジャズなどのアメリカの大衆文化が嫌いで貴族趣味だということで有名ですが、分析はちゃんとやっていたわけです。彼らは、「文化産業 Kulturindustrie」という言葉を作り出しました。日本語として全然違和感ないし、どういうことか大体想像が付くので、あまり翻訳語という感じがしないし、ましてや社会哲学の専門用語だなんて思わないですね。日本語の語感として、「文化」と「産業」が異質だというイメージはあまりないと思いますが、少なくとも、第二次大戦前後くらいまでのドイツでは、「文化 Kultur」と「産業 Industrie」は水と油のような感じがあったわけです。〈Kultur〉というドイツ語は、精神的な鍛錬とか修養のようなニュアンスが含まれています。単に受動的に消費するものではなくて、一定の教養とか趣味の良さがないと、理解できない、楽しめないのが、本来の〈Kultur〉です。お手軽なものではありません。作り手の方も、高い価値の追求のために作る。芸術・文学作品は多くの場合、市場に出回り、一応値段が付くけど、それは作品の本当の質とはあまり関係ない、と想定されます。

アドルノたちは、それまで高尚で、高い精神性を示していると思われていた「文化」が、資本主義の同一性の原理に支配されるようになったこと、そしてまた、単にそれだけに留まらず、資本主義社会を再生産し、持続するのに重要な役割を担うようになったことに注目し、そうした分野の産業を「文化産業」と呼んだわけです。この表現には、そうした二重の意味が込められていたわけです。

ベンヤミンが既に論じていたことですが、二〇世紀には、映画が登場し、次第に「芸術」の一角を占めるようになると共に、大衆の娯楽にもなり、芸術の娯楽の中間的位置、あるいは両者を融合する位置を占めるようになります。絵画や彫刻、音楽など従来の芸術と、映画の違いは、後者の場合、かなりの人手とお金（資本）をかけて作り、不特定多数の大衆が容易に鑑賞できるようにするということが前提になっています。製作工程も、組織的に管理されます。つまり、資本、交換価値による同一性の原理との繋がりを否定しにくい。それまで「芸術」として通用するようになり、〝芸術〟という概念を変えてしまったわけです。

しかも、単に〝芸術〟概念を変えただけでなく、情報発信・伝達の媒体として、人々の思考に感性面から影響を与えるようになる。メディア、特に視聴覚的刺激が強く、こちらが何も考えていなくても、私たちの虜にしてしまうものが、私たちの思考に影響を与え、一定の方向に誘導している、というのは今ではお馴染みの話ですが、そうした議論の先駆になったのが、ベンヤミンやアドルノです。

正統派のマルクス主義は、芸術や文化などは、ブルジョワジーが階級支配の現実を隠すために利用しているイデオロギーにすぎないと見做し、あまり重視していませんでした。マルクス主義美学の開拓者であるルカーチは、先ほど、お話ししたように、現実変革に直接寄与するリアリズム芸術しか認めていませんでした。それがベンヤミンやアドルノの仕事を通じて、芸術や文化は周辺的な現象ではなく、大衆の思考様式を規定し、再生産するうえで中心的な役割を果たしていること、言わば、現代資本主義の中核に位置することが明らかにされました。現在では、（新）左翼による文化（産業）批判、文化を介しての権力や支配を指摘する議論は、当たり前になっていますが、ベンヤミンと初期フランクフルト学派、そしてグラムシのヘゲモニー論がその最初の理論的土台を提供したわけです。

フランクフルト学派以前――「価値哲学 Wertphilosophie」と「実存主義 Existenzialismus」

ここまで主としてマルクス主義的左派の中でのフランクフルト学派の位置付けについてお話ししてきましたが、ここで少し角度を変えて、フランクフルト学派がドイツに登場してきた哲学史・思想的背景についてもお話ししておきましょう。

先ほどお話ししたように、フランクフルト学派や、ルカーチ、ブロッホ、ベンヤミンなどが登場したのは、ワイマール期です。第一次大戦とロシア革命の後、ナチスが政権を取るまで、一九一八年から三三年にかけてです。ドイツで従来の体制が崩壊し、新体制が出来たものの、敗戦によって国土の一部が奪われ、多額の賠償金を背負わされ、左右からの体制転覆の試みが頻発し、政情不安定が続く時期です。そして、第二次大戦を経て、東西冷戦状態が生まれ、緊張が高まる中で、狭義のフランクフルト学派が形成されます。最近、流行っている言葉で言うと、「閉塞感」が漂い続ける時代の中で、学派の骨格が形成されたわけです。

戦間期のドイツの哲学的トレンドとして、マルクス主義の諸潮流と並んで、いわゆる「実存主義 Existenzialismus」を挙げることができるでしょう。高校の倫理の教科書には「実存主義」という項目がありますが、大学の哲学の講義やゼミで、「実存主義」を本格的に扱っているところは、現在ではあまりないと思います。本屋さんでも、実存主義コーナーはわざわざ設けてないところがほとんどだと思います。四〇年くらい前だと、実存主義こそ、現代哲学の最先端だという感じだったわけですが。

私は標準より七年遅れで、九二年に大学院に入りましたが、その時の指導教官の先生は、「実存主義という学派はない」と言っていました。確かに「学派」としての実存主義というのはありませんし、共通の理論もありません。「実存」という言葉をキーワードとして使うということが、実存主義者の一応の共通項になっていますが、その中身は必ずしもはっきりしていません。元祖とされるキルケゴール（一八一三－五五）から、第二次大戦後の実存主義の中心人物だったサルトル（一九〇五－八〇）まで、年代的にかなりの幅があります。キルケゴールがプロテスタント神学を背景にしているのに対して、サルトルはマルクス主義シンパです。

キルケゴールとサルトル以外に有名な人として、ニーチェ（一八四四－一九〇〇）、ヤスパース（一八八三－一九六九）、ハイデガー（一八八九－一九七六）、メルロ＝ポンティ（一九〇八－六一）、カミュ（一九一三－六〇）などがいます。ドストエフスキー（一八二一－八一）を、実存主義の作家と見なすこともあります。こういう風に並べると、何となく同じような傾向が感じられますね。ごく単純に要約すると、「私」と「世界」の関係をダイレクトに突き詰めて考える、「私」が「今、此処」に現実に存在していることの意味、私自身の生の意味を掘り下げて考えるようなタイプの哲学、ということになるでしょう。

こういう風に言うと、それこそが哲学じゃないか、そうじゃない哲学なんてあるのか、と思う人もいるかもしれません。特に「私がなぜ存在しているのか教えてほしい」というような半分宗教がかった関心から、哲学に興味を持つ人はそう思うでしょう。確かに、究極的には、私が存在していることの意味を問うのが哲学だと言えるかもしれませんが、ダイレクトにそういう問いに取り組み、直接的に答えを出そうとするかというと、必ずしもそうではありません。もっと確実に言えるのは、すぐに答えが欲しい人に、「答えを与える」ということは、実存主義とされるものも含めて、いかなる哲学も決してやりません。「私の生の意味」について、すぐに分かるような、答えを与えてくれるのは、宗教です――宗教でさえ、「そんなにすぐに分かるものではないよ」、と諭すことが多いと思いますが。

カント（一七二四－一八〇四）やヘーゲルの「哲学」を思い浮かべて下さい。彼らは、「私」が「世界」をどう認識するか、「世界」にどう関わっているかについて、しつこく問い続けているわけですが、それは極めて論理的な探求であって、一定の思考のルールに従って厳密に議論が展開されていますし、他の哲学の諸説と対決し、突き合わせながら、自らの論証の正当性を証明しようとします。答えが欲しいという人が、ああいう複雑に体系化されたテクストを読んで、「分かった！ 救われた！」、という感じにはならないでしょう――あれで、「救われた！」と感じる変な人もたまにいますが。近代哲学の元祖であるデカルト（一五九六－一六五〇）の方法的懐疑は、多少、〝実存〟的な感じはしますが、デカルトの哲学の体系を全体として見ると、やはり「方法的」というくらいですから、最終的に、厳密な体系を志向するようになります。学問としての哲学ではなく、哲学で人生の意味を知りたいという人にとっては、まどろっこしいだけの話を、プロの哲学者は延々とやっているわけです。通常は、それをまどろっこしいと思わない人だけが、学問としての哲学に関心を持つことになるわけです。

第一次大戦前まで、ドイツで流行っていた哲学は、いわゆる新カント学派です。新カント学派というのは、一九世紀後半、第二帝政が成立した頃から台頭してきた哲学の潮流で、カントの哲学の精神を復興したうえで、当時、様々な分野に専門分化しバラバラに発達しつつあった個別科学に共通の基礎を与えようとしました。諸学の基礎としてのカント哲学、という感じでしょうか。ドイツ中部ヘッセン州のマールブルクの大学を中心とするマールブルク学派と、ドイツの西南、現在のドイツ連邦共和国の州で言うと、バーデン＝ヴュルテンベルク州のハイデルベルク大学を中心とする西南学派が、その中の二大派閥です。マールブルクの方は、自然科学の基礎論としてカントの認識論を応用することを試み、西南の方は、カントの人格論や判断力論から、価値哲学（Wertphilosophie）を導き出そうとしました。

価値哲学は、名称からすると、「人間の生きる意味」をめぐる問いに答えてくれそうな感じがしますが、そういうところにストレートに話をもっていかず、「価値」とは何かを、論理的・客観的に記述しようとします。カントの議論に基づきながら、我々が「価値」をどのように認識し、どのように共有し、どのように実現しようとしているのか、それが社会的制度や歴史の中でどのように反映されているか、といったことを客観化した形で論じる。厳密な概念を使って論理を組み立てていき、「価値」の本質とはこういうことで、私たちが「価値」を認識するというのはこういうことだ……と説明していく。

厳密に概念や論理を組み立て操作し、普遍的知を求めることに、哲学の意義があると考えられていたわけです。普遍的知が、幸福に導いてくれるという暗黙の前提があったのかもしれない。しかし、第一次大戦の敗戦によって、従来の価値観や知の体系が崩壊し、普遍的な知に対する信頼が大きく揺らぎます。客観的な価値を探求する、この「私」が今直面している不安、危機から導き出してくるような哲学が求められるようになったわけです。

ヤスパースとハイデガー

そういう中でヤスパースやハイデガーが登場し、「実存」「不安」「自己喪失」「挫折」「絶望」「限界状況」など、当時の人々の精神・心理状況に直接対応する（かの）ような言葉で、哲学を語り始めた。ヤスパースは医学部を卒業し、実際に精神科医として働いたこともあり、精神医学の著作もある人で、精神医学的・心理学的な意味で苦しんでいる人に届きやすい言葉を使っていたので、従来の価値の哲学に飽き足りない人たちの支持を得やすかったのかもしれません。彼が、西南学派の総帥であるリッケルト（一八六三―一九三六）と理論的に対立しながらも、ハイデルベルク大学の哲学教授に就任し、リッケルト引退後に、主任教授になったのは、新カント学派から実存主義へのトレンドの変化を象徴していると見ることもできます。哲学を学問というよりは「実存開明」と捉えていたヤスパースは、宗教的色合いの強い人で、初期から、実存と超越者の関係に焦点を当てながら議論をしていましたが、次第に信仰や啓示のような神学的問題を直接論じるようになりました。

ハイデガーも極めて形而上学的で神秘主義的な言葉遣いをする人ですが、彼の思索は、通常、信仰という言葉でイメージされるのとは異なった方向に進んでいきます。政治的なことを言うと、ヤスパースが、奥さんがユダヤ系だったため、ナチスから離婚を勧告され、拒否して、教授職を追われたのに対し、ハイデガーがナチスに入党し、三三年に党員教授としてフライブルク大学の学長に選出され、学長就任演説「ドイツの大学の自己主張」で、ドイツにおけるナチス運動の台頭を、「存在の歴史」という見地から評価するような発言をしたのとは対照的です。ハイデガーはその後、ナチスとの折り合いが悪くなりましたが、終戦までフライブルク大学の教授の職に留まっていました。余談ですが、ハンナ・アーレント（一九〇六－七五）の先生で、準恋愛関係になっていたという話もありますね。

カール・ヤスパース

ハイデガーの哲学Ⅰ――『存在と時間』とは？

ハイデガーはご存知のように、『存在と時間』（一九二七）で、「現存在 Dasein」と「存在 Sein」の関係をめぐる分析を行ない、それによって当時のドイツの若者に大きな影響を与えたとされています。漢字で「現存在」と書くと、いかにも概念概念した硬い感じになりますが、ドイツ語の〈Dasein〉は、日常的にも使われる言葉で、「そこにあること」、あるいは単に「あること」「存在すること」という意味です。「存在すること」と訳してしまうと、「存在」を意味する〈Sein〉と区別が付かないので、「現存在」という硬い訳語を使っているわけです。

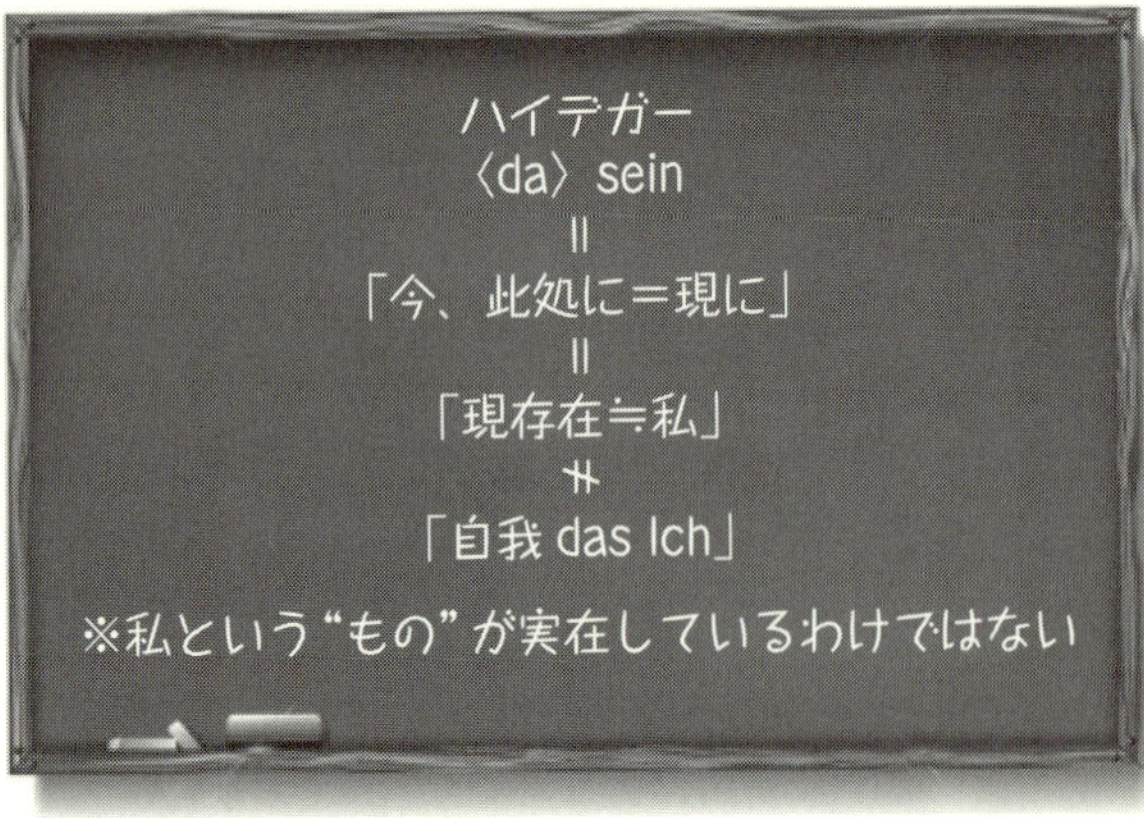

ドイツ語の授業のような話を少ししておきましょう。〈Sein〉の頭文字の〈S〉を小文字で書いて、〈sein〉とすると、英語のbe動詞に相当する動詞になります。「～がある」とか「～である」という意味です。〈Sein〉は、それを名詞化した言葉です。英語だと〈Being〉に当たります。

〈Dasein〉の〈da〉というのは、日本語では説明しにくいですが、英語の〈there〉に相当すると思って下さい。「あそこ」という意味ではなくて、〈There is an apple on the table.〉とか、〈Is somebody there?〉というような場合の、〈there〉です。強いて言うと、「現にある」とか、「そこにある」と言う時の「現に」とか「そこ」に当たる言葉です。「現に」というのは、「今、此処に」と言い換えることもできますね。そういう意味合いを持っている〈da〉と、〈Sein〉が合わさって、「現にあること」とか「そこにあること」という意味の〈Dasein〉という言葉が出来上がっているわけです。

〈Sein〉も〈Dasein〉も、わりと普通に使われる言葉ですが、いろいろと哲学的にひねった解釈を加えることができそうですね。例えば、〈Sein〉それ自体は無規定で曖昧模糊としているけど、〈da（そこに）〉という限定を付けてやると、規定（限定）された存在になる、とか。その場合の「規定された」、というのは、具体的な内容を持ち、概念的に把握することが可能になるということです。ヘーゲルは、〈Dasein〉を、弁証法的な過程を通して規定された「存在」という意味で使っています。ヘーゲル用語としての〈Dasein〉は、「定在」とか「定有」と訳されます。

ハイデガーの場合、〈da〉に、「今、此処に（有る）」という意味を読み込んで使っています。「今、此処」性の究極の形態は、「私」自身です。私自身が、「今、此処に＝現に」あるというのは、最も確実なことでしょう。大雑把に言えば、「現存在≒私」、と考えてもいいでしょう。

それだったら、普通の哲学のように、「自我 das Ich」と言ってもよさそうなものですが、敢えて「自我」と言わないところがミソです。「自我」と言ってしまうと、「私」という〝もの〟が実在していることが、前提になっているかのような話になります。デカルト以来の近代哲学では、「我、有り」という命題から出発しますが、ハイデガーは、「私」とは言わないで、「現にあること＝現存在」という言い方をし、「あること」という部分に意味を持たせようとします。「(私が) 現に有る」と言う時の「有る」とは、そもそもどういうことなのか？　デカルト以降の哲学は、「有ること＝存在」の意味を深く掘り下げて考えず、「私」が存在することを自明の理としてきたけど、「存在」の意味を掘り下げて考えてこなかったので、「私」と「存在」との繋がりが分からなくなり、あたかも、「私」がこの世界の中に単独で〝ある〟かのような、独我論的な話になってしまう。ハイデガーは、「現存在」が「存在」するとはどういうことか、という問いを起点として、「存在」の意味の解明を行なおうとしたわけです。

ハイデガーに言わせると、「現存在」というのは、自分自身の「存在」について問いを発するという意味で、特別な「存在者 das Seiende」です。特権的な地位にある「現存在」には、自らの「存在」について問うことを通して、「存在」それ自体を探求するよう定められている……。こういう言い方をすると、いかにも意味ありげに聞こえますね。

「存在者」というのは文字通り、個々の「存在しているもの」のことです。英語だと、「存在している

〈個々の〉もの」も、それら個々の存在者の根底に〝ある〟「存在」それ自体も、同じ〈being〉という言葉になってしまうので区別しにくい。ドイツ語も基本的にはそうなのですが、〈sein〉の現在分詞形である〈seiened〉を名詞化した、〈das Seiende〉という言葉が、哲学用語として一応あります。ハイデガーは、その〈das Seiende〉と、〈Sein〉を対置する表現を多用して、個々の「存在者」の単なる寄せ集めではない、「存在」それ自体が〝ある〟ことを強調します。

「存在」それ自体というと、抽象的でピンと来にくいかもしれませんが、「存在」というのは、神に繋がる言葉です。旧約聖書の出エジプト記で、神がモーゼに対して、「私は有って有るもの」だと宣言したという話が出てくるのは有名ですね。他の何かによって、「有らしめられている」のではなくて、神自身が神の存在の根拠になっている、という話です。英語だと、〈I Am That I Am.〉もしくは〈I Am the Being.〉と表現します。ドイツ語だと、〈Ich Bin, der ich Bin.〉とか〈Ich Bin, was ich Bin.〉などとなります。ドイツ人が、〈Sein〉そのものについて問う、というような表現を見ると、すぐに神を連想するはずです。ただハイデガーは、「神」という言葉はなかなか使いません。「神」と言ってしまうと、キリスト教などの、特定の神のイメージに限定してしまうことになるので、慎重に避けているわけです。

ハイデガーは、日常的に使われている言葉をいろいろいじって、変形・造語したり、意味の深読みをしたりしながら、独自の哲学を展開するのを得意とする人です。言葉から「哲学」を引き出す達人であるわけですが、悪く言えば、ドイツ語じゃないとできないような議論をこじつけているように見えなくもない。ただ、ダテに言葉遊びをしているわけでもありません。「私＝自我」を、「現存在」と言い換えることによって、哲学的思考の軸がシフトします。分かりやすく言うと、それまでの近代哲学では、世界の中心に「私」が〝存在〟していて、その「私」が様々な――「私」と同じくらい確実に存在していると言えるかどうか曖昧な――対象を認識し、それらに働きかけ、関係を持つという形で展開していたわけです。その

「私」の代わりに「現存在」と言うことで、「私」自身ではなく、「私」を「有らしめている」もの、「存在」に焦点をシフトさせ、自我中心ではない形で、哲学を展開しようとしたわけです。「存在」への遡及という形で、自我中心主義から離脱しようとするハイデガーの戦略は、不安の中で、「私自身の内に、私の生きる意味を見出すことはできない。私の生の意味を教えてほしい、与えてほしい」、という〝実存的〟な願望を抱いているドイツ人たちの心情にフィットし、大きな影響を発揮することになったわけです。『存在と時間』の論理展開はかなり複雑で、デカルト、カントだけでなく、現象学などの基礎知識も必要なので、そんなに多くの人がちゃんと理解できたとは思えませんが、「現存在」の自己自身の「存在」についての問いかけとか、「存在」それ自体が問題である、というようなキーセンテンス的な部分は、文学プラス哲学的な表現にある程度慣れている人たちには、ピンと来やすかったのではないかと思います。哲学書って、そういうところがあるでしょう。全体の論理構造が難しいし、ヘンテコな用語も多いので、なかなか全体像が頭に入ってこないけど、何かインスパイアしてくれるような、文学的で高尚な感じのキーセンスが随所に出てくると、そこだけで分かった気になれる。分からなさと、かっこよさそうな専門用語のバランスが絶妙なのが、ベストセラーになるわけです。

ハイデガーの哲学Ⅱ――「世界内存在 das In-der-Welt-Sein」

「世界内存在 das In-der-Welt-Sein」という有名なハイデガー用語があります。これは、「現存在」の有り方の重要な側面を示すために作った造語です。これだと日本語にしても、深そうな感じがでますし、ちょっと頭を働かせると、大体どういうことを言いたいのか想像つきますね。近代の哲学は、あたかも「私」が自分の世界を自ら構築しているかのような、あるいは、様々な（「私」にとっての）認識の対象から成る「世界」を、外から眺めているかのような語り方をするけれど、ハイデガーに言わせれば、「現存在」

は世界を自由に操作したり、世界を外から眺めたりすることなどできない。

何故なら、「私」が自分のことを意識した瞬間に既に、私は、自分が、ある決まった形をした、この「世界」の中にいる（ある）ことを意識しているからです。私は、無の中にあるわけではなく、この「世界」の中に「ある」。しかも、いくら自由に想像力を働かせようとしても、自分で新しい〝世界〟を作ることはできない。私は常にこの「世界」の中にいる。自分で自分をあらしめたのではない。

あたかも「投げ込まれた」かのようにこの世界の中に在る。一体何が投げ込んだのかは分からないけれど、とにかく投げ込まれているかのように、この世界に「ある」。それが「投げ込まれてある」ことをハイデガーは、「被投存在 das Geworfen-sein」と表現します。

またドイツ語の細かい話になりますが、〈geworfen〉というのは、「投げる」という意味の動詞〈werfen〉の過去分詞形です。英語と同じように過去分詞形には、完了と受け身の両方の意味があります。〈Ich bin in die Welt geworfen.〉というような言い方をすると、状態受動、「〜されている状態に『ある』」というようなニュアンスが出ます。「投げ込まれてある」という表現は、文学的・実存的な感じが出ていていいですね。切迫感があります（笑）。

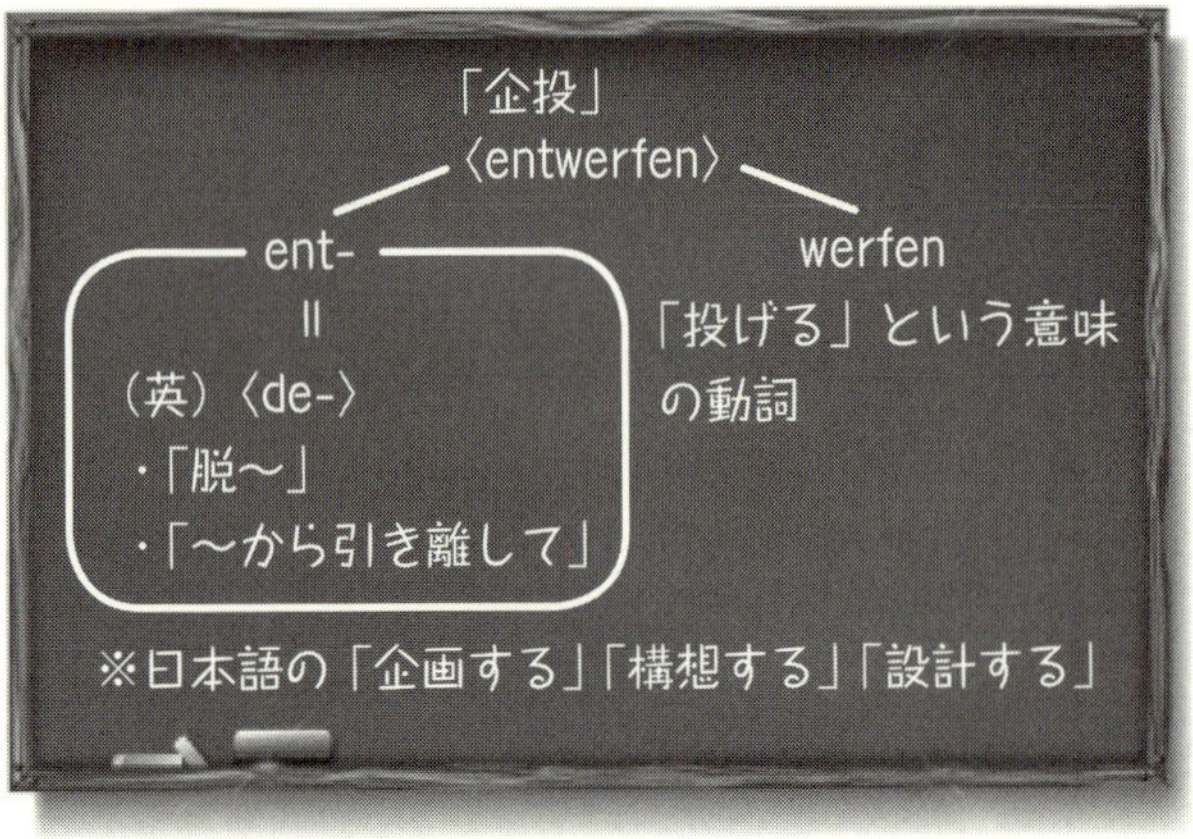

ハイデガーはこれを更に変形して〈das Entworfensein〉という言葉を作っています――〈entworfen〉と〈sein〉から合成された語です。これは、「企投存在」と訳します。日本語にしてしまうと、何のことだか分からなくなりますね。〈entworfen〉の動詞としての不定形、つまり変化していない能動態の形は、〈entwerfen〉です。形を見れば、分かるように、〈werfen〉に、ent-という接頭辞――英語では〈prefix〉、ドイツ語では〈Vorsilbe〉と言うんですが――を付けたものです。ドイツ語には、接頭辞を付けることで、全然違う意味の動詞になるものが多々あります。〈ent-〉自体は、大体英語の〈de-〉に相当して、「脱〜」とか、「〜から引き離して」といった意味を持っています。だからそのまま意味的にくっつけて考えると、〈entwerfen〉は、「投げて引き離す」とか、「引き離すために遠くに投げる」といった意味になりそうですが、通常は、「企画する」とか「構想する」「設計する」という意味になります。

どうしてそういう意味になるのか本当のところはっきりしないのですが、恐らく、英語の〈project〉あるいはフランス語の〈projet〉の語源であるラテン語の〈projectum〉に対応する意味で使われてきたからではないかと思います。〈pro-〉は「前へ」「前方に向かって」という意味で、〈jectum〉は「投げる」という意味です。因みに、〈project〉の〈-ject〉は、〈subject〉や〈object〉の〈-ject〉でもあります。ラテン語系で「前へ向かって投げる」と言っているのを、ドイツ語では、「遠くへ投げる」というちょっと違う言い方にしているわけです。そういう語源的なことを考えると、英語でも〈project〉の言葉遊びができそうですが、生憎、〈jectum〉の系譜に繋がる英語の動詞〈jet〉には、「投げる」という意味はありませんから、少し難しいです。フランス語だと、〈jeter〉という動詞が「投げる」という意味で使われているので、[〈projet〉―〈sujet〉―〈objet〉―〈jeter〉]と並べて、ドイツ語よりもうまく哲学言葉遊びができます。サルトルは、実際、そういう意味で、〈projet〉という単語を使っています。「主体」というのは「先へと投げ込まれてあることだ」という感じで。

そういうわけで、〈企投されている entworfen sein〉という言い方をすると、単に投げ込まれているだけでなく、何らかの構想のために、世界の中へと投げ込まれて「ある」というニュアンスが出ます。「現存在」はその構想の実現に向けて進んでいくよう定められている。私には世界の中で果たすべき使命のようなものが与えられているわけです。だとすると、自分をここに「あら」しめている何ものかの企図（Entwurf）を知り、その使命を果たさねばならない。「現存在」による、自らの「存在」についての問いかけが、自らを世界に投げ込んだものの「企図」の探求へと繋がっていくわけです。ハイデガーは誰のどんな企図なのかなかなかはっきりした答えを与えませんが、そこもまた、好きな人にとっては大きな魅力になるわけです。

いわゆる〝哲学・思想好き〟な人には、自分には特別の使命があると思いたい人が結構多いですね。〝哲学〟によって、その〝使命〟を教えてもらおうとする。中には、自分に〝使命〟があることを証明するために、〝運動〟をやりたくなる人もいる。そういう人が、こういうトークイベントや講義に来ると、結構迷惑です（笑）。

ハイデガーの哲学Ⅲ——「決意させる entschließen」

もう一つドイツ語の特性を利用したハイデガー用語の話をしておきましょう。「決意させる」という意味の動詞〈entschließen〉があります。英語だと、〈determine〉に当たります。英語だと、〈determine〉単独で、「決意する」という意味にもなりますが、ドイツ語だと自分自身を目的語にする再帰動詞、〈sich entschließen〉という形にする必要があります。この〈entschließen〉の過去分詞形である〈entschlossen〉を、ハイデガーは特殊な意味で使います。特に、これを名詞化した〈Entschlossenheit〉という形を多用します。「覚悟性」と訳されます。

先ほどお話ししたように、過去分詞には二通りの意味がありますね。完了と、受動態です。〈entschlossen〉というのは、普通は、主語が「覚悟している」ということになるはずなのですが、その前後の文脈で、〈entworfen〉とか〈geworfen〉とかが頻繁に使われていると、その連想で、〈entschlossen〉にも、受け身の意味が含まれているような気がしてくるわけです。主体＝主語自体は「（自分で）覚悟した haben sich ……entschlossen」つもりでいるけれど、実は、「覚悟させられて『ある』」のではないか、という感じです。

しかも、この〈entschlossen〉には、〈entworfen〉と同様に、〈ent-〉という前綴りが付いていますね。〈ent-〉がなくて、〈schließen〉だけだと、「閉じる」という意味になります。少し強引だけど、「閉じている状態」から、「引き離され」て、「遠く」へと差し向けられることが、「覚悟する」ことだというように、穿った解釈をすることができるわけです。私は、自分自身の内面に閉じこもっているような気がしているけれど、実は、私をこの世界へと投げ込んだものによって、その一見閉鎖した状態、引きこもり状態から、遠く離れた将来へと向かって、開かれている＝覚悟させられて「ある」……そういう風に話が大きくなっていきます。〈schließen〉に、〈er-〉という前綴りを付けて、〈erschließen〉とすると、「開く」という意味になりますが、その過去分詞の〈erschlossen〉と〈entschlossen〉を並べて使うと、〈entschlossen〉も、「開かれている」という意味を帯びているように見えてきます。ハイデガーは実際、そうやっています。

ドイツ語のネイティヴでないと、なかなかピンと来ないような言葉のマジックですね。日常語を巧みに利用しているので、自分の使っている言葉自体が、自分の進むべき方向をはっきりと指し示してくれているような、気にさせられるわけです。自分で使命を見つけて、自分で決意しなければならないと思うと、大変ですが、「いや、実は君は自分でも気付かないうちに、この世界にある企図を持って投げ込まれている。君が決意できなくて、自分の内面でうじうじしているつもりでも、既に、その企図へ向けて覚悟させられてあるんだ。実際、そういう言葉を、自分でも意識しないうちに使っているだろ。だから、自分でゼロから決意しようとする必要はない。自分自身の覚悟性を発見するんだ」、という感じのメッセージを、哲学のテクストを介して発信しているわけです。自分探し系の人に、ウケそうですね（笑）。

ハイデガーへの批判

このように、普段使っている言葉の中から、「存在」それ自体のメッセージを聞き取ろうとするハイデガーの手法は、使命が欲しい人、自分自身の根源を教えてほしい人にはウケますが、ドイツ語特有の語法に頼りすぎていて、あまり厳密に概念規定しないまま、文学的な連想で話を進めているところが多いので、哲学は数学や論理学のような厳密な言語で展開されるべきだと思っている人には、不評です。

ジョージ・スタイナー（一九二九－　）という文芸評論家が、文芸批評の視点からハイデガーを論じた『ハイデガー』（一九七八）という本を書いています。岩波現代文庫から翻訳が出ています。スタイナーは、オーストリア人が両親で、パリに生まれて、アメリカで比較文学者として活躍した人です。ドイツ語のネイティヴです。その彼が本の中で、ハイデガーの本を字面通りに読んでいるとピンと来なくても、彼の講義をテープで聞いていると、独特の音楽的なリズムと、ドイツ語の特徴を活かした巧みな話術で語られているので、急に説得力があるような気がしてくる、ハイデガーは「読む」べき対象ではないかもしれない、ということを言っています。

ハイデガーは、西南ドイツのアレマン方言独特の発音の仕方とイントネーションをうまく利用して、言葉を繋いでいくのがうまいと言われています。アレマン方言の癖について、ちょっとだけ例を挙げておきましょう。まず、南ドイツ全般の傾向ですが、北ドイツよりも現在完了形を多用するということがあります。そのため、完了分詞をいろいろいじるハイデガーの語法がさほど違和感なく受け止められるということがあります。

加えて、アレマン方言では、文章の最後から二つ目の音節にアクセントを置いて、長く高く発音する傾向があります。ドイツ語の現在完了形では、完了分詞が最後に来るので、完了分詞の最後から二つ目の音節が独特の節回しで伸ばした感じで発音されます。例えば、「彼はそこにいた」、という文だと、〈Er ist da gewesen.〉となりますが、過去分詞〈gewesen〉の〈-we-〉が、引き延ばされたような感じになるわけです。〈wesen〉は当然、〈sein〉の過去分詞です。

そして、この過去分詞形と語源的に繋がっている〈Wesen〉という名詞は、「本質」とか、「生命体」「存在するもの」といった意味になります。〈an-〉という前綴りを付けて、〈anwesen〉とすると、「その場に居合わせる」「現前する」といった意味になります。ハイデガーは、これを「その事物の本質が現れる」という意味合いで使います。「現成」と訳します。そういうわけで、〈gewesen〉の〈-we-〉を、アレマン風に強調しながら発音すると、いかにも、「存在 Sein」がその「本質」を現わしつつ、その場に臨在している、という感じが出るわけです。ハイデガーは、そういう言葉のチョイスが得意です。因みに、〈gewesen〉と〈Wesen〉はヘーゲルもやっています。ヘーゲルもアレマン人です。

自分たちの使っている日常語の言い回しをうまく利用して「哲学する」人は、日本の哲学者にもいます。

九鬼周造

例えば、九鬼周造（一八八八－一九四一）の『「いき」の哲学』（一九三〇）は、日本語の「いき」という言葉が、どういう場面、どういう文脈で、どういう人たちによって使われているか、「つう」や「あだ」「さび」などの隣接する言葉とどういう位置関係にあるのか分析しながら、日本人の美意識を解明しようとした著作ですが、これなんか、日本語を話している人、しかも「いき」という言葉を実際に口にする機会があるような人でないと、「へえ、そうなんですか」としか言いようのない話ですね。九鬼はドイツに留学した際、ハイデガーに直接師事したことが有名ですね。

ハイデガーと「祖国」――「ヘルダリン講義」をめぐって

さて、そういう言葉のマジックで読者に使命感的なものを感じさせるハイデガーは、みんなをどこにつれていこうとしたのか？　彼は、一九三四年から何回かにわたって行なったヘルダリン講義で、「祖国 Vaterland」と「存在」を結び付けます。「祖国」へと向かって、覚悟させられてある、という話になるわけです。ヘルダリン（一七七〇－一八四三）は、ドイツ観念論・ロマン主義時代のドイツの詩人で、ヘーゲルやシェリングと友人でした。ギリシア語の詩形をモデルにしながら、ドイツ語に固有の詩の形式、祖国的形式を探求したことで知られています。彼の詩には、祖国とか神々がしばしば登場します。ヘルダリンの詩学については、私の博士論文である『〈隠れたる神〉の痕跡』（世界書院）で詳しく論じましたので、関心があったら読んでみて下さい。ハイデガーは、ヘルダリンのことを、神々から（＝存在それ自体）のメッセージを受け止め、ドイツ語によって詩化した「半神」だとして、特別な位置を与えています。

ハイデガーは講義で、ヘルダリンの詩作品や詩学を解釈しながら、「祖国的存在」について示唆します。先ほど、「世界内存在」の話をしましたが、ヘルダリン講義では、各現存在にとっての世界、「存在」は言語によって樹立（stiften）されているものであり、その樹立を行なうのは「詩人」である、と論じられます。「詩人」が、その言語による存在の表象の限界を確定し、その言語を話す「民」は、そのようにして確定された「祖国的存在」の中で、神々と遭遇することになる。ヘルダリンはそのドイツ民族にとって、言語による表象の限界線を設定した、特別な意味での「詩人」ということになります。

直接的にナショナリスティックなことを語っているわけではないのですが、民族に属し、「祖国的存在」

の圏内で生きている各人は、「詩人」を介して伝えられる神々の声に耳を傾けねばならないということは執拗なまでに強調しますので、ナショナリズム的な言説に取り込まれやすいということは言えます。ゲオルゲ（一八六八－一九三三）という神秘主義的な詩人のサークルや、その影響を受けたナチスは、ヘルダリンからもっと露骨な形で民族の使命のようなものを引き出そうとしていたので、ハイデガーのヘルダリン講義がそれを権威付けする役割を果たした、と言えなくもない。

戦後、ハイデガーは党員だったことや、ナチスを肯定するかのような発言をしたことが問題にされ、大学から追放されました。しかし、熱心なハイデガー・ファンが多くいたおかげで、次第に復権し、ドイツの哲学界に再び大きな影響力を発揮するようになりました。フランクフルト学派の再スタートの時期は、ハイデガー復権の時期でもあったわけです。

復権のきっかけの一つになったのが、『ヒューマニズム書簡』（一九四七）と呼ばれる著作です。この著作が書かれた背景として、サルトルが一九四五年に行なった講演「実存主義はヒューマニズムである」があります。先ほどお話ししたように、サルトルはハイデガーの影響、特に現存在をめぐる実存主義的な議論からの影響を受けたことが知られています。そのサルトルは、「現存在」のことを「人間的現実 la réalité humaine」と理解し、「実存主義」を「ヒューマニズム」と読み替えようとしたわけです。つまり「実存主義」を、私たち人間が本来の人間性を獲得し、自由になる道筋を探求する思想と理解したわけです。そのうえで、ハイデガーも「実存主義＝ヒューマニズム」の哲学者に分類しています。

ハイデガーとヒューマニズム

先ほどお話ししたように、ハイデガーの「現存在」は、実質的には「私」のことですので、ハイデガーも、「私」の（人間としての）本来的自由を探求していると言えないこともないですが、「ヒューマニズ

ム」という言葉で通常意味されるのは、個々の人間の生命を大事にするとか、人間それ自体に価値を置くとかいうようなことですから、「現存在」分析を通して、「存在」それ自体を探求するハイデガーの立場は、通常の意味でのヒューマニズムとはかなり異質であるような感じがします――そもそもサルトル自身も、通常の意味でのヒューマニストかどうか怪しいですが。自らの「企投性」や「覚悟性」について探求した結果、自分を含めて全ての人間の価値を否定し、破壊することを自らの使命とする、完全にニヒリスティックなテロリストになる可能性もあるわけです。「存在」それ自体からの合図は、どういうものになるか分からないわけですから。

ハイデガーを「ヒューマニスト」化しようとするサルトルの議論に関連して、ハイデガー心酔者で、後にフランスでのハイデガー研究の権威として知られることになるジャン・ボフレ（一九〇七－八二）という人が、ハイデガーにお伺いを立てる手紙を書きます。サルトルがこういうことを言っていますが、現存在と存在の関係をめぐるあなたの議論は、「ヒューマニズム」と言えるんですか？と尋ねたわけです。それに対する返答として書かれたので『ヒューマニズム書簡』というタイトルが付いているわけです。その中で、ハイデガーは、サルトル的実存主義と『存在と時間』は関係ないとしたうえで、自分の存在論は、通常の意味ではヒューマニズムではないとしています。そのうえでヘルダリン講義での議論の骨格をもう一度持ち出す形で、人間は存在の真理（アレテイア）を見守る「存在の牧人 der Hirt des Seins」である、という議論を展開しています。

この『ヒューマニズム書簡』のインパクトによって、ハイデガーは当時の西欧諸国の哲学・思想論壇で、積極的な発言の機会を再び獲得したとされています。戦勝国の占領下にあった当時のドイツでは、ナチスとの関係が非難され大学を追われたハイデガーのような人は肩身が狭かったはずですが、ヒューマニズムをめぐる論争のおかげで、フランスで彼が高く評価されていることが明らかになったわけです。フランスは、戦勝国の一角を占めているだけでなく、西側有力国の中で反ドイツ的な雰囲気が最も強かった国です。そのフランスでの評価は、彼にとって非常に有利に働きました。そうした経緯も含めた、フランスでのハイデガー受容の状況については、私と東大の北川東子さん（一九五二―二〇一一）が監訳した、トム・ロックモア（一九四二―　）という哲学者の『ハイデガーとフランス哲学』（法政大学出版局）で詳しく紹介されていますので、関心があればご覧ください。

ハイデガーは一九五一年に、現役からは引退するのと引き換えに、名誉教授として再び大学で講義する権利を獲得しました。その前後から執筆・講演活動も、活発に行なうようになります。それに対して、ドイツの戦後世代、つまり大戦以降大学を出た若い知識人たちが反発し始めました。特に、ハイデガーが自分のナチス時代の言動について一切反省の言葉らしきものを口にすることなく、何事もなかったかのごとく、「哲学」し続けることが問題視されました。五三年に、ハイデガーが三五年に行なった講義『形而上学入門』が本として刊行されましたが、その中に明らかにナチスのことを念頭に置いていたであろう、「この運動の内的真理と偉大さ」という文言がそのまま載っていたことに対して、様々な方面から批判が寄せられました。フランクフルト学派第二世代の代表になったハーバマス（一九二九―　）は、当時まだ二四歳でしたが、『フランクフルター・アルゲマイネ』紙に、そのことを批判するエッセイを寄稿しています。このへんのことは、三島憲一さん（一九四二―　）の『戦後ドイツ』（岩波新書）で紹介されています。

アドルノのヘルダリン論「パラタクシス Parataxis」

アドルノは、一九六三年に、ハイデガーのヘルダリン解釈に対抗する自らのヘルダリン論である「パラタクシス Parataxis」を発表します。これはアドルノの評論集『文学ノートII』(一九六一)に収められています。翻訳はみすず書房から出ています。〈Parataxis〉というのは、詩の技法としての「並列語法」という意味です。ごく簡単に説明すると、複数の節――ドイツ文法では主文/副文という言い方をします――から成る文で、それぞれの節を主節、従属節の従属関係に置くのではなく、並列関係に置くということです。普通の感覚だと、主節/従属節の関係になりそうな複数の節を、あえて並列的に配置することで詩的効果を出すということです。

アドルノはそれだけにとどまらず、〈Parataxis〉という表現に、通常の言語における〈Syntax〉――「統語論」とか「統語法」ということです――を、更に言えば、我々の思考を制御する「総合作用 Synthesis」を解体するというような意味を込めているわけです。ヘルダリンの詩は、通常の言語や思考における統語＝統合作用を解体し、同一化の論理に囚われない残余を指し示すと言いたいわけです。〈Synthesis〉という言葉は、ドイツ哲学のいろいろな場面に登場してきます。ヘーゲル弁証法にある正反合の「合」は、〈Synthese〉、つまり「総合されたもの」です。カント哲学で、「分析/総合」という時の「総合」も〈Synthesis〉です。基本的に、いろいろなものを一つに総合する作用を意味する言葉ですが、アドルノはその基本的な意味に、自らの物象化＝同一化作用論に被せるような形で、いろいろなものを自らの内に取り込み単一的な論理によって秩序付ける、というようなネガティヴな意味で「総合作用」という言葉を使い、それとヘルダリン的な「パラタクシス」を対置する形で議論を進めていきます。

アドルノに言わせれば、ヘルダリンの詩の言語は、一つの論理へと収斂することを拒絶し、非同一的なものを示す身振りを示しているのに、ハイデガーは、彼の詩作品の中の存在論的あるいは祖国的な語彙をピックアップして、一つの論理へと回収したうえで、「祖国的存在」を樹立する呪術的な詩であるかのように装った、ということです。アドルノ自身の読み方では、ヘルダリンは「存在」それ自体を樹立するどころか、言葉の統一性を見失い、自分の依って立つべき場所を見出せなくなって、存在の深淵を覗き込み、狂気に陥りそうな状況に置かれている。そうした彼の言語を、存在論の一元的な言語、総合する言語へと強引に収斂させようとするのは、ハイデガーのドイツ・イデオロギーだ。それは、ヘーゲル以来、ドイツの哲学が継承してきた悪しきイデオロギーだというわけです。このあたりのことは、『〈隠れたる神〉の痕跡』で詳しく論じました。

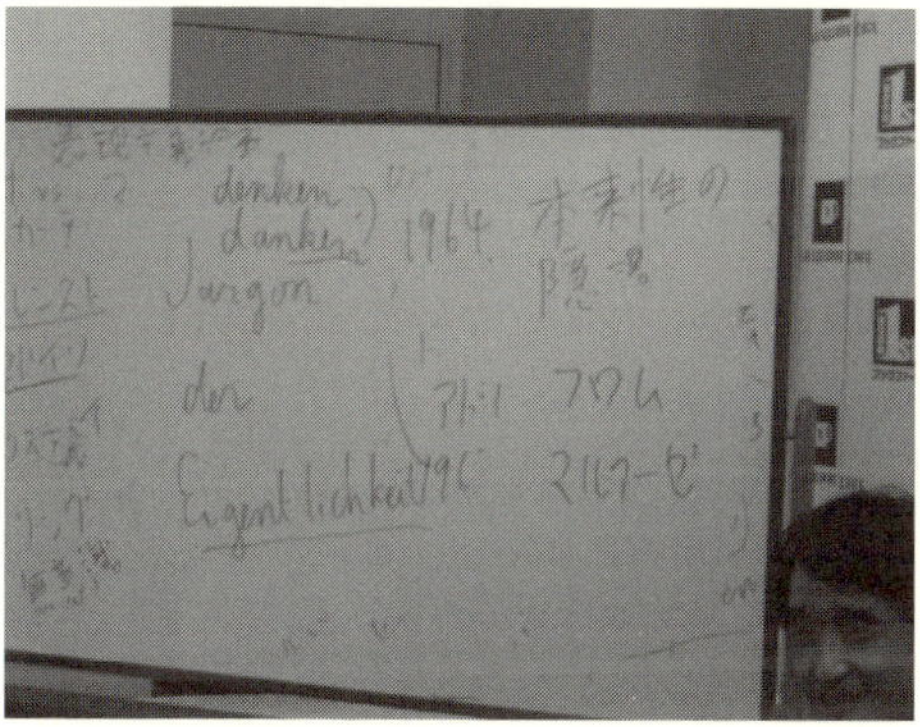

アドルノは更に、その翌年一九六四年に、ハイデガーに代表される「ドイツ・イデオロギー」を本格的に批判する『本来性という隠語 Jargon der Eigentlichkeit』を出します――ドイツ語でも「ジャーゴン」という言い方をします。「本来性」と訳すと、何か深そうに聞こえますが、〈Eigentlichkeit〉の副詞もしくは形容詞形である〈eigentlich〉は、「そもそも」とか「元々」「元来」、あるいは「本来」という意味です。「これはそもそも（本来）～Das ist eigentlich～」というような形で、日常的に頻繁に使われる言葉です。日本語でも、「これは本来～」という言い方は普通に使うけど、それを「本来性」という名詞にすると、急に改まって硬い感じになりますね。

それで、「本来性という隠語」ということでアドルノが何を言いたいかというと、ハイデガーがやたらと、「これはそもそも（本来）～」という言い方をして、私たち（ドイツ人）が日常的に使っている言葉の本来の意味を示そうとする、ということです。この言葉には「本来」これこれの深い意味があるのに、我々はそれを見失っており、その言葉を通して伝えられているはずの、「存在」それ自体からのメッセージを聞き逃し、平版化された……式の論法で、ハイデガーは読者をどんどん「深み」へと、引っ張っていく。あたかも、深～い「本来性」の世界があるかのように。アドルノは、そうした〝深さ〟の演出こそ、フランス的文明・啓蒙主義に対抗しようとしてきた、ドイツの反近代的な田舎根性、ドイツ・イデオロギーの特徴だと指摘します。『本来性という隠語』のサブタイトルは、「ドイツ的なイデオロギーについて Zur Deutschen Ideologie」です――勿論、マルクスの『ドイツ・イデオロギー』（一八四五－四六）のもじりです。次回、お話しするように、アドルノ自身も、啓蒙主義・合理主義の同一化＝物象化＝総合作用に警鐘を鳴らす立場ですが、ハイデガーのようにドイツ的な〝深み〟を演出するやり方だと、偏狭なナショナリズム思考にはまっていき、最後は、社会全体を「近代の汚染」から守るべく一元的に管理しようとする、という全体主義に辿り着くことになる、という見方をしています。全体主義的な社会管理は、啓蒙主義のもう一つの側面であり、啓蒙の罠にまんまとはまったことになる。それがハイデガーだ、というわけです。アドルノはそういう意味で、ドイツ的な〝深み〟と対決し続けます。

因みに、アドルノとは直接関係ないですが、蓮實重彦さん（一九三六－　）の本に『表層批評宣言』（一九七九）というのがありますね。「深読み」に対抗して、わざと「表層」で批評すると宣言しているわけですね――「表層」だからって、全然分かりやすいことはないですが。〝深読み〟に対抗して、わざと表層を即物的に読むっていう姿勢だけは、アドルノの「批評」と共通していると思います。〝深読み〟して、特定の方向への読解へと誘導するようなイデオロギーというのは、哲学や文芸批評、社会学などにはつきものです。ポストモダン系の議論でよく言われる、「物語批判」というのは、〝深い〟ところに、全ての事象に共通する（大きな）物語を想定し、そこに向けて強引に「読む」ようなやり方を批判するということです——無論、そうしたポストモダン系の批評自体が、「物語」になってしまう危険は常にありますが。

アドルノはある意味、物語批判の先駆けのような人です。ハイデガーを批判し、皮肉る自分自身の語りが、新たな〝深み〟を生み出さないよう、いろいろ工夫しています。そのため、かなり人文的教養のあるドイツ人でも、なかなかスーッと頭に入って来ないような、何重にもねじれたヘンな文体を駆使します。ドイツ語としての分かりやすさという面から言うと、アドルノの文章は、ハイデガーより遙かに分かりにくいです。ハイデガーは、哲学的な内容としては分かりにくいですが、ドイツ語の構文としては、比較的明瞭で、ドイツ語が出来る人なら、用語のニュアンスは別として、構文的には割と楽に訳せます。アドルノは、どこから引っ張ってきたのかよく分からない暗示的な挿入句を入れて、構文を複雑にするし、急に意味ありげな外来語を使ったりするので、ネイティヴにも言葉と言葉の繋がりが読みとりにくいとされています。〈adornieren〉という動詞が出来たくらいです。どういうことか想像つきますね。そうやって、一見、〝深い〟ように見える〝分かりやすさ〟を拒絶しているわけです。

次回から読む『啓蒙の弁証法』の最初の章はアドルノが中心になって書いたとされています。私の感覚からすると、『啓蒙の弁証法』は、アドルノの文章としてはまだ分かりやすいほうです。一番分かりにくいのは、先程言った「パラタクシス」あたりでしょうね。

アドルノたちは第二次大戦後ドイツに帰り、東側のマルクス主義とは距離を置きながら、ハイデガー的なドイツ哲学、及び、アメリカ的な資本主義文化の双方と対決する姿勢を取り続けます。そうしたことを前置きにして次回から三回ほど『啓蒙の弁証法』を一章ずつ読んでいきます。

Q 「投げこまれてその中にある」というのは、恐らく、僕らは分からなくても、キリスト教の中で生きている人は分かるのかもしれないと思ったんですが、その時に、引き離されるように投げられていることが、開かれていくことになる、と仰いましたよね。どうして、「開かれる」ということになるのか、もう一度説明して頂けませんか。

A 「私」たちの多くは、自分は、単独でこの世界の中にあると思っているでしょう？ 他の人間もいるけれど、お互いの内面は分からないし、「私」の生きる意味なんて誰も教えてくれない。それは内面に引きこもった状態、閉じた（geschlossen）状態と考えられます。しかし、もし「私」がこの世界の中に「投げ込まれた」のだとすれば、「投げ込んだ誰か」がいるはずで、少なくとも、その〝存在〟は、「私」と繋がりを持っていて、ひょっとすると、「私」が「存在していること」の意味を教えてくれるかもしれない。その時点で既に、私はもはや閉じた状態にあるとは言えなくなる。遠く（ent-）にある何かに向けて、覚悟、決意させられている、ということに気付く。それが、〈entschlossen〉、閉鎖性を取り除かれた状態であるということになります。

Q 自分自身で「決意」しているのではないから、そういう意味で「開かれている」という意味になるのですか？

A そう。「他者」に向かって、開かれているわけです。「決意」というのは、どちらに行ったらいいか分からない状態、知らないものに直面した状態で、あえて、どちらかに決めるということですね。そこに非理性的な、他者的なものが入り込んでくるわけですね。

Q　「自分は自分だ」というように、思い切れないという意味において、「開いている」、ということ？

A　そう言っていいと思いますよ。だって、本当の意味で実存的な決断をする時、どうしてそちらに決めたのか、説明できないでしょう。

Q　〈Dasein〉と〈Sein〉を、ハイデガーがどのように区別していたのかがよく分からなくて。〈Sein〉それ自体というのは定義されていなくて、常に〈Dasein〉とか〈In-der-Welt-Sein〉とか、具体的に規定された形でしか現われて来ないのだったら、結局、全部、〈Dasein〉になってしまうんじゃないかという気がします。「存在」が、「民族」とか「祖国」というような具体的な形で樹立されるというのであれば、ますますそんな気がしてきます。

A　そこはちょっと微妙ですね。ハイデガー研究をしている人の間でも、常に議論の焦点になるところです。アドルノは、あなたがおっしゃったような読み方をしています。つまり、（ドイツ人で、故郷に郷愁を抱いている）「私」にとっての「存在」を語っているだけではないか、と。『存在と時間』のハイデガーは、「現存在」を含め「存在者」と、「存在」それ自体を混同しないように注意深く議論していますが、ヘルダリン講義とか、『形而上学入門』になると、「存在」を言語と密着させて理解する方向にシフトしていきます。言語の話をすると、どうしても、母語の問題が出てきて、「私にとっての存在」という話になりがちです。ハイデガー自身がそのへんをどう考えていたかについては、いろいろな解釈が可能で、議論のネタはつきません。

［講義］

第2回　実際に『啓蒙の弁証法』を読んでみる。1

「弁証法」とはそもそも何か？

今回読む本のタイトルは『啓蒙の弁証法』ですね。使用するテクストは、徳永恂訳『啓蒙の弁証法――哲学的断想』（岩波文庫　二〇〇七）です。

当然、ヘーゲルやマルクスの「弁証法」を念頭に置いてのネーミングですね。本題に入る前に、「弁証法」とはどういうものか、それについて著者であるホルクハイマーとアドルノはどういう態度を取っていたか、確認しておきましょう。

ヘーゲル＝マルクス弁証法についての教科書的なベタな説明をしますと、基本は［正（These）→反（Antithese）→合（Synthese）］の三段階の発展です。何かがテーゼとして措定されると、それに対するアンチテーゼが反措定され、テーゼとアンチテーゼが相互に対立することを通して、双方の短所と長所が見えてきて、より高い段階へと「止揚 aufheben」され、テーゼとアンチテーゼが「総合」されたもの、ジュンテーゼが現われてくる。例えば、「個人主義が良い」というテーゼが立てられるとすると、不可避的に、「いや、集団主義の方がすぐれている」というアンチテーゼの可能性が際立ち、それを支持する人も出てくる。そこで、双方の間で対立、闘争が起こり、それを契機として双方の長所と短所が分かってきて、両者を「総合 synthetisieren」した、よりすぐれた立場が見出される、というような感じです。自然科学っぽい例を出すと、物質にある方向から力が加わって運動し始めると、それに対する摩擦力などのそれに抵抗する力も働き、それによって、その物質の運動の方向と速度が定まってくる。そういう風に物事が発展していく。ヘーゲルの場合、「精神」を中心にその発展が起こるけれど、マルクスの場合、「物質」を中心に発展が起こる。

ドイツ語の話をしますと、〈aufheben〉というのは、通常は、「～を終わりにする」もしくは「上に挙げる」という意味の分離動詞です。分離動詞というのは、英語だと、動詞＋副詞の形で表わされ、動詞単独の時にはなかったような意味を持つ熟語、例えば、get up, take over, shut up ……などに相当するものを、ドイツ語では、一つの動詞扱いします。一つの動詞といっても、一つにくっついているのは、人称変化や時制変化をしていない不定形の場合だけで、文の中では分離したり、別の音節を挟んだりします。それで分離動詞と言います。分離する副詞的な部分を、前綴り（Vorsilbe）と言います。〈aufheben〉は、〈auf－heben〉という形に分離します。前綴りの〈auf〉は、英語の〈up〉に相当し、動詞本体の〈heben〉は、語源的に英語の〈heave〉に対応していて、「持ち上げる」という意味です。ですから、〈aufheben〉の一番基本的な意味は、「上に上げる」ですが、それから派生して「～終わりにする」という意味もあります。どうして「終わる」に繋がるのかよく分かりませんが、恐らく、その場から引き上げて、中断するというような感じなのではないかと思います。

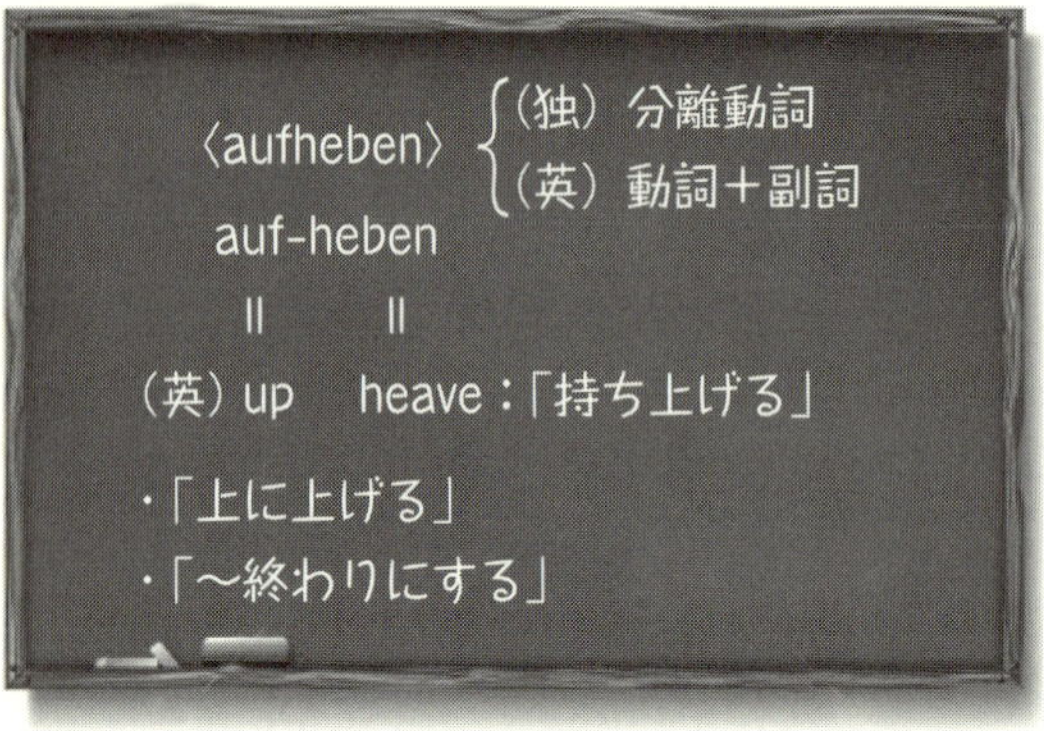

ヘーゲルはその二つの意味を意識して、「正」と「反」の後に

「合」が生じてくることを、〈aufheben〉という動詞で表現しました。つまり、「正」と「反」が対立している地平よりも高い次元へと上昇し、その超越的な見地から見た時、対立が終わるというような意味で、使っているわけです。それを日本語で、「止揚」と訳しているわけです。「止揚」され、「正」と「反」が「総合」されることによって、弁証法の運動はより高い段階に移行し、「歴史」は進歩していく。それは、弁証法の過程を通して次第にその全貌を現してくる普遍的な理性の下に、全ての事象が統合（synthetisieren）され、包括的に把握されるようになっていく、ということです。ヘーゲル主義の場合、その普遍的理性が「絶対精神」であり、マルクス主義の場合、物質の運動法則に対応する科学ということになるでしょう。それが、弁証法についての――ややカリカチュア的に単純化した――普通のイメージでしょう。

しかし、それとは違った見方をすることもできる。何らかのテーゼが立てられると、不可避的にそれと対立するものが必ず生じてくる。その「正」の概念では包摂し切れないものが必ず顕在化してくるということです。〝止揚〟されて、「合」に至ったとしても、その「合」にも包摂されない残余が、新たな「反」が生じてくる。どこまで行っても、必ず残余としての「反」が現われてくる。ヘーゲル＝マルクスの弁証法では、次第に、全てが包摂されていって、最後は、もはや残余が出なくなるかのような話になっているが、本当に残余が縮小している、と言えるのか？　我々は、歴史の進歩と共に、「正＝合」の範囲が次第に拡大し、残余としての「反」が縮小しているかのように思い込んでいるが、実際には、「正＝合」が拡大しているように見える一方で、「反」も拡大しているのではないか。人間が自然を合理的に管理しようとすればするほど、それに対する自然からの反発が強まり、人間社会自体を脅かしているのではないか？

つまり、「総合」よりも、「否定作用」の方に注目する弁証法観です。ホルクハイマーとアドルノはそういう見方をしています。アドルノが晩年に書いた、主要著作『否定弁証法』（一九六六）は、タイトル通り、否定の側面から弁証法を見直すことを試みた著作です。全ての対立を止揚し、総合しようとする弁証法の「同一化作用」からこぼれ落ちていくもの、「非同一的なもの」を見出し、同一化に抵抗し続けるというのが、アドルノの一貫したテーマです。

『啓蒙の弁証法』というタイトルに含まれている「弁証法」という言葉にも、そうした総合する弁証法と、否定弁証法との閲ぎ合いが含意されています。全てが理性的なものによって統合されていくという前提に立つ、ヘーゲル＝マルクス的な弁証法は、啓蒙主義的な性格を持っていると言えるでしょう。それに対して、ホルクハイマーとアドルノは、「啓蒙」が不可避的に弁証法的反転を起こす、つまり自己自身を否定する「アンチテーゼ」を生み出し、総合ではなく、自己解体へと向かうことになる、という見方をします。

まず、「啓蒙 Aufklärung」とは何かを説明しておきましょう。〈Aufklärung〉は、〈aufklären〉という動詞の名詞形です。これも分離動詞です。〈klären〉の部分が英語の〈clear〉に相当し、前綴りの〈auf〉は、この場合は「上に」というよりも、「開いて」という意味です。つまり、「啓蒙」とは、「開いて明らかにする」ことです。英語だと〈enlightenment〉ですね。これは字面からすぐ分かるように、「光を当てて明るくする」ことです。「光」というのは「理性」の隠喩ですね。「理性」の「光」を当てることによって、人々を暗闇、すなわち非理性的で野蛮な状態から引き上げることが、「啓蒙」だと考えられます。このことを、弁証法的に考えてみましょう。暗いところに、光を当てると、確かに今まで見えなかったものが見えるようになります。しかし、光に伴って影も生じます。灯台もと暗しという日本の諺があるように、光源の近くの方がかえって暗くなる場合もあります。光の強さをもっと強めていけば、暗闇がなくなるというのが普通の［正→反→合］によって拡大・総合していく普通の弁証法の発想だとすれば、どうしても光には影が伴う、というのが『啓蒙の弁証法』の著者たちの発想です。

つまり、理性の働きとしての啓蒙が進むと、必ず反動が起こり、非理性的、野蛮な現象が起こるわけです。『啓蒙の弁証法』というタイトル自体に、啓蒙の「反（作用）」が必ず啓蒙自身に跳ね返ってくる、というような意味合いがこめられているわけです。

「啓蒙」とは何か？

多少、細かいことを言っておきますと、「啓蒙」というのは狭い意味では、一八世紀のヴォルテール（一六九四―一七七八）やディドロ（一七一三―八四）などのフランスの知識人などが開始した運動を指しますが、ここでは「理性」の開化・展開、人類文明の始まりというような広い意味で使われていると考えて下さい。

アドルノとホルクハイマーは、前回お話ししたように、フランクフルト学派の初期の主要メンバーです。二人が一九五〇年代初頭にアメリカから帰国し、フランクフルト大学に社会研究所を再建します。ホルクハイマーが戦後の初代所長になりました。彼は研究所が再建された翌年にあたる、五一年にフランクフルト大学の学長に選出され、ドイツの大学・文教政策にも影響を与えることになります。この本の冒頭に、ポロックへの献辞が出ていますね。フリートリッヒ・ポロック（一八九四―一九七〇）も初期のメンバーで、マルクスの貨幣論を研究した経済学者です。彼も、ホルクハイマーたちと一緒にアメリカに渡り、戦後ドイツのフランクフルトに戻り、社会研究所のスタッフになります。

社会研究所のメンバーたち

『啓蒙の弁証法』は、アドルノたちの亡命中に書かれました。「序文」の末尾に、「一九四四年　カリフォルニア、ロス・アンジェルス」と出ていますね。大戦の終わり頃に書きあげられたわけですね。大戦中に書かれたということは、このテクストを理解するための大枠として重要です。大戦中の文章だとすれば、啓蒙にふりかかってくる弁証法的反動＝野蛮は、具体的にはナチズムを指しているのではないかと想像できます。しかし、戦後、この『啓蒙の弁証法』がフランクフルト学派の中心的テクストとして読まれるようになると、既に滅びてしまったナチスというよりは、むしろ、資本主義が高度に発達すると同時に、管理社会的な性格を強めている西欧社会、特にアメリカにこそ、啓蒙の反動としての野蛮として想定されているのではないか（あるいは、そのように想定されていると見るべきだ）、という解釈が生まれてきます。実際に読んで頂ければ分かりますが、彼らはかなり哲学的に抽象化した書き方をしているので、野蛮の権化がナチスであっても、アメリカであっても、どちらでも一応筋が通るような印象を受けます。次々回に読む第四章は、アメリカを中心とする文化産業を問題にしています。

私が監訳しているアレックス・デミロヴィッチの『非体制順応的知識人』の第三分冊では、アドルノとホルクハイマーの「批判」の主要なターゲットの変化と、『啓蒙の弁証法』の読まれ方の相関関係について細かく論じられているので、関心があれば読んでみて下さい。

「自然への頽落 Naturverfallenheit」

今回読むのは第一章「啓蒙の概念」です。具体的に読み始める前に、議論の前提を知る上で重要なキーワードを一つ挙げておきましょう。第一章に入る前の「序文」、岩波文庫版の一三頁に、「自然への頽落Naturverfallenheit」という表現が出てきます。日本語としてかなり違和感がありますね。ドイツ語としてもヘンです。当然、ドイツの辞書には出ていません。どうして違和感があるのか、考えてみましょう。「自然への頽落」という言い方をすると、何かが、恐らくは啓蒙もしくは文明が崩壊して、「自然」へと落ちていく感じがしますね。〈verfallen〉という動詞は実際、「崩壊する」とか「頽廃する」「陥る」といった意味です。〈Verfallenheit〉というのは、そういう状態になっているということですね。〈verfallen〉の意味自体については、それでいいんですが、だとすると、「自然」というのは、落ちていく先にある「低い」ものなのか、ということになりますね。ホルクハイマーとアドルノは、自然を低いものと見ているのか？ この人たちは、「啓蒙」や「文明」を批判しているのではなかったか？ ホルクハイマーとアドルノが、マルクス主義的左派の視点から、資本主義や疎外を生み出した「文明」を批判しているという前提で考えると、何故、「自然へと落ちる」という発想が出てくるのか疑問ですね。たとえ、彼らが文明批判する新左翼でなかったとしても、「自然へと落ちる」、という発想は、自然を低く評価しているようでヘンですね。

少し先走った話をしますと、「自然」と「啓蒙」の根源的対立というのは、ホルクハイマーとアドルノたちのメインテーマですが、ハーバマスなどの第二世代になると、そういうのは形而上学的であるうえ、不毛であるとして問題にしなくなります。ハーバマスは、弁証法にもあまり拘っていません。

話を元に戻します。ホルクハイマーとアドルノにとって、自然は野蛮で唾棄すべきものなのか？ その逆に啓蒙は素晴らしいのか？ 無論、そういう話ではありません。一章と二章の本文を読んで分かりますが、彼らは、「自然＝野蛮」とは見ていますが、その対立項としての「啓蒙」あるいは「文明」が素晴らしいとは見ていません。むしろ、「啓蒙」あるいは「文明」は、生の自然とは異なる別の形での暴力、野蛮を抱えている。ある意味、自然よりも暴力のポテンシャルは高いと見ている。

「自然＝野蛮」から離脱した「啓蒙」がもっと危ないんだったら、「自然」に帰ればいいじゃないか、という気もしますが、単純に自然回帰を主張すれば、それはまさに、〝文明に犯されていない太古の世界〟を理想化したロマン主義、あるいは、その影響を受けた復古型ナショナリズム、ナチスなどの発想です。いったん啓蒙＝文明化された人たちが、集団として無理やり〝自然状態〟に戻ろうとする時、巨大な暴力が発動します。どこかの国の大虐殺とか、新興宗教の無茶な行動とかを思い浮かべて下さい。「自然」への回帰がすばらしい、とは言えない。

アドルノやホルクハイマーが、「自然への頽落」という言葉で言わんとしていることを、私なりに解釈すると、こんな感じになります。人間は「啓蒙」されることによって、いったん「自然」から離脱し始めた。文明とは、人間が自然から離脱していく過程である。その過程で、人間は「主体」になる。そうした啓蒙、文明化、主体化の過程が、発展であり上昇だとすると、〈verfallen〉というのは、その主体化の過程を逆行し、元の状態、主体性のない状態、自然の中の主客未分化の状態へと、落っこちていくということですね。

「序文」の一三頁から一四頁にかけて、以下のように述べられています。

> 今日の人間が陥った「自然への頽落」（Naturverfallenheit）は、社会の進歩と不可分のものである。経済的な生産性の向上は、一方ではより公正な世の中のための条件を作り出すとともに、他方では技術的機構とそれを操縦する社会的諸集団とに、それ以外の人民を支配する計りしれぬ優越性を付与する。個々の人間は経済的諸力の前には完全に無力であることを宣告される。（…）精神が固定化されて文化財となり消費目的に引き渡されるところでは、精神は消失せざるをえない。繊細な情報とどぎつい娯楽の氾濫は、人間を利口にすると同時に白痴化する。

進歩と「自然への頽落」が不可分であるというのは、進歩すればするほど、その進歩した位置から、落っこちる危険が大きくなる、ということですね。ソフトランディングで「自然」に戻るのではなくて、上昇している途中で、あるいは上昇しているつもりになっている最中に落っこちてしまうところに、「主体」

である〝私たち〟にとっての大きな問題があるわけです。

具体的にどういう風に落っこちるかというと、豊かさを約束してくれるはずの「経済」の運動が、欲望を介して人々の行動を支配するようになる。まるで、本能そのままに生きる動物のように――こういう言い方をすると、動物に失礼かもしれませんね。「精神」が次第に無力化し、消失するわけです。人間を、自然界の他の動物と隔てていた「精神」の自律性が衰退し、多くの人々が再〝動物〟化し、その意味で、再〝自然〟化する、ということですね。

前回お話ししたように、アドルノの物象化論によれば、啓蒙された人間の「精神」は、世界に存在する諸事物を同一化＝等価性の論理によって「同定」し、財産目録に登録してきたわけです。しかし、その同一化による支配が行きすぎ、様々な文化財が私たちの生活に溢れかえり、〝私たち〟が欲望のままに生きるようになると、肝心の「精神」までもが物象化し、自律性を失って、消滅の運命を辿っていく。無論、単純に野生に戻れれば、まだいいのですが、私たちは文明に順応し、家畜のように野生の本能を喪失しているので、かつてと同じような〝幸せな野生〟に戻ることはできない。将来に対して悲観的にならざるを得ない。だから、「自然への頽落」なのです。

「価値としての文化 Kultur als Wert」批判

少し横道にそれますが、一四頁には、文明批評家として、ハックスレー（一八九四－一九六三）やヤスパース、オルテガ・イ・ガセー（一八八三－一九五五）の三人の名前が挙げられていますね。三人ともホルクハイマー／アドルノとほぼ同時代人ですね。ヤスパースのことは、前回お話ししたので省略します。オルダス・ハックスレーは、英国の小説家・評論家で、人間の生が誕生から死まで一元的に管理される未来社会を描いた、ＳＦ小説『素晴らしき新世界』（一九三二）で有名です。祖父や兄弟に有名な生物学者がいます。オルテガ・イ・ガセーは、スペインの哲学者・評論家で、一時期西部邁さん（一九三九－）がよく言及していた人ですね。虚栄心だけが肥大化し、他人が自分より上にいることを許さない「大衆」のメンタリティを批判的に考察した『大衆の叛逆』（一九二九）で有名です。

彼ら三人の名前を挙げたうえで、彼らの議論のように、「価値としての文化 Kultur als Wert」が問題ではない、と述べられています。ドイツの哲学的な「文化」論に慣れていないとどういうことかピンと来にくいかもしれませんが、要は、自分たちはヤスパースのように、人類を頽落から救うべく、精神的な「文化」を再評価すべきだ、というような復古主義的な議論をするつもりはない、と言っているわけです。戦前のドイツには、フランス人が表面的できらびやかな「文明 Zivilisation」を高度に発達させているのに対し、自分たちドイツ人は精神的で内面的な「文化 Kultur」を大事にしている、と主張する言説がありましたが、「価値としての文化」という言い方には、そういう意味合いも込められているかもしれません。そうしたドイツ的な「文化」は、しばしば「教養＝（人格）形成 Bildung」という概念と結び付きます。ホルクハイマーとアドルノは、人々が従来的な意味での「教養」を身に付けさえすればどうにかなるというような、いかにもドイツ的、復古的な話をしているわけではないと、断っているわけです。

そのようにヤスパースたちの教養主義から距離を取った後で、経済の発展や技術の進歩ゆえの精神の衰退、白痴化の問題について、もう少し詳しく述べられています。

> 与えられた諸関係のもとでは、幸福をもたらすはずの財そのものが不幸を招く要素になる。大量の財は、社会的主体を欠くために、これまでの時代には国内経済の危機に際していわゆる生産過剰という結果をもたらしたとすれば、今日ではそれは、権力集団がそういう社会的主体の地位に就くことによって、ファシズムによる国際的脅威を生み出す。進歩は退歩に逆転する。

少し分かりにくい文の流れですが、ポイントは、一九世紀までの資本主義と違って、大衆の大量消費を前提とする二〇世紀の資本主義では、財が過剰生産されすぎると、売りさばくことができなくなって、経済が回らなくなり、危機に陥るということですね。どうして作り過ぎてしまうのかというと、生産システム全体を制御する「社会的主体 das gesellschaftliche Subjekt」が不在だからです。

古典的自由主義の見地からすれば、別に全体を見渡す調整主体がいなくても、「（神の）見えざる手」の働きによって、市場は均衡に達する、ということになりそうですが、そうした市場の自己調整メカニズムを信じない人は、やはり不安になる。そこで、全体を管理してくれる者が欲しくなる。そこで、ファシズム登場の余地が生まれてくる。ファシズムは不安定化しつつある大衆社会に、再度安定をもたらしてくれる権力集団として登場してくる。つまり、進歩しすぎたせいで、ファシズムの野蛮が呼び出される、という退歩が起こるわけです。

もう少しだけこの続きを読んでおきましょう。

形而上学の破綻

衛生的な工場地帯やそれに属するあらゆるもの、フォルクスワーゲンやスポーツパレスなどが、あさはかにも形而上学に対して破産宣告をしたとしても、それはまだとるに足らぬものであろう。しかしそういったものが社会的全体のなかでそれ自身形而上学になるとき、あるいは現実の害悪を背後に押しかくすイデオロギー的なカーテンとなるとき、これはけっして見過すわけにはいかない。

衛生的な工場地帯や、フォルクスワーゲンやスポーツパレスなどが、形而上学に対して破産宣告する、というのは分かりにくい話ですが、これは、産業の発達や豊かさのおかげで人々の意識が変化し、少なくとも表面的には形而上学的な思考を受け付けなくなった、ということだと考えればいいでしょう。「我々はこんなに豊かで幸せになったんだから、宗教の代替物の形而上学なんてもういらない」、という感じでしょうか。ホルクハイマーとアドルノは、そういう破産宣告は時期尚早で愚かだけど、そんなのはまあどうでもいい話だ、と言っているわけです。

ちょっと翻訳上の細かい話をしますと、「破産宣告する」の原語は、〈liquidieren〉で、基本的には、「除去する」という意味ですが、経済関係では、会社などを破産させて清算する、というような意味でも使われます。

「とるに足らぬ」の原語は、〈gleichgültig〉で、通常は、「どうでもいいです」とか「関心を持たない」というような意味です。この単語は分解すると、「同じ」「等しい」「イコール」を意味する〈gleich〉と、「有効である」とか「〜として通用している」という意味の〈gültig〉に分けられます。「等価である」ことを意味する〈äquivalent〉――英語だと〈equivalent〉――も分解すると、「同じ」「等しい」という意味の〈äqui-〉という部分と、「〜として通用する」「〜の価値がある」という意味の〈-valent〉という部分に分かれます。更に言えば、〈gültig〉の動詞形の〈gelten (〜と見なされる、〜として通用する)〉は、「貨幣」を意味する〈Geld〉と語源的に繋がっています。アドルノたちがそこまで意識して〈gleichgültig〉という単語をチョイスしたのかどうか分かりませんが、彼らは言葉の意味の多義性にこだわるので、そうした貨幣論的な意味が込められている可能性は否定できません。

話を戻しますと、フォルクスワーゲンとかスポーツパレスが、形而上学の破綻宣告するのはまあいいけど、そのフォルクスワーゲンとかスポーツパレス自体が形而上学になってしまうのはまずい、と言っているわけです。

表現は文学的で難しそうな感じがしますが、ポイントは簡単です。そういう豊かさのおかげで、社会全体が良い方向に進歩していて、将来への不安はないかのように見せかける形而上学が生まれてきて、それが現実を覆い隠してしまう、ということです。物質的豊かさが生み出す形而上学に惑わされてはならない、と警告を発しているわけです。

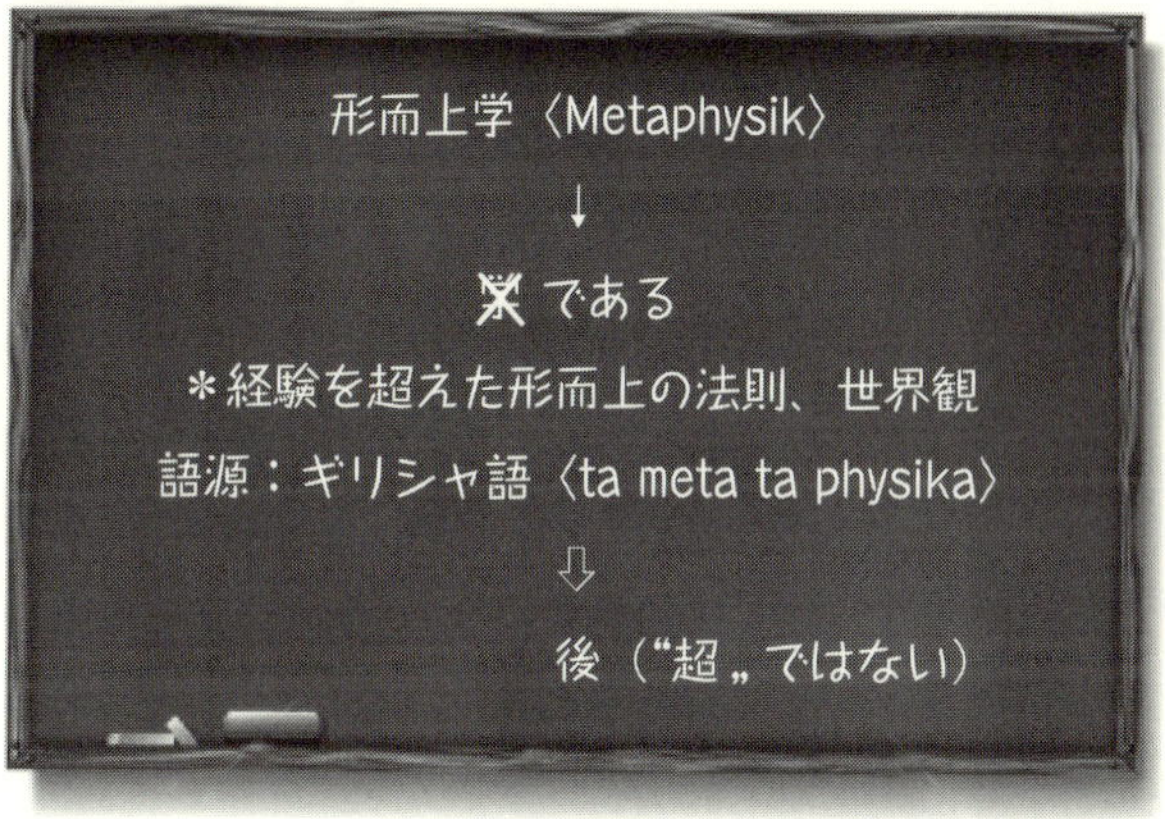

もう一つ語彙について説明しておきましょう。「形而上学」はドイツ語の〈Metaphysik〉の訳語ですが、この訳語は最後に「学」とついているので、「学問」の一分野であるかのように聞こえますが、そうではありません。〈Physik〉という言葉が、「物理学」という学問だけでなく、物理学で問題にするような物理の法則をも意味しているのと同じように、〈Metaphysik〉は、経験を超えた形而上の法則とか、世界観、物の見方、といった意味も持っています。ハイデガーも、そうした広い意味で〈Metaphysik〉と言っていることが多いです。因みに、〈Metaphysik〉の語源であるギリシア語の〈metaphysica〉は、文字通りには、〈physica（自然（physis）についての学）〉の「後 meta」ということですが、これは後世の人がアリストテレス（前三八四－三二二）の著作集を編纂するに当たって、〈physica〉の後に、「形而上学」に当たる部門を配置したことに由来します。〈meta-〉はもともと、「超―　」というよりは、「後―　」という意味だったわけです。

「世界を呪術から解放すること die Entzauberung der Welt」と「知識 Wissen」

では、「第一章」に入りましょう。冒頭に注目して下さい。

古来、進歩思想という、もっとも広い意味での啓蒙が追求してきた目標は、人間から恐怖を除き、人間を支配者の地位につけるということであった。しかるに、あます所なく啓蒙された地表は、今、勝ち誇った凶徴に輝いている。啓蒙のプログラムは、世界を呪術から解放することであった。

「人間から恐怖を取り除く」というのは、具体的には、自然の猛威に対する恐怖を取り除くということです。恐怖を取り除いて、自分自身と自然を支配する「主」の位置に付けるわけですね。神に取って替わる、といってもいいかもしれませんね。呪術から解放するというのは、そういうことです。

「世界を呪術から解放すること die Entzauberung der Welt」という表現について、訳者の徳永恂さん（一九二九－　）による注がついていますね。その訳注を見れば分かるように、〈Entzauberung〉は、マックス・ウェーバーの概念で、通常は「脱呪術化」と訳されます。ウェーバーは、「世界史」を、人々が呪術的な世界観から解放され、自らの生活や社会を合理的に組織化するようになる過程と見ていました。

神話を解体し、知識によって空想の権威を失墜させることこそ、啓蒙の意図したことであった。

「知識」を拡大して、神々の権威を奪い、彼らが空想の産物にすぎないことを明らかにし、人間自身がそれに取って替わることが、「啓蒙」の目指すところであるわけです。その後に「実験哲学の父」とされるベーコン（一五六一－一六二六）からの長めの引用がありますね。高校の倫理の教科書では、帰納法の創始者として紹介されている人ですね。「知は力なり」というフレーズが知られていますね。そのベーコンからかなり長い引用があります。自然科学的な「知識 Wissen」の社会的意義が強調されています。特に、最後の部分が、『啓蒙の弁証法』の主題と関わっています。

「（…）今日われわれは、自然を支配しているつもりでいるだけで、じつは自然の強制力に隷従している。とはいえわれわれは、発明にあたって自然の導きに従っていけば、それによって実践の上では、自然に命令することになろう」

ベーコンは、「自然を支配しているつもりでいるだけで、じつは自然の強制力に隷従している」というフレーズに、別にひねった意味は加えていないでしょうが、支配したと思った「自然」が「文明」に復讐し始めるという『啓蒙の弁証法』の主題を視野に入れると、ずいぶんアイロニカルに聞こえますね。私たちは、自然の主人になっているつもりだけど、実はいろんなところで、自然の支配を受け続けている。私たちの身体が、自然の中に組み込まれており、私たちの欲望が、生物的な欲求に縛られていること自体はどうしようもない。

一六世紀から一七世紀への移行期、エリザベス一世からジェイムズ一世にかけての時代の人であるベーコンは、私たちが様々な発明を積み重ね、自然界の法則の扱い方に習熟すれば、いつか本当の自然に命令できるようになると考えました。私たちは、ベーコンよりも四世紀後の時代に生きていますが、本当の意味で自然を支配できるようになったのか。

著者たちはまず、ベーコンの求めた知が、現代においては、ブルジョワ経済、資本主義に奉仕するようになっていることを示唆します。その意味で、「知」は、初期マルクスが「人間疎外」という形で指摘したのと同じ種類の問題を引き起こすと言えます。

この知識が目ざすのは、さまざまの概念やイメージでもなければ、見識にもとづく幸福でもなく、方法であり、他人の労働の利用であり、資本である。ベーコンによってまだまだ知識のうちに隠されていると考えられていた多くの事物は、それ自身また道具にすぎない。洗練された印刷機としてのラジオ、はるかに性能の高い大砲としての急降下爆撃機、すぐれた精度を示すコンパスとしての無線操縦。人間が自然から学ぼうとするのは、ただ自然と人間とを完全に支配するために自然を利用することである。それ以外には何も問題にならない。自己自身がどうなろうとかまわずに、啓蒙は、それ自身の自己意識の最後の残滓さえ焼き尽してしまった。

マルクス主義的な意味での「資本」はもともと、労働者の労働力を搾取・吸収することを通して自己増殖するものとして想定されているわけですが、ここでは資本家による労働者の搾取というレベルの話だけでなく、自然を搾取する帰結として、人間の身体、精神も搾取されるようになる、ということが示唆されているわけです。ラジオは、人間の精神をコントロールするように作用し、特定の方向に誘導する媒体だと言えます。爆撃機は人間自体を破壊することを目的とする道具だし、コンパスとしての無線操縦は、人間の運動を機械のそれに連動させるように作用します。

機械文明が発展すれば便利で快適になるけど、その分だけ、我々の生き方や行動パターンを、機械に合わせないといけなくなる、ということは、みなさんそれなりに実感されているのではないかと思います。自動車が発明されたおかげで交通の便は良くなったけど、歩行者の動きは制限される。携帯やパソコンを始めとする電気・通信器具は私たちの職場環境を便利にするけど、その反面、停電や通信障害で、それらが使えないと、身動きが取れなくなる。文明の利器のおかげで、私たちの生活はかえって制約されている。慣れていると、それに気付きにくいけど、何かのトラブルや災害が起こった時に、急に気付いたりするわけです。そうした文明のもたらす自己制約によって、啓蒙は自分の首を絞め続けている。著者たちはそういう見方をしているわけです。

アニミズムと一神教、そして論理学

二六頁に、「世界の呪術からの解放」とは、「アニミズムの根絶である」と述べられていますね。アニミズム（animism）という言葉の意味はご存知ですね。世界は、物質的身体を持たず、目に見えない様々な「魂 anima」によって満たされており、それらによって世界が動かされていると見る原初的なメンタリティや思考様式を指す言葉です。人の身体にもアニマが宿っているわけです。アニミズムは呪術や宗教の原型とされています。ただ、ここで言われている「アニミズム」というのは、文化人類学などの専門用語として使われている狭義のアニミズムではなく、「自然」に対して畏れを抱く、現代人も持っているメンタリティ全般を指している、と見た方がいいでしょう。その前提で以下の箇所を読んで下さい。

クセノパネースは、大勢の神々というものを嘲笑している。神々は、彼ら自身の創造者たる人間、あらゆる偶然性や悪を身につけた人間と何ら変るところがないからである。他方最近の論理学は、人間の言語生活の中でつくられてきた言葉を贋金だと言って告発し、中立的なポーカーチップと代えた方がましだと主張する。現世はカオスになり、総合が救いになる。トーテムの動物と『視霊者の夢』と絶対的理念の間には、どんな区別も認められない。

いろいろなことが詰め込まれていて分かりにくい箇所ですが、ちょっとずつ中身を確認していきましょう。クセノパネース（前五六〇頃－四七〇頃）は古代ギリシアのイオニア地方の風刺詩人・哲学者で、神は唯一至高の存在であると説き、多神教を批判したことで知られています。「大勢の神々を嘲笑した」というのは、多神教を愚かと見てバカにしていたということですが、問題はどうして多神教が愚かなのか、ということです。それは、多神教の神々が「あらゆる偶然性と悪」を身に付けているからです。そして、それらの偶然性と悪は、実は、それらの神々を想像で作り出した人間自身の偶然性や悪を投影したものであるというのが、クセノパネースの議論です。具体的には、ホメロスやヘシオドスの作品に出てくる、いかにも人間らしく振る舞う神々のことです。

そして、こうした視点からの多神教批判は、初期のキリスト教の教父たちによっても採用されます。キリスト教の唯一神は、ギリシア・ローマの神々のような淫らなことはしない、愛の神だと説かれたわけです。この辺の理屈はクリスチャンではない普通の日本人には分かりにくいですね。信仰がない人間は、キリスト教の神も同じではないかと思ってしまいますね。実際、ヘーゲル左派の思想家で、マルクスに影響を与えたことで知られるフォイエルバッハ（一八〇四－七二）は、『キリスト教の本質』（一八四一）で、キリスト教の神は、人間の属性を投影したものであるという見解を示しています。

ただ、一般的に、キリスト教に限らず、ユダヤ教やイスラム教など唯一神を信仰する宗教の場合、神の性格はかなり抽象化、非人格化され、生身の人間の欠陥を超越したものとしてイメージされる傾向があるのは確かでしょう。唯一神の場合、万物の創造主、あるいは根源として想定されることが多いので、宇宙の全ての神秘、あらゆる事物の法則性が、その唯一神に帰属することになるので、人間から遠く隔たった不可思議な存在としてイメージされるのだと思います。

それがクセノパネースの批判ですが、「他方」ということで、「人間の言語生活の中でつくられてきた言葉を贋金だ」と告発する「最近の論理学」のことが引き合いに出されています。これは、カルナップ（一八九一－一九七〇）などのウィーン学団などの論理実証主義とか、ラッセル（一八七二－一九七〇）などの数理論理学を指しているのだと思います。「ポーカーチップ」というのは、原語では〈Spielmarke〉で、ポーカーなどのゲームで点数計算用に使われるチップのことです。

これはどういう譬えなのか少し分かりにくいですが、要は、日常言語は不正確で曖昧な部分が多いので、記号で置き換えろ、という話です。記号論理学で、記号と数式だけで命題を表現しているのを見たことありますね。例えば、P∧Qとか、P∨Q、P∪Q、（P∧Q）⊃R…とか。普通に使っている言葉は、事物それ自体を表象しているように見えて、実は人間自身の主観や願望を反映しており、正確ではない。なのに、本物を映し出しているように見せかける。贋金みたいなものだ。だったら、最初から作り物と分かっていて、なおかつ、味もそっけもない、つまり、情緒性が薄い抽象的記号に置き換えてしまえ、ということです。賭け事のゲームをやる際に、贋金の使用を防止すべく、「ポーカーチップ」で計算するのと同じように、言語ゲームで誤魔化しが利かないように、日常言語でなく、記号化された言語を使うわけですね。

無論、記号論理学をやっている人たちは、自分たちがやっていることを、「多神教」を「唯一神の信仰」に置き換えようとするクセノパネースやアウグスティヌス（三五四－四三〇）の試みと比較したりしないでしょうが、ホルクハイマーたちはそこにパラレルな関係を見ているわけです。

「現世はカオスになり、総合が救いになる」というのが、分かりにくいですね。「現世」というのは原語では〈Welt〉、つまり「世界」です。徳永さんは、その後の「救い Rettung」と平仄を合わせるために、「現世」と訳されたのだと思いますが、この場合の〈Welt〉には、「現世／来世」という対比での「現世」の意味はないでしょう。「世界がカオスになる」というのは、実際に「この世界」がカオスへと変容するということではなくて、カオスと見なされるようになる、ということでしょう。クセノパネースは、大勢の神々が出てくる神話的世界観を混沌としたものと見なし、記号論理学者は、人間の日常言語を混沌としたものと見なす。何故、カオス（混沌）としているのかというと、私たちの世界観に私たち自身の主観や情念が投影されているからです。「世界がカオスになる」というのはもう少し説明っぽく言い換えると、「私たちの従来の世界（観）は、私たち自身の主観や感情を反映しているがゆえに混沌としたものであったことが、啓蒙によって露呈されることになる」という感じでしょうか。

「総合」というのは、冒頭でお話しした〈Synthesis〉です。「総合が救いになる」というのは、混沌とした形で存在している現在の「世界」を啓蒙的理性によっていったん解体したうえで、同じ理性によって再統合する、つまり一元的な論理によって説明可能な世界、合理的な世界にする、というような意味でしょう。「救い」という言い方をしているのは、啓蒙的理性にとって、「カオス」が否定すべき、忌まわしいものだからでしょう。

トーテムと『視霊者の夢』、そして「絶対的理念」

その後の「トーテムの動物と『視霊者の夢』と絶対的理念」というのも、分かりにくいですね。トーテムは分かりますね。ある部族にとって、自分たち、あるいは自分たちの先祖と特別な結び付きがある、動物や植物などのことです。トーテミズムの本質については文化人類学でいろいろな議論がありますが、これも、原初的な宗教形態と見なされることが多いです。『視霊者の夢』には訳注［3］が付いていますね。ちょっと見ておきましょう。

［3］　カントが一七六六年に出版した書名。この書をベルリンのメンデルスゾーンに贈り、文通をはじめる。副題「形而上学の夢による解明」。スヴェーデンボルクの神秘主義との対決を課題として

いる。

この訳注から分かるように、「視霊者」というのはスウェーデンボルク（一六八八－一七七二）のことです。スウェーデンの科学者、神秘主義者です。カントが一七二四年に生まれて、一八〇四年に亡くなっているので、生きた時代が重なっていますね。自らの〝霊界体験〟に基づいて、神智学的著作『神秘な天体』（一七四九－五六）、『天国と地獄』（一七五八）等を著した人です。ヨーロッパの霊界観の原型を作った人なので、オカルトとか霊界の話でよく引き合いに出されます。カントは、『視霊者の夢』という初期の論文で、スウェーデンボルクの言説を、形而上学的な言説の代表に見立てて、かなり執拗に批判しています。タイトルに「夢」と入っていることから分かるように、カントはスウェーデンボルクの霊界見聞を夢としか見ていなかったわけです。

「絶対的理念」というのが、抽象的で分かりにくいですが、「理念」の原語は〈Idee〉で、ギリシア語の〈idea（イデア）〉が語源です。プラトン（前四二八－三四八／三四七）の「イデア」のように、地上に存在する諸事物の原型あるいは根源になっている、絶対的で不変なもののことを指していると考えられます。かなり大雑把な言い方になりますが、カントやドイツ観念論の哲学などでも、そういう「絶対的理念」≒イデアのようなものが想定されている、と見ることができるでしょう。

スウェーデンボルク

一番分かりにくいのは、トーテムと『視霊者の夢』と「絶対的理念」の三者が、並べられて、それらの間に「どんな区別も認められない」と明言されている点ですが、これは文脈からして、「最近の論理学」の視点から見た場合、「どんな区別も認められない」、つまり、同類である、ということでしょう。カントの『視霊者の夢』は、霊のような超自然的なもの、霊的なものを否定する本なので、トーテミズムとは対立しているように思えますが、「最近の論理学」からしてみれば、そのカントの哲学でさえ、実証できない形而上学的な原理——例えば、「汝の意志の格率が常に普遍的立法の原理として妥当するよう行為せよ」という定式で知られる、アプリオリな道徳法則——を前提にしている点で、同じ穴の狢なのでしょう。「絶対的理念」が、プラトンの「イデア」だとすると、プラトン哲学も、億見を排して純粋な真理としての「イデア」を探究しているように見えながら、実はイデアという神秘的なものを志向しているように見える。「最近の論理学」は、そういう従来の哲学も、多神教やトーテミズムの同類と見なして、厄介払いしようとしているわけです。

その後を読んでみましょう。

形而上学の放逐

近代科学への途上で、人間は意味というものを断念した。人間は概念を公式に、原因を法則と確率にとりかえる。原因という観念こそは、いわばそれだけが、古い理念のうちで依然科学的批判に地歩を譲らなかったために、科学的批判が自らの試金石とした最後の哲学的概念であり、創造原理の世俗化の最後の生き残りであった。

この箇所は比較的分かりやすいと思いますが、この手のエッセイ風哲学の文章に慣れていない人には、「意味というものを断念した」という言い方がピンと来ないかもしれませんね。「意味」の原語は〈Sinn〉です。ドイツ語の辞書を見ると、この〈Sinn〉には「意味」とか「意義」、「感覚」などの他に、「目的」とか「目標」といった〝意味〟もあることが分かります。何故、「意味」と「目的」が同じ言葉で表現できるのか？

創造主としての神のようなものを想定すると、分かりやすくなります。神はそれぞれの被造物を創造するに当たって、それが存在する「目的」、それが目指して進んでいくべき「目標」を与えるとすると、その「目的」に到達することが、その事物が「(存在する) 意味」になるわけです。「終わり」を意味する英語の〈end〉、ドイツ語の〈Ende〉、フランス語の〈fin〉などには、「目的」という意味があることはご存知ですね。これも日本語の感覚からすると分かりにくいですが、神などによって予め定められた、「終点＝終末」に向かって進んでいくことが、その事物の「目的」だと考えると、分かりやすくなりますね。予め定められた「目的＝終わり」に向かっていくことが、人や事物の存在する「意味」になるわけです。

そのように、宇宙に存在する諸事物には到達すべき「目的」、存在する「意味」があると想定し、それを探求する哲学の分野を「目的論 Teleologie」と言います。アリストテレスによって最初に体系化されました。「目的論」では、必ずしも創造主としての「神」の存在が直接的に想定されるとは限りませんが、それに相当するような超越的な原理は想定されます。そうでないと、「目的」とか「意味」について語ることはできません。カントやヘーゲルにはまだ目的論的な側面がありますが、現代の哲学、特に分析哲学は、目的論的な思考を形而上学として排除します。創造主的なものがいると信じない限り、最初から成り立たない話だからです。

無論、人間が自分の行動に目的を設定するのであればできます。二〇一〇年に「白熱教室」で話題になったマイケル・サンデル（一九五三－　）が講義の中で、「目的論」という言い方をしていましたが、あれは人間の行為に関する目的論です。自然界の事物の存在に関する目的論とは全然違います。「近代科学への途上で、人間は意味というものを断念した」というのは、近代科学が目的論的思考を排除して、事物を外的・客観的に観察するようになった、ということです。物質が運動するのは、神から与えられた目的を成就するためではなく、単に運動の法則に従って動いているだけであり、植物が養分を吸収して成長するのも、神から与えられた定めに応えようとしているからではなく、自然界の法則に従って変化しているだけ、というような発想をするわけです。

「原因を法則と確率にとりかえる」というのもそういうことです。「原因」というのは、一見、科学的な概念のような感じがしますね。因果法則とか因果律と言う時の、「因」は原因の「因」です。因果法則は、英語で〈law of causality〉、ドイツ語で〈Kausalgesetz〉と言います。「原因」と「結果」の間の客観的で必然的な結び付きについての法則ということです。

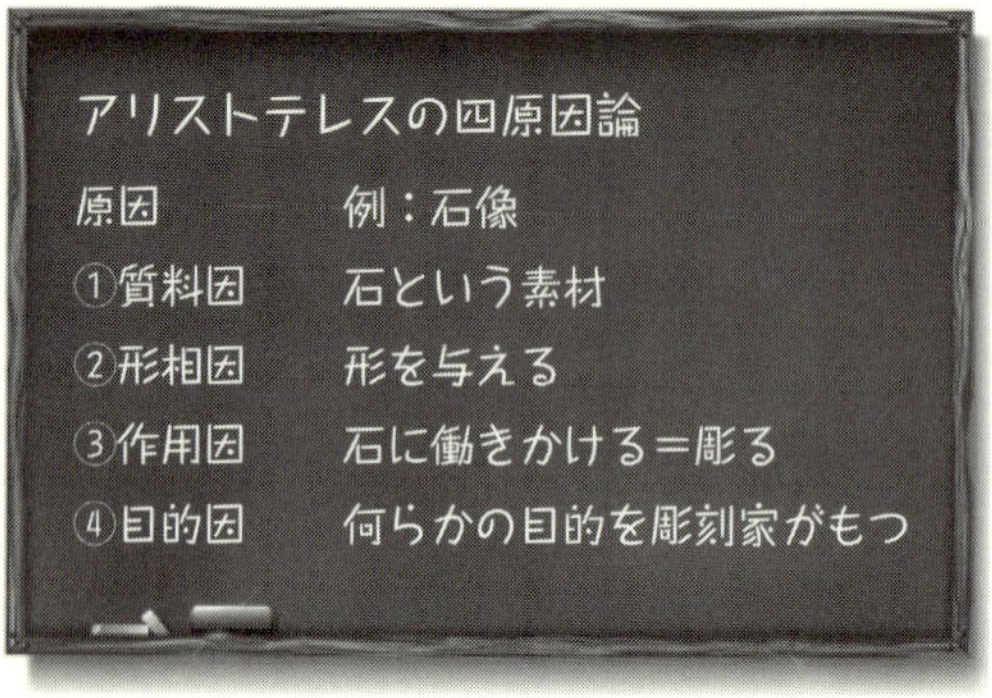
アリストテレスの四原因論
原因　例：石像
①質料因　石という素材
②形相因　形を与える
③作用因　石に働きかける＝彫る
④目的因　何らかの目的を彫刻家がもつ

「原因」についての理論を最初に定式化したのも、アリストテレスです。アリストテレスによれば、原因には、①質料因（material cause）、②形相因（formal cause）、③作用因（efficient cause）、④目的因（final cause）の四種類があります。抽象的で難しそうですが、例えば、目の前に、石像があると考えて下さい。石像は石という素材＝質料を原因としています（①）。ある彫刻家が何らかの目的を持って（④）、その石に働きかけ（③）、形を与える（②）ことによって、石像はできあがるわけです。彫刻家は神あるいは創造主に相当します。こうした四原因論は、中世のスコラ哲学へと継承されます。

そういう風に考えると、「原因」という概念は何か宗教的なもの、創造主の仮定のようなものとくっついているところがありそうですね。近代になって、自然現象における原因と因果の関係という形で、「原因」概念は何とか生き残りましたが、その内に神の創造原理を、世俗化、つまり脱宗教化したような形而上学的性質を持っている「原因」は、次第にうさんくさいものと見られるようになりました。

一八世紀のイギリスの哲学者ヒューム（一七一一－一七七六）は、因果は、現象Aの後に現象Bが続いて起こるということを何度も経験しているうちに、私の心の中でAとBが結び付くのが習慣となり、その結び付きが因果法則として認識されるようになる、と主張し、実質的に因果法則を否定しました。近代科学はヒューム的な方向に進んで行ったわけです。つまり、Aの後にBが生じるという規則性があることさえ分かればいいので、AがBを生み出したとか、Bが生じるかどうかはAに依拠しているといった想定は必要ないということです。

実体と属性、能動と受動、存在と現存在などを当世風に定義することが、ベーコン以来哲学の一つの仕事だったのだが、科学はもう、そういったカテゴリーなしで用を足していた。

実体（Substanz）と属性（Qualität）はアリストテレス由来の概念で、彼の存在のカテゴリー（範疇）表の中に入っていて、カントにも継承されていきます。能動（Tätigkeit）と受動（Leiden）はフィヒテ（一七六二－一八一四）の知識学の重要な概念で、ヘーゲルを経て初期マルクスにまで継承されます。存在と現存在は、前回お話ししたように、ハイデガーの概念ですね。いずれもこれらの哲学者を理解するカギになる概念対ですが、ここでは中身はあまり関係ないでしょう。自然界の事象を理解するのに役に立たない形而上学的概念で、いかにも神話的直観の残滓のような性質を持っている概念の代表例として列挙されているのでしょう。確かに、どれも現代の自然科学の説明のために採用されそうにありませんね。ベーコン以降、近代科学は、そうした形而上学の残滓を引きずっている哲学と縁を切り、こうした概念を放逐してきたわけです。これらの概念には、原始の人たちの自然に対する畏れのようなものが反映しており、それをずっと引きずっているので、啓蒙はそれらを除去してしまおうとするわけです。

オイディプスの答え――擬人法から合理的世界観へ

> 計算可能性や有用性という規準に適応しようとしないものは、啓蒙にとっては疑わしいものと見なされる。啓蒙が外からの抑圧に妨げられずにひとたび展開することになれば、もはや止まるところを知らない。(…)古来、啓蒙が神話の基礎をなすと考えてきたのは自然を人間になぞらえる《アントロポモルフィスムス》見方であり、主体の自然への投影であった。超自然的なもの、精霊やデーモンたちは、自然的なものにおびえる人間の鏡像だというわけである。

先ほどお話ししたように、「啓蒙」は、神話の起源を、自然現象の中に人間自身の人格を投影し、擬人的に表象することにある、と見ます。例えば、火山が噴火すると、山あるいは山を司る神が怒った、と考えたりするということです。自然界の現象を、アニマとか神の喜怒哀楽の現れと見るわけです。それが、〈Anthropomorphismus(擬人法)〉です。啓蒙は、主観や偏見の入りやすい擬人法的な自然表象に代えて、計算可能性や有用性を基準として採用することを促進していくわけです。

> 超自然的なもの、精霊やデーモンたちは、自然的なものにおびえる人間の鏡像だというわけである。神話の中に登場してくるさまざまの形象は、啓蒙の見方によれば、すべて同じ分母で通分され、主体に還元される。スフィンクスの謎に対する「それは人間だ」というオイディプスの答えは、啓蒙のきまり文句として無差別に繰り返される。

オイディプスというのは、あのエディプス・コンプレックスで有名なオイディプスのことです。彼は、自分の実の父を父と知らないまま殺した後、テーバイの町を脅威に陥れていた怪物スフィンクスの謎を解いて、スフィンクスを自殺に追い込み、その手柄として、自分の実の母と知らないで結婚することになります。スフィンクスはライオンの胴体で、人間の女性の顔をし、翼を生やしている怪物です。スフィンクスの謎は、有名ですね。「朝は四本足で、昼は二本足、夕方に三本足になるものは何か？」、というものです。その答えが、「人間」です。ホルクハイマーとアドルノは、この「人間」だという答えに、象徴的な意味が込められていると見ているわけです。つまり、人々はスフィンクスという訳の分からない怪物を恐れているけれど、それは実は、自然に対する人間の畏れを映し出したものにすぎない。畏れの正体は、実は「人間」自身である。啓蒙は、「人間」こそが問題であることを繰り返し強調し、擬人化によって成立していたアニミズム的な物の見方、呪術的世界観を解体していくわけです。

啓蒙は、人間自身の情緒の起伏を反映して移ろいやすい擬人法に代えて、計算可能性や有用性に基づいて、一つの基準で世界のメカニズムを説明する合理的世界観を形成しようとします。

存在し生成するものとして、あらかじめ啓蒙によって承認されるのは、ただ統一をつうじて把えられるものだけである。啓蒙の理想は、そこからすべての個々のものが導き出される体系である。この点では、啓蒙が合理論的方向を取ろうと、経験論的方向を取ろうと、変るところはない。

「統一 Einheit」というのは、「総合化する」ことです。啓蒙は多様性を認めず、一つの論理を統一的に把握するように強制します。合理論というのは、哲学の教科書に出てくる、いわゆる大陸合理論のことで、経験論というのはイギリス経験論のことです。どっちの方向であろうと、啓蒙が、全ての事象を統一的に把握しようとすることに変りがないということです。論理学や数学がそのモデルになります。哲学者で数学者でもあるライプニッツ（一六四六ー一七一六）は、全てを数学的に表現する「普遍数学 mathesis universalis」を構想しました。

形式論理学は、統一化を教える偉大な学校であった。それは啓蒙家たちに、世界の計算可能性の図式を提供した。プラトンの晩年の著作に見られるイデアと数との、神話論的色彩の濃い同一視は、すべての非神話化が抱く憧憬を表現している。数が啓蒙の規準となった。

客観性の強い（ように見える）数によって世界を把握するという考え方は、プラトンにもあったわけですね。無論、プラトンやピタゴラス学派の、数を万物の原理と見る見方には、多分に神話的・占星術的な要素が含まれていますが、そういうところから、啓蒙は出発したわけです。プラトンの弟子のアリストテレスは、論理学の教科書の最初に出てくる形式論理学の基礎を築きました。

ここで少し挿入的な説明をしておきますと、ラテン語で「理性」を意味する〈ratio〉という言葉は、元々「計算」という意味です。現代の英語でも、割合とか比率を意味する言葉として使われています。「合理化」を意味する英語の〈rationalization〉とかドイツ語の〈Rationalisierung〉は、この〈ratio〉から派生しています。つまり、合理化という概念は起源からして、計算・数学化を含意しているわけです。

そうした哲学や認識論との結び付きに加えて、数字と正義の関係も示唆されていますね。

「等価交換原理 Äquivalent」

同じ方程式が市民的正義と商品交換を支配している。「「等しいものが等しくないものに加えられれば、その全体は等しくないものになるだろう」という規則は、正義にも数学にもつうじる公理ではないか。また一方で交換の正義と配分の正義、他方で幾何学的比例と算術的比例、それらの間に真の一致があるのではないか。」市民社会は等価交換原理によって支配されている。市民社会は、同分母に通分できないものを、抽象的量に還元することによって、比較可能なものにする。

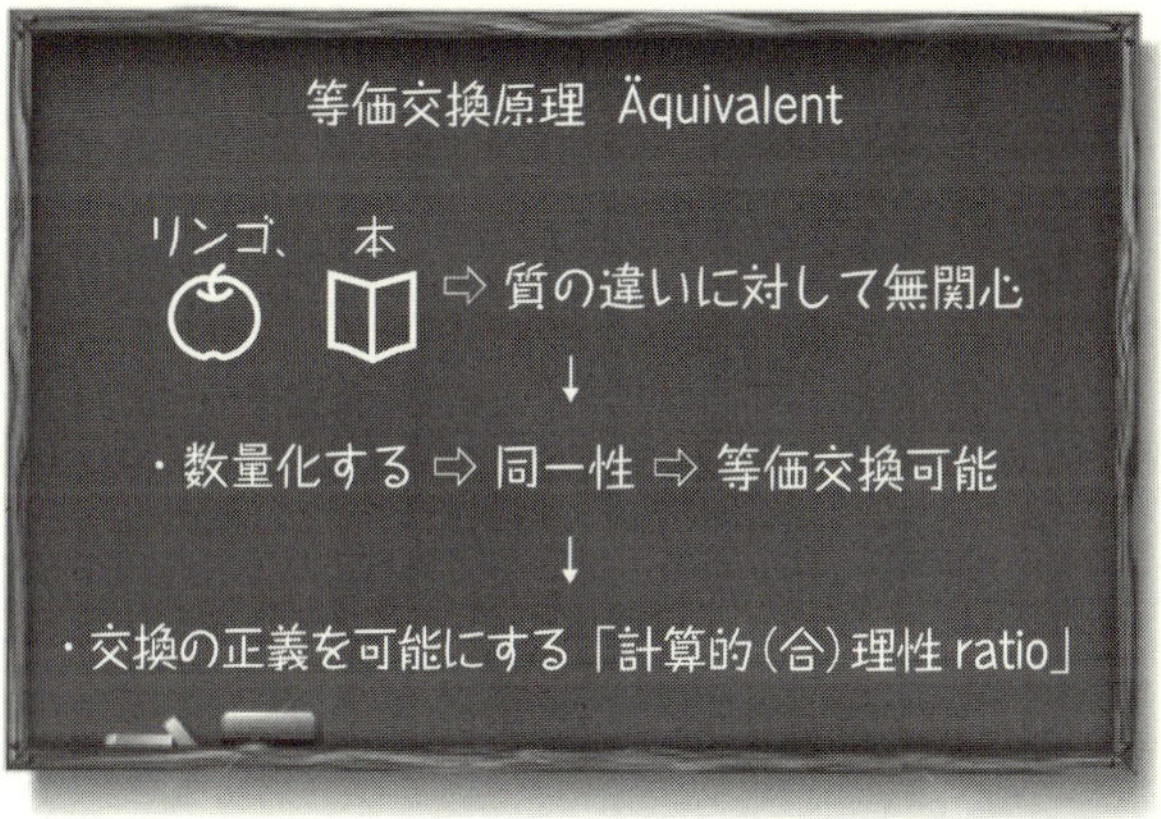

原注を見れば分かるように、カギ括弧内はベーコンの『科学の進歩』（一六二三）からの引用です。「」の中の「」は、徳永さんの訳注を見れば分かるように、ベーコンが別の人から引用したもので、ユークリッド幾何学の公理の一つです。その後の交換の正義／配分の正義、幾何学的比例／算術的比例というくだりは、アリストテレスの『ニコマコス倫理学』から取ったもので、この中でアリストテレスは、配分的正義を幾何学的比例とのアナロジーで、交換的正義もしくは矯正的正義を算術的比例とのアナロジーで説明しています。配分的正義が、幾何学的比例に似ているのは、ポリスの財を、各人の功績に比例して配分することが「正しい」とする考え方だからです。総量がどれ

だけになっても、パーセンテージで分けるということです。円グラフでパーセンテージを表示している図をイメージすると、分かりやすくなるでしょう。交換的正義あるいは矯正的正義が算術的比例に似ているのは、財の交換に際しては原則として等価交換になるはずだけど、それが不当であった場合、不当に獲得した分から引いて、不当に少ないところに足してやって、イコールになるように正すからである。

このアナロジーがあまり適切でないと思う人は少なくないでしょうが、アドルノたちの議論のポイントは、古代ギリシアの哲学を集大成したアリストテレスが、正義を財の数学的な処理と結び付けて説明していることに象徴されるように、啓蒙化の過程において、「哲学」と「数学」と「(経済的)交換」と「正義」の四者が不可分に結び付いているということです。

ここで「等価交換原理 Äquivalent」が重要になってきます。先ほどお話しした〈äquivalent〉の名詞形です。全然違うもの、例えば、リンゴと、本を「等価交換」するには、それぞれの物の質が違っていることを無視して――つまり、質の違いに対して無関心(äquivalent)に――価値における同一性の基準を設定し、それに基づいて数量化しないといけません。リンゴ一個=ノート二冊=缶ジュース一・五本=……という感じで。違うものを比較可能にする同一性を設定して、数量化することで、等価交換、及びそれに伴う交換的正義を可能にするのが、「計算的(合)理性 ratio」です。

「交換価値」、あるいは「等価性」を起点として、「物」の価値が規定されるという発想は、通常のマルクス主義と逆です。通常のマルクス主義は、その物自体に内在する「使用価値」に基づいて、交換価値が規定されるのが、本来の価値の在り方だと考え、市場での「交換価値」が支配的になっている「市民(ブルジョワ)社会」を批判したわけですが、アドルノたちの議論では、啓蒙=文明化が始まり、人間に「理性」が生まれた時から、「交換価値」が社会を支配していて、市民社会でそれが前面に出てきたわけです。

諸事物を等価交換原理で同一化する啓蒙的理性は、神話的な思考を排除しようとするわけですが、アドルノたちは、「神話」も実は、元々啓蒙的理性の現われの一形態だと指摘します。［啓蒙⇕神話］の単純な二項対立ではないわけです。

しかしながら、啓蒙によって犠牲にされたさまざまの神話は、それ自体すでに、啓蒙自身が造り出したものであった。事象が科学的に計算されるものになると、かつての神話のうちで思想が事象について与えていた説明は、無効を宣告される。神話とは、報告し、名付け、起源を言おうとするものであった。しかしそれとともに神話は、叙述し、確認し、説明を与えようとした。この傾向は、神話が文字によって記録され、収集されることによって強化された。

神話は、様々な事象に対する説明原理として生まれてきた、という議論です。事象を「報告し、名付け、起源を言おう」とする理性の働きから「神話」は生まれてきたけど、事象を科学的に計算し、等価性の原理で結び付ける同一化の論理が整備されるようになると、擬人法的な性格の強い「神話」はお払い箱にされることになったわけです。

「神話」が、物事の起源・由来、法則性を説明したり、部族の掟を正当化するために考案されたというのは、文化人類学でよく言われることです。日本語で「神話」と言うと、神様の出てくる話と思ってしまいますが、英語の〈myth〉の語源であるギリシア語の〈mythos〉は、「物語」という意味で、必ずしも「神」は含まれていません。諸事象を説明するために伝承されてきた語り伝えが、〈mythos〉です。「神話」が文字によって記録され、体系化されるようになってから、その説明的性格が強化されたというわけです。

早くから神話は報告から教説になった。どんな儀礼にも、事象についてのある観念、つまり呪術によって左右さるべき特定の過程についての観念、が含まれている。

「教説 Lehre」というのは、要するに、宗教の教義のような「教え」、ということです。その「教え」に基づいて、呪術的・宗教的儀礼が行なわれるわけですが、その呪術には、原初の人なりの自然界の法則の理解が含まれているという話ですね。呪術的な世界観を持っている人は、自然や世界が動いている原理について、その人たちなりの説明原理を持っていて、それに従って自然を動かそうとする。これは、近代人が自然科学の法則を利用して、蒸気、電気、磁気などを起こして、事物を思い通りに動かそうとするのと同じ発想です。彼らが〝発見〟した法則自体は出鱈目だったけど、自然界の中に法則性を見出し、それを教説化しようとする発想は、極めて啓蒙的だと言えます。

太陽を頂点とする家父長的な神話は、言語によって組織立てられた総体であり、そこに含まれている真理要求によって、古くからの神話的信仰や民族宗教はその地位から引き下されることになるのだが、こういうものとして、神話はそれ自身啓蒙であり、優に哲学的啓蒙に匹敵することができる。

太陽を頂点とする家父長的な神話は、太陽を中心として世界の全てを体系的・論理的に説明しようとする、つまり普遍性を志向しているということです。一つの論理によって、全ての事象についての普遍的説明原理をしようとする点で、哲学的啓蒙と同じような性質を持っているわけですね。そして、その「神話」に基づいて、家や共同体の中の関係性が規定され、秩序が保たれる。神話は、家族や共同体を、天体に準えて説明することで、社会秩序を安定化する機能を果たすわけです。

では、「神話」とは区別される、狭義の「啓蒙」、等価交換の原理に根ざした「啓蒙」はどのように、社会を編成するのか？　三八頁辺りで述べられています。

貨幣の役割──啓蒙の社会編成

啓蒙は古い不平等の不正を、媒介を経ない支配者層を破壊するが、しかし同時にそれを、［貨幣による］普遍的な媒介のうちに、個々人相互の関係のうちに、永遠化する。（…）啓蒙は通約しきれないものを切り捨てる。たんに思考のうちで質的なものが消失するだけでなく、人間は否応なく現実に画一化されていく。市場では氏・素性は問われないという美風にしても、交換者は市場で購入できる商品の生産に合せて、自分に生れつき与えられたさまざまの可能性を規格化することを代償に、それを購ったのである。人間たちにとっては、それだけいっそう確実に他人と同質的な自己となるために、彼らの自己は、それぞれ自分のものとして、他のすべてから区別されたものとして、付与されていた。

ここで「等価交換」を可能にする媒体としての「貨幣」の役割が強調されています。ここで言われている「媒介 Vermittlung」には二重の意味があります。人と人の間の関係の媒介と、物と物の間の関係の媒介です。貨幣経済は、その二つの媒介を〝媒介〟します。つまり、等価交換と、それに伴う交換的正義によって、人々を結び付けるわけです。等価交換において、双方の交換主体は対等、言い換えれば、平等な立場に立ち、自分たちが交換しようとしている対象の等価性を認め合います。それが貨幣によって媒介される関係性です。貨幣によって媒介される等価性＝対等性＝平等性は、その貨幣が通用している限り、普遍的です。

貨幣経済が浸透していなかった封建時代の支配／被支配の関係と違って、貨幣に媒介される交換関係では、氏・素性は問われません。実際、貨幣経済が浸透すると、土地や家に人々を縛り付ける封建体制は解体していきます。そういう風に言うと、貨幣経済は素晴らしいように聞こえますが、貨幣の普遍的媒介には代償が伴います。交換主体たちが、商品に合わせて自分自身を規格化し、多様な生き方を否定するという代償です。各人には、個人としての尊厳が付与されますが、それは、他者と同質的な個としての尊厳です。

しかし自己はけっして完全に消え尽すことはなかったから、啓蒙は、自由主義の時代を超えても、つねに社会的圧迫に同調した。操作された集団の統一は、個々人の否定のうちに成り立つ。個々人を個人たらしめることができるような種類の社会への嘲りがそこにある。ヒトラーユーゲントの組織のうちでれいれいしく名乗られた「原始的共同社会」(Horde)とは、古い野蛮状態への復帰ではなく、抑圧的平等の勝利であり、正義の平等が等分されて不正義へ展開したものに他ならない。

貨幣経済は、等価性＝平等性の原理に従って各人を均質化しようとしますが、各人の間の違いが完全に消滅することはない。そのため、貨幣による媒介は真の意味で普遍的になることはできない。そこで貨幣経済は、諸個人に、同質化への圧力をかけるようになります。貨幣経済と結び付いた啓蒙は、人々を自由にするのではなく、個性を否定し、自分らしさを発揮できなくするように作用することになります。交換主体としての個人の自律性は、それを可能にした貨幣の媒介作用の反転によって、空洞化することになります。

〈Horde〉というのは、元々遊牧民などの流浪の民の一団を意味する言葉です。動物や昆虫の移動する群れも意味します。原始的な群れのようなニュアンスのある言葉です。ナチスには、動物の群れのように集まるイメージがありますね。アドルノたちはそれを単純な先祖返りではなく、貨幣の抑圧的な平等の帰結と見たわけです。啓蒙の帰結として、再び群れ的な状態に戻る、というのは皮肉な話ですね。「正義の平等が等分されて不正義へ展開する」という比喩的な言い回しは、交換的正義の帰結としてみんな平等になったはずなのに、その同じ論理によって、みんなが同質化への圧力を〝平等に〟受ける、という不正義が生じてくる、ということです。

自然を破壊することによって自然の強制力を打破しようとする試みは、いずれもいっそう深く自然の強制力の中に落ち込んでいくだけである。ヨーロッパ文明が辿ってきた軌跡は、まさしくそのことを示している。

啓蒙は、同一性＝等価性の原理によって、「自然」の恐怖を克服し、自らの支配下に収めようとしてきたわけですが、啓蒙が進めば進むほど、人間自身の内にある〝自然〟を抑圧しなければならなくなります。そして、その平等的抑圧によって、人間は貨幣が与えてくれたはずの〝個性〟を実質的に喪失し、再び動物の群れのように振る舞い始める。そう考えると、自然と啓蒙の関係は、お釈迦様の手の平の上で暴れる孫悟空みたいな感じですね。

少しスキップして、四六頁まで行きましょう。ここでは、神話、文学、科学の三者関係が話題になっています。

神話、文学、科学

神々はあるマナ的な要素を身につけていた。神々は普遍的な力としての自然を体現していた。神々は、プレアニミズム的相貌を身につけたまま、啓蒙の中へ入り込んでいく。オリュムポスの醜聞のはにかみがちのヴェールの下で、すでに諸原素の混交、圧迫と衝突の教説が形成されていたが、それはすぐに、科学として自己の歩みを確立し、さまざまの神話をたんなる幻想的影像にしてしまった。

「マナ」については、この少し前の箇所に出てくる訳注［16］に説明が出ています。文化人類学の概念で、森羅万象に宿っている自然の力のようなものを指します。ここも読んでおきましょう。「オセアニア語に由来し、原始宗教一般に広く見られる超自然的・超人間的な力または作用をさす。たとえば呪術師が雨乞いの呪文によって雨を降らせれば、彼にはマナが宿っているとされる。ユベールやモースはこれを呪術の基礎と考え、デュルケームはトーテム原理と同一視した。」

デュルケーム（一八五八－一九一七）はご存知ですね。フランスの社会学者で、同時代人であるウェーバーと共に、社会学の独自の方法論を確立した人で、主要著作として『社会分業論』（一八九三）、『自殺論』（一八九七）などが有名ですが、宗教社会学的な仕事もしていて、オーストラリアのアボリジニーについての諸報告を元に宗教の原初形態を分析した『宗教生活の原初形態』（一九一二）という著作があります。アンリ・ユベール（一八七二－一九二七）とマルセル・モース（一八七二－一九五〇）はいずれもデュルケームの研究協力者で、宗教人類学者です。モースの方は、デュルケームの甥に当たります。彼は、未開社会におけるポトラッチとかクラなどの交換体系についての研究に先鞭を付け、『贈与論』（一九二五）という著作を刊行しており、アドルノたちの交換論にもこの面で影響を与えたとされています。

「プレアニミズム」というのも、宗教人類学の概念です。読んで字のごとく、「アニミズム」以前の段階という意味です。「アニミズム」の場合、自然の諸事物に人格的なものを投影するわけですが、「プレアニミズム」というのは、そうした人格性を伴っていない、抽象的な力あるいは生命のようなものを想定し、それを畏れることです。マナ崇拝もその一種です。

ギリシア神話に出てくるオリュムポスの神々は、プレアニミズム的な相貌を帯びているというわけですが、これはギリシア神話をある程度知っていたら分かりますね。例えば、ガイアは大地の女神、ウラノスは天空の神、主神ゼウスは雷の神、ポセイドンは海の神で、アポロンは太陽の神、アルテミスは月の女神、ゼピュロスは西風の神というように、いろんな自然の元素（Elemente）と結び付いていました。神話の中での神々の関係がそうした元素間の関係についての「教説」を象徴していたわけですが、そうした「教説」が科学としての抽象性・客観性を備えるようになると、その礎を築くのに貢献した神々は、幻影的影像（Phantasiegebilde）として厄介払いされるようになった、ということです。

こういう言い方をすると、抽象的すぎて分かりにくいと感じるかもしれませんが、小学校や中学校の理科、あるいは素人向けの物理や化学の講座で、元素や小さい粒子、熱、電気、波などを擬人化して描いた絵とか出てくることを思い出して下さい。記号や数式に慣れていない人間には、ああいうのはありがたいですが、記号や数式を使って思考できるようになると、そういうヴィジュアルなイメージはかえって障害になってきますね。科学から、詩的な部分、想像力をかなり自由に働かせることのできる部分が、切り離されるわけです。

学問と詩がきっぱり分けられるようになると、すでにそれに助けられて生じていた分業が、言語の分野にもひろがる。記号としての言葉は学問に近づく一方、響きとしての、形象としての、本来の言葉としての言葉は、さまざまの芸術の下に配分される。そしてそれらを足し合せたりしても、「共感覚」や総合芸術によっても、もはや統一が修復されることはなかった。

「詩」と訳されていますが、原語は〈Dichtung〉で、広い意味としては「文学」一般を指します。近代においては、小説などの散文が文学の中心であるかのようなイメージがありますが、一八世紀以前は、韻文として一定の形式に従って作られる「詩」が「文学」の中心であったわけです。もう少し広げて、「芸術」一般を意味することもあります。英語の〈poem〉や〈poetry〉の語源であるギリシア語の〈poiesis〉――〈Dichtung〉はこれの訳語と考えていいです――は、元になっている〈poiein〉という動詞が、「作る」という意味なので、「創造」とか「製作」「作ること」というような抽象的な意味も持っています。「文学」あるいは「芸術」が、新しいものを「作り出す」営みだと考えると、意味的な繋がりが分かりやすくなりますね。

「学問（科学）Wissenschaft」と「詩」が分業化するというのは、具体的には、マナや人間っぽい神々を崇拝する原初的な呪術や宗教、あるいは神話では、事物の宇宙の中での相関関係や運動法則を捉える論理と、それらの事物を感性的に表象する言葉や身振りが渾然一体となっていたけど、啓蒙と共に両者が分離し、科学と芸術という二つの全く異なる領域になり、それぞれが使う言語も全然異質なものになっていった、ということです。

「記号（Zeichen）としての言葉」というのは、学問の言葉ということで、そこでは言語から感性的要素は可能な限り排除され、各単語や文字は単なる記号と見なされます。無論、言葉にはそれぞれ響きがあり、文字には視覚的要素が伴いますが、科学においては、それらは記号に付随している非本質的で偶然のものと見なされます。視聴覚的な要素を重視するのは、芸術の言語です。それも、芸術が全体として人間の感覚全てを引き受けるのではなく、様々な分野に分かれていきます。一番大きいのは、音楽のような聴覚芸術と、絵画や彫刻のような視覚芸術の分離でしょう。

「共感覚 Synästhesie」というのは、脳科学あるいは心理学の用語で、訳注にも出ているように、五感の間に相互干渉が生じて、音を聞いて、それを色彩として感じたり、その逆に色彩から音を感じたりする現象です。実際に、そういう人がいるようです。

語の作りについても説明しておきましょう。〈Synästhesie〉の〈Syn-〉の部分は、〈Synthese〉について説明したように、「総合」とか「統合」「共～」というような意味です。〈-ästhesie〉の部分は、ギリシア語の〈aisthesis〉に由来しています。〈aisthesis〉というのは、文字通りには「感性（作用）」ということですが、これから派生したドイツ語の〈Ästhetik〉には、「美学」及び「感性論」という意味があります。「美学」というのは、「感性」についての学であるわけです。

近代になると、人間の五感はそれぞれ別の作用だというイメージが支配的になりますが、古代のギリシアの〈aisthesis〉には、五感全てを統合する感覚であるようなイメージがあります。カントも『判断力批判』（一七九〇）で、そうした意味での「共通感覚 sensus communis」について論じています。〈Synästhesie〉というのは、全ての感覚の共通の根としての「共通感覚」の存在を暗示するような現象であるわけです。

ワーグナー

「総合芸術 Gesamtkunst」というのは、ワーグナー（一八一三―八三）の概念で、訳注にもあるように「各芸術ジャンルの総合をめざした芸術理念」です。人間の感覚の様々な側面に対応して分化しながら発展してきた、芸術の諸ジャンルを再統合し、「共通感覚」を蘇らせるという構想です。ワーグナーの「楽劇 Musikdrama」というのは、普通のオペラと違って、演劇や舞踏といった物語的、身体的要素を重視しますし、舞台装置、そして劇場の構造それ自体をも芸術作品の一部と考えます。そういう意味で「総合芸術作品

Gesamtkunstwerk」と呼ばれます。

記号としては、言語は、自然を認識するために計算に従事することに甘んじ、自然の相似のものであるという要求を取り下げなければならない。形象としては、言語は、自然そのままになりきるために、模像であることに甘んじ、自然を認識するという要求を取り下げなければならない。

先ほどお話ししたように、記号としての言語、つまり科学の言語は、自然界の事物を計量化して数式で表現するための記号としか見ません。自然に似たものになることを放棄します。つまり、「犬」だったら、「イヌ」という音とか、「犬」という漢字が、あの動物の現実のどこかの一部に実際に対応していて、聴覚的あるいは視覚的に「犬」を生き生きと表象できるというようなことなどなくて、単に日本語の約束事として「犬」という種類の動物に対応させているにすぎません。英語やドイツ語では別の音声と文字を当てますが、いずれにしても、どうせ単なる約束事なので、どちらがより実物に近いか、というような話をしても意味がない。どの言語の記号も、実物に実体的に似ているわけではない。

科学の言語は、そういう記号的言語観に徹します。そうすることによって、記号の組み合わせによって表象される数量的関係を正確に再現しようとするわけです。それに対して、「形象（Bild）としての言語」、芸術の言語は、実際に自然物に「似たもの」に、できれば、自然そのものになり切ろうとします。実物と接した時の経験を、感性的に生き生きと再現しようとするわけです。必ずしも全ての芸術がそれを直接的に目指しているわけではないでしょうが、一部の芸術には、未開の人々の――理性による抽象化・同一化の影響を受けていない――原初的で総合的な感覚を再現しようとするようなものがありますね。

「摸像（Abbild）であることに甘んじ」て、「自然を認識するという要求を取り下げ」るというのが少し分かりにくいですが、これは、自然を「真似る」ことと、自然を「認識」することは二律背反的な関係にある、ということです。同じような感じがするかもしれませんが、違うんです。「認識」する場合、認識主体としての「私」は、対象から距離を取り、「私」にとって把握しやすいように、対象を再構成するということを含意しています。「私」が主体です。模倣する場合も、「私」が「主体」として模倣するということであれば、その前に「主体」として認識しなければならないことになるので、結局同じことになってしまいますが、美学的な「ミメーシス（模倣）」論ではしばしば、「模倣」という営みは、主体として対象に向き合うというよりは、対象からの刺激を受動的に受け止め、自然と〝似る〟こととして捉えられます。例えば、赤ん坊が大人の真似をする時、赤ん坊にあまり主体性はありそうにないですね。大人の身振りに何となく合わせているうちに、似てくる、という感じですね。大人になってからも、我々はしばしば、赤ん坊のように受動的に模倣していることがありますね。模倣という同化といった方が分かりやすいかもしれませんね——フランクフルト学派の文脈では、等価性原理に従って対象を同定する営みも「同（一）化」と表現することが多いので、受動的な「模倣」のことも「同化」と呼ぶと、紛らわしくなりますが。原始的な宗教では、自然に対する模倣的な身振り、自然に溶け込んで、宥和しようとする身振りが支配的だったわけですが、それが芸術にも継承されたということです。そうした意味で、認識的な自然の関わりから発達した「科学」と、「芸術」は対立的な関係にあります。

この科学的認識と芸術的模倣の対立という問題は、プラトンの「詩人追放」論と深く関わっています。実際、四八頁にプラトンの話が出ています。

詩人の追放——科学的認識vs.芸術的模倣

プラトンは、実証主義がイデア論に対してとったのと同じやり口で詩を追放した。（…）摸像（Nachahmung）をつくることは、ユダヤ人にとってそうであったと同様、プラトンにあっても、市民権を剝奪された。呪術の原理は、宗教によっても理性によっても追放を受ける。

「実証主義がイデア論に対してとったのと同じやり口」というのは、現代では実証主義がプラトンのイデア論に代表されるような形而上学的・観念論的な哲学を人間の情緒的な部分を反映しているものとして厄介払いしつつあるけれど、実は、プラトンもかつて、神話的世界の遺産であるミメーシス的言葉を語る詩人たちを追放した、ということです。この場合の「実証主義」というのは、直接的には論理実証主義のことだと思いますが、フランスの哲学者で、社会学の始祖とされるコント（一七九八－一八五七）に始まる「実証主義」全般を指しているのかもしれません。実証主義というのは、文字通り、その実在を客観的に実証されていないものは認めないという立場です。

プラトンは『国家』で、哲人王の統治する理想の国から詩人たちを追放する必要があると論じましたが、それは詩人が、哲学者のように知を愛し、自らの主体性をもって客観的に事物を認識しようとするのではなく、感性によって受け身的に自然に似ようとする。それは知ではない。受動的に自然を真似る詩人の想像力は、自己を理性的・主体的に制御していないので、非理性的で淫らな振る舞いをする神々が登場する神話＝物語を描き出してしまう。それは青少年の教育によくない。だから、追放してしまうわけです。

「ユダヤ人」というのは、旧約聖書のモーゼの十戒の一つとしての偶像禁止のことです。神に相当するものの像を作って拝んではならない、という話ですね。これは普通に考えれば、唯一神への信仰を徹底し、多神教的な世界観への後退を防ぐためのユダヤ教の戦略ですが、アドルノたちはこれを、プラトンの詩人追放や実証主義に見られる、客観的認識と、詩的想像力＝ミメーシスの分離と同じ系列に属することと見なしたわけです。ユダヤ教の正統な信仰は理性的で、偶像崇拝はミメーシス的だという考え方が、偶像禁止の背景にあると解釈しているわけですね。
そして、詩人の想像力も、偶像崇拝も、呪術的なものの名残だというわけですが、それは先ほどお話ししたように、呪術においては、自然現象の背後にある、マナとかアニマのようなものがあると想定し、それの喜怒哀楽を真似るような身振り、例えば足を踏み鳴らしたり、泣き叫ぶような身振りをすることで、それと同調し、その力を借りて何か超自然的なことを起こそうとするわけです。宗教も、理性的な知も、そうした呪術的で受動的な身振りを、自分たちの支配する領域から放逐しようとしたわけです。

さらに呪術の原理は、現実の存在から諦め遠ざかっている点で、芸術とみなされ、いかがわしいものとされる。呪術の原理を行う者たちは、定住した人々のもとに故郷を見出すことのない流浪の旅芸人に、時代からとりのこされた遊牧民になる。自然は、もはや同化によって影響を与えるべきものではなく、労働によって支配されなければならない。

ここでの「同化」の原語は〈Angleichung〉で、これはまさに相手、対象に合わせること、同調という意味です。人間のほうが同化していくということです。「労働 Arbeit」が、そうしたミメーシス的同調に対置されているわけですね。「労働」は、自然とのミメーシス的な同調状態を断ち切り、自然を主体的に捉え直し、自らの欲求に従って加工する営みであるわけです。「労働」によって、「芸術」が支配されるというのは、「芸術」が労働的な性格を強めていく、つまり、呪術的に自然に同調し、似ようとするのではなく、理性的に対象を加工する営みに変化していく、ということです。ただ、そうは言っても、芸術作品には呪術のミメーシス的なモードの名残もあります。芸術作品がまとっているアウラは、呪術において、事物の背後にあると見なされるマナ的なものの名残だということも指摘されていますね。ベンヤミンは、

『複製技術時代の芸術作品』（一九三六－三九）で、芸術作品の呪術的起源から、アウラを説明しています。これについては、『ヴァルター・ベンヤミン――「危機」の時代の思想家を読む』で解説しましたので、関心があれば、そちらも読んで下さい。

物神崇拝――はたして呪術と神話は消滅したのか？

では、呪術や神話は、啓蒙化された世界では、芸術や宗教といった特殊な領域は用済みになって消滅したのかと言うと、そうでもないようです。六三頁の最後の段落から六四頁にかけての箇所を見て下さい。

> 啓蒙された世界では、神話は世俗的領域に入り込んでいく。さまざまのデーモンや、その概念的子孫たちの影響を一掃した現存在は、その赤裸々な自然性において、かつて先史世界ではデーモンたちの属性であった聖にして非合理的《ヌミノーゼ》という性格をおびるようになる。厳然たる《ブルータル》事実という称号の下に、これらの事実を生み出す社会的不正は、今日では永遠に侵されざるものとして、揺ぎなく聖化される。それはかつてまじないで病気を癒す呪術師が、その神々の庇護の下で神聖不可侵であったのと変るところはない。支配を確立するために支払われた代償は、たんに支配された諸対象から人間が疎外されるということばかりではない。精神の物象化とともに、人間のさまざまの関係そのものが、個々人の自己への関係を含めて、狂わせられてしまう。

〈numinose〉というのは、事物に宿る「精霊」とか「守護霊」という意味のラテン語〈numen〉から派生した形容詞です。ドイツの宗教哲学者のルドルフ・オットー（一八六九－一九三七）は、宗教の本当の基礎になっているのは、カントの言うような理性的なものではなく、非合理的で直接的な経験であるとし

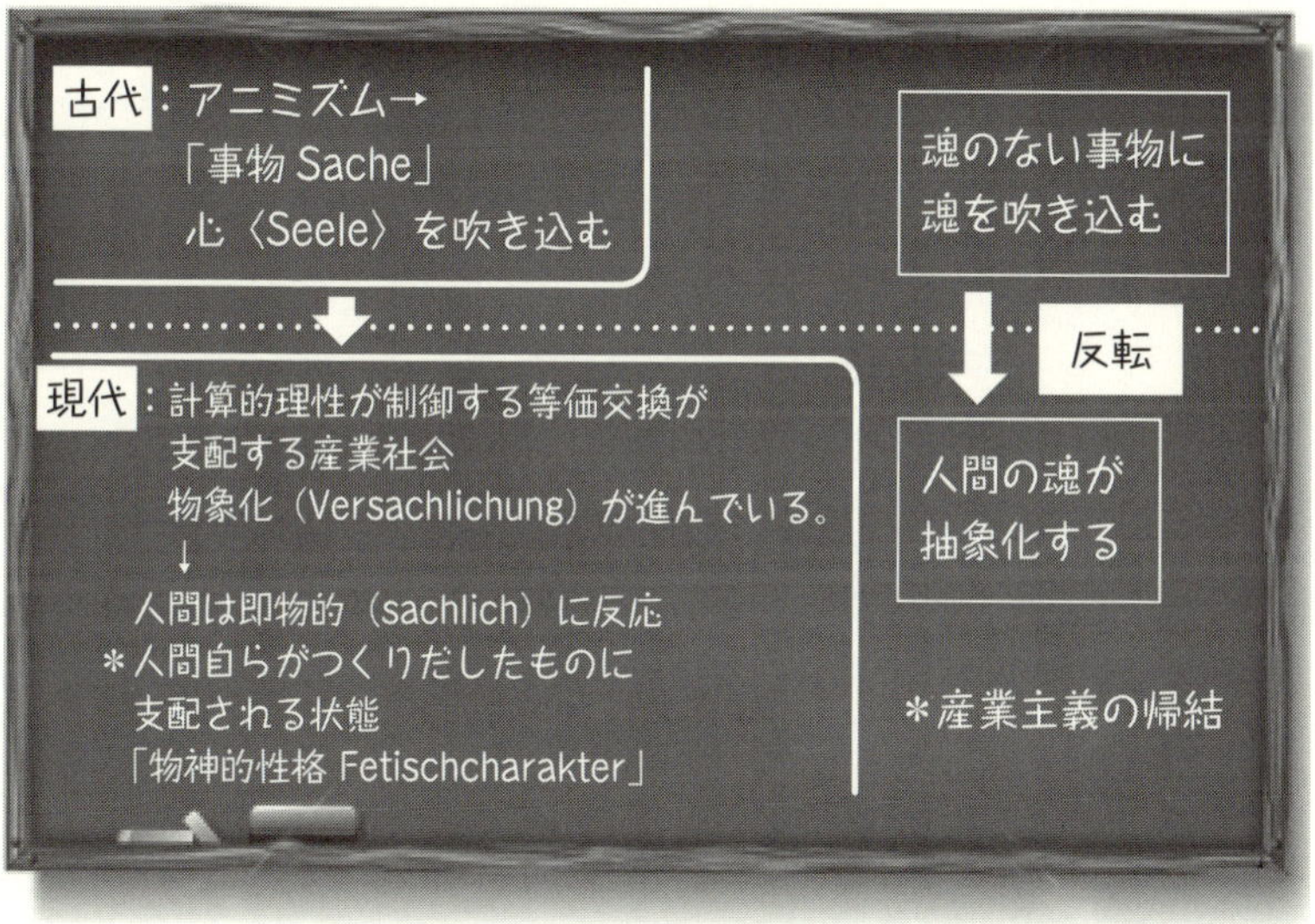
古代：アニミズム→
「事物 Sache」
心〈Seele〉を吹き込む
魂のない事物に
魂を吹き込む
反転
現代：計算的理性が制御する等価交換が
支配する産業社会
物象化（Versachlichung）が進んでいる。
↓
人間は即物的（sachlich）に反応
＊人間自らがつくりだしたものに
支配される状態
「物神的性格 Fetischcharakter」
人間の魂が
抽象化する
＊産業主義の帰結

て、畏怖と魅惑の強い感情を同時に引き起こす「聖なるもの」を「ヌミノーゼ das Numinose」と呼び、これについて詳細に分析しています。ただ、アドルノたちはこの箇所で、〈numinose〉という形容詞をそうした宗教哲学的に厳密な意味で使っているというより、アイロニカルに使っていると見るべきでしょう。つまり、「ヌミノーゼ」的な体験が排除されたはずの啓蒙化された世界の中に、私たちの世界を動かしている〝もの〟に対する非合理的な信念のようなものがいつのまにか生まれている、という話です。それが、「疎外」や「物象化」だという話ですね。

「厳然たる《ブルータル》事実という称号の下に unter dem Titel der brutalen Tatsachen」という言い方が少し分かりにくいかもしれません。〈brutal〉という形容詞のニュアンスの問題です。〈brutal〉は英語にもあって、「残酷な」という意味で使われるのはご存じだと思いますが、そこから転じて、「厳然とした」とか「紛れもない」というような意味もあります。人間がいかに否定したくても否定することができない、残酷な事実という感じで。そういう意味で〈brutal〉という言い方をすると、何だか「動かしがたい事実」を畏れているような感じがしますね。つまり、「事実」を尊重する現代人の実証主義的思考においては、「事実」があたかも「ヌミノーゼ」のように神聖不可侵扱いされ、畏れられるようになる。そこから「疎外」や「物象化」が、つまり（元々人間自身が構成したはずの）「事実」によって人間が支配され、人間が「物」の奴隷になっているかのような現象が起こってくるわけです。

通常のマルクスでは、資本主義的生産体制によって、労働者とその生産物の関係が寸断されるところから、「疎外」そして、「物象化」が起こるわけですが、アドルノたちは、追放したはずの呪術的・ミメーシス的なものが回帰してくることに、その起源があると見ているわけです。つまり、「疎外」や「物象化」は、啓蒙の弁証法の帰結ということになる。

> 個々人は、即物的に彼から期待される慣習的な反応と機能様式の結び目にまで収縮する。かつてアニミズムが事物に心を吹き込んだとすれば、今は産業主義が心を事物化する。経済機構は、全体的計画化の成立よりも前に、すでに自動的に、人間の行動を決定する価値を商品に付与する。自由交換の終末とともに、商品がその経済的な諸性質を失って、物神的性格のみを帯びるようになると、この物神的性格は、社会生活のあらゆる局面に硬直をもたらす。

計算的理性に制御される等価交換が支配する社会においては、物象化（Versachlichung）が進み、人間は即物的に（sachlich）、期待された反応をするだけの存在になっていく、ということです。かつてはアニミズムが、「事物 Sache」に「心を吹き込ん」でいた。「心を吹き込む」の原語は〈beseelen〉です。英語の〈animate〉に相当する言葉です。「魂 Seele」を与えて生き生きさせるという感じです——因みに、「アニメーション」はその動詞形から出来た言葉です。「産業主義が心を事物化する」という部分は、原語では、〈der Industrialismus versachlicht die Seele〉で、「心」と訳されているのはここでも〈Seele〉で、「事物化する」は〈versachlichen〉で、「物象化する」とも訳せます。

意味は分かりますね。古代のアニミズムは、（現代人から見て）魂のないはずの事物に魂を吹き込んでいたのに対して、産業主義は、人間の魂の方を物象化してしまう、という反転が生じているということです。もうちょっと説明すると、人間は、かつて（自分自身が作り出した）アニミズムという幻想によって魂を吹き込まれた事物に支配されていた。その幻想を排除して、自立した主体として自然界の事物を支配したつもりになったけど、産業化が高度に発展すると、再び、自分が作り出した産業機構、生産、流通、消費のメカニズムに支配されるようになっていた。

現代人が自ら作り出した物を崇拝しているかのように見える状態を、「物神的性格 Fetischcharakter」と言うわけです。〈Fetisch〉というのは、「フェティシズム」の元になった言葉で、「呪物」とか「物神」という意味です。マルクスも『資本論』で、人間が自分が作り出し、高い交換価値を付与した〝もの〟を崇めている状態を、物神崇拝と呼んでいます。マルクスは単なる比喩として言っているのだと思いますが、アドルノたちは単なる比喩ではなく、啓蒙の弁証法の帰結と見ているわけです。

> 個々人はもはや事物として、統計学的要素として、成功か失敗かを問われるものとして、自己を規定するだけである。彼の尺度は自己保存であり、自分の職務の客観性やその職務の鑑とされる範例へ、うまく同化できるか否かである。

物象化が進行すると、各人は機械の部品のようになって個性を失っていく。統計学的に処理されるべき単なるデータのような存在になる。本人も、もっぱら自己保存を、つまり、与えられた役割のモデルにうまく同調できるかどうかのみを心がけるようになるわけです。

結局、啓蒙が進み、労働を通しての自己組織化が高度に発展すると、逆説的なことに、人間は再び事物に支配されるようになる。生産物が再呪物化する。そういうジレンマがあるわけです。七〇頁では、このジレンマが、オデュッセウスの試練に譬えて説明されています。オデュッセウスの故郷帰還は次回読む、『啓蒙の弁証法』第二章のメインテーマです。

オデュッセウスの試練——動物化しきれない人間

支配する精神は、ホメーロスから現代に至るまで、単純再生産への復帰というスキュラと思いのままに行われる充足というカリュブディスとの中間を、うまく舵を取りながら通り抜けようとする。

スキュラとカリュブディスは、オデュッセウスが通過しなければならない狭い入り江に潜んでいる怪物です。スキュラは巨岩の上にいる六頭一二足の怪物で、カリュブディスは海の渦巻きの形をしています。どっちかに偏った進路を取ると、一方に食われてしまいます。徳永さんの訳注にもあるように、この二匹の怪物は、日本語で言うところの「前門の虎、後門の狼」の意味でよく引き合いに出されます。この場合はそれぞれ、「単純再生産 einfache Reproduktion」と、「思いのままに行われる充足（＝快楽）fessellose Erfüllung」の譬えになっているわけです。

「単純再生産」というのは、自己を抑制しながら、勤勉に単純労働をし続ける状態ということでしょう。克己しながら働いていて、何とか主体性を保っている感じですが、単純労働をし続けると、次第に魂が物象化されていきます。しかし、消費などの形で快楽に耽るようになると、今度は、自然の一部である身体の欲求が強くなり、主体性をなくして、自然に身を委ねるようになる。そして、再びアニミズム的な世界観にはまっていく。どっちの極端に行っても、人間としての主体性を失ってしまう危険があるので、両極端の間をうまく掻い潜りながら航行していかねばならない。

ドイツの新しい異教徒や戦争ムードの管理人たちは、もう一度快楽を解き放とうとする。しかし快楽は、幾千年もの労働の圧迫におしひしがれて自己嫌悪が身に染みついたために、たとえ全体主義的に解放されても、自己卑下によって、卑俗で畸形のままに止まっている。快楽は依然として、その間に退位した理性があらかじめ快楽をしつけておいたように、自己保存に縛りつけられたままになっている。

「ドイツの新しい異教徒」というのは、ナチスのことですね。「戦争ムードの管理人たち」もナチスでしょう。ナチスというと、日本では、禁欲的で克己のための軍隊的訓練ばかりしているようなイメージがありますが、その一方で、徳永さんの訳注にあるように、性的関係におけるタブーをなくし、「肉体文化Körperkultur」を称揚するプロパガンダをやっています。一九世紀末からポピュラーになりつつあったヌーディズム（Freikörperkultur）の運動を取り入れたりしていますし、女優出身でヒトラー（一八八九－一九四五）のお気に入りの映画監督になったレニ・リーフェンシュタール（一九〇二－二〇〇三）は、ドイツ人的な「美しい肉体」を撮影することに重きを置いていたとされています。無論、「肉体文化」の名の下に、若者の体育教育を奨励したりしたので克己と見ることもできるわけですが。ナチスがドイツ的なものとして好んだワーグナーの音楽やニーチェの超人思想にも、肉体肯定的なイメージがありますね。それが新しい異教徒だというのは、禁欲を説くキリスト教に代わる、ドイツ的宗教を打ち立てることをナチスが目指していたからです。

ただ、ナチスのような全体主義体制が、人間の快楽――リビドーと言った方が分かりやすいかもしれませんね――を全面的に解き放とうとしても、うまくいかない。それは、数千年にわたって、私たちは労働を通して、自分自身を抑制することにあまりに慣れてしまって、本当の意味で快楽を得ることはできない。

「自己保存に縛りつける」という言い方は、ここでもまたオデュッセウスの歩みを暗示しています。オデュッセウスは、セイレーンの岬を通り過ぎる時、自分自身が快楽（＝セイレーンの美しい歌声）に身を委ねてしまうことのないよう、部下に命じて自分の身体をマストに縛り付けさせます。生き残るために、〝自然な欲求〟に同調しがちな自分の身体を縛ってしまうわけです。マストに縛り付けられているオデュッセウスは、ある意味、労働から解放されています――不自由ですが。しかし、生活のために働かねばならない普通の人は、じっとしているわけにはいきません。普通の人にとっては、工場とか事務所のようなところで、自分自身を律しながら単純作業的な労働を続けることが、「自己保存のために自己を縛り付ける」ことでしょう。単純労働を続けているうちに、それが次第に、〝自然〟になっていきます。いわゆる、会社人間になってしまって、働いていないと、落ち着かなくなる。「自分自身を解き放ちなさい！　もっと楽しいことをやりなさい」、などとカウンセラーのような人に言われても、社会の中のいろいろな制約を完全に忘れ、身体的快楽に没頭するのは難しいですね。自分自身を破壊してしまわないようセーブしてしまう。動物化しきれないわけですね。これはみなさん結構実感できる話ではないかと思います。

少し後で、セイレーンとオデュッセウスの関係が直接的に論じられています。


『オデュッセイア』の巻十二の歌は、セイレーンたちのそばを通っていく航海について述べている。セイレーンたちの誘いは、過ぎ去ったものの中へ自失することへの誘いである。しかし誘惑の的となる英雄は、刻苦して成人へと成熟を遂げた。幾たびも死地をくぐり抜けざるをえなかった試練をつうじて、彼自身の生と統一性、人格の統一性が鍛え上げられてきた。（…）オデュッセウスが後にしてきたものは、影たちの世界に消え去る。自己はまだ、太古の神話の胎内から抜け出してきたばかりなので、自己にとっては、自分自身が経験した過去のことさえ、神話の昔になってしまう。時間をはっきりと秩序づけることによって、自己はそれに対処しようと努める。

「セイレーンたちの誘い」が、「過ぎ去ったものの中へ自失することへの誘い」というのはやや分かりにくいかもしれませんが、「過ぎ去ったもの」というのを、幼年時代、あるいは母子未分化状態のようなものだと考えると、ピンと来るでしょう。私たちは、大人になる過程で、他者、親や周囲の大人に依存しながら生きてきた幼年期と縁を切らないといけません。そうでないと、自立した人格（Person）になることはできません。そうした個人の主体化の過程と、ある文化集団が、理性を十分に働かせることなく、呪術的世界観に留まっている未開状態を脱し、啓蒙化、文明化されていく過程はパラレルな関係にあると考えられますね。そうした二つの異なったレベルでの自立が、英雄オデュッセウスの航海に象徴的に現われていると見るわけです。

ホメロスによるオデュッセウスの物語を読む人は、普通だと、オデュッセウスはトロイ戦争に参加している時点で既に自立した英雄になっていると思っているでしょうから、オデュッセウスが成人へと成熟する、とか言われても、意味が分からないかもしれません。しかし、アドルノたちは、オデュッセウスの物語を、二重の自立化を象徴する物語として解釈しているわけです。かなり強引な解釈ではありません。

「刻苦して成人への成熟を遂げた」という箇所は原語では、〈～ ist im Leiden mündig geworden〉で、〈Leiden〉は哲学用語としては「受苦」とか「受動」と訳される言葉です。〈mündig〉というのは、英語の

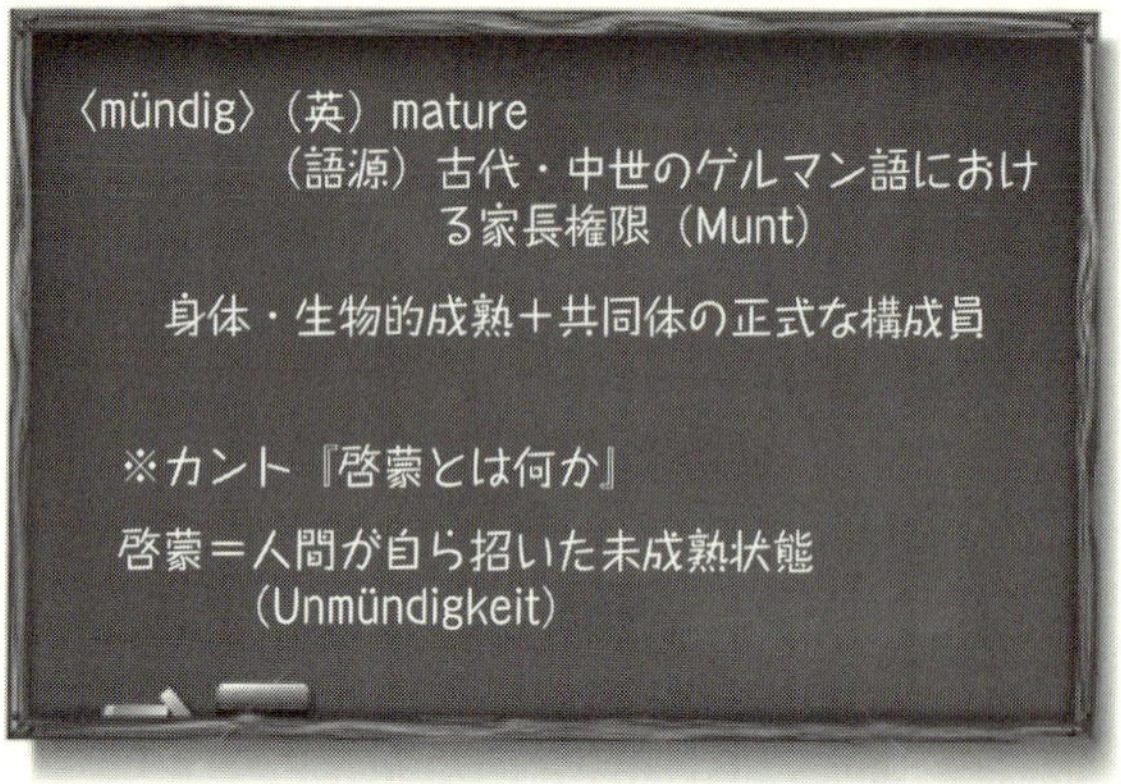

〈mature〉に当たる形容詞で、身体的・生物学的に成熟するということだけでなく、その共同体の正式の構成員として認められるというようなニュアンスがあります。古代・中世のゲルマン法において、強大な家長の権限を意味していた言葉「ムント Munt」がその語源です。カントは論文『啓蒙とは何か』（一七八四）で、啓蒙とは、人間が自ら招いた未成熟状態（Unmündigkeit）から離脱することである、と定義しています。

「影たちの世界 Schattenwelt」という時の「影」というのは、あるのかないのか曖昧な存在ということでしょう。啓蒙化され成熟した者にとって、自分が後にした神話の世界に属する〝もの〟や出来事は、実際にあったかどうか記憶の中でよく分からなくなっている。子供の頃に神秘的、幻想的な体験をした気がするけど、本当にあったかどうか確信が持てなくなっていることってありますね。それと同じことです。ドイツ語では「冥府」のことを、〈Schattenreich〉、つまり「影の王国」と言いますが、「影たちの世界」の「影」にも、死んで暗い黄泉の国に行き、現世には幻のような姿でしか現われないわけです。

ただし、人間がいったん成熟し、自立したら、それで克己の苦しみは終わり、というわけではありません。太古の世界＝未成熟状態＝主客未分離状態に回帰させようとする試練が何度も襲ってきます。カリュブディスやセイレーンが象徴する、回帰願望に襲われます。七三頁を見て下さい。

自己保存

自我が、つまり人間の自己同一的、目的志向的、男性的性格が、創り出されてくるまでには、人間は恐るべき試練に立ち向わなければならなかった。これに類することは、誰にとっても幼年時代に繰り返されている。自我の全一性を保持する努力は、自我のどの段階にも付随しているし、自我の喪失をさそう誘惑は、自己保存への盲目的決意と常に相伴っていた。

完全に自己同一的で目的志向的、つまり男性的なアイデンティティが確立されるまでは、自我を捨てて、幼年時代へと退行させようとする誘惑に出合います。私たちは誘惑を乗り越えて、自己保存しようと必死になりますが、どれだけ努力しても、誘惑は襲ってきます。というより努力すればするほど、苦しくなり、誘惑は大きくなる。スキュラとカリュブディスのハサミ打ちに遭うわけです。人間の身体が、自然の一部であり、自然な欲求を感じている以上、このジレンマを根本的に解決することはできません。「自己保存する」と言う時の「自己」自体が、極めて不安定なわけです。

では、その不安定さから抜け出すにはどうしたらいいか。根本的な解決策はないけれど、何とか自己を保っていく手立ては、一応、二つあるとアドルノたちは示唆します。

労働する者たちは、生き生きと脇目もふらずに前方を見つめ、傍に何が起ろうとも構ってはならない。脇道に逸れようとする衝動を、彼らは歯を喰いしばって、いっそうの奮励努力へと昇華しなければならない。（…）もう一つの可能性を選ぶのは、自分のために他人を労働させる領主としてのオデュッセウス自身である。彼はセイレーンの歌を聞く。ただし彼は帆柱に縛りつけられたままどうすることもできない。誘惑が強まるにつれて、彼はいっそうしっかりと自分を縛りつけさせる。それはちょうど後代の市民たちが、自分たちの力の増大とともに身近なものとなった幸福を、それが近づいてくればくるほど、いっそうかたくなに自らのものにするのを拒んだのと似ている。何を聞いたにしても、それは彼には何の結果ももたらしはしない。ただ彼にできるのは、頭を振って縛めを解けと目くばせすることだけである。しかしもう手遅れである。自分では歌声を聞くことのない同行者たちは、ただ歌の危険を知るだけで、その美を知らない。

オデュッセウスは自分を帆柱に縛り付けさせ、それによって、「自己」を保ちながらセイレーンの声を聞こうとします。帆柱に縛り付けられていたら、セイレーンたちにいくら魅惑されても、そっちに向かって進んで行くことはできません。その魅惑によって掻き立てられた欲望通りに身体を動かすことができないので、欲求不満になります。それに対して彼の部下たちは、耳栓をして黙々と船を漕ぎ続けている。だから、そもそも誘惑に襲われることはありません。それはいいことのようですが、肉体の快楽を得られないで、もっぱら労苦だけが続きます。

主人であるオデュッセウスは多少なりとも得をしているような感じですが、彼は身体的自由を完全に失っています。身体的自由を獲得した瞬間、恐らく彼の自己は失われてしまうでしょう。美しく魅惑的なものがあることが分かっても、その魅惑に身を委ねることができないオデュッセウスの状態と、美しいものがあることを知らないまま働き続ける部下たちと、どっちが〝幸せ〟か？　結局、スキュラとカリュブディスのジレンマが、形を変えて、再来しているわけです。

オデュッセウスと部下の関係は、初期マルクス風に考えると、精神労働者＝資本家と、肉体労働者の関係で、どちらも「類的本質」である「労働」から「疎外」されている、ということになるでしょう。アドルノたちは、そういう初期マルクス主義的解釈に加えて、芸術と労働の分離という側面からの解釈も試みています。自然回帰の願望を駆り立てる芸術などの文化活動は、社会を現実に維持し、私たちの生を「再生産」する営みである、「労働」から切り離されていて、社会的現実に対してあまり影響を与えられない。演奏会とか、美術館に行った人は、一時だけ、主客未分化の太古の美しい世界に帰還したような気分になれるけど、その場を離れたら、また「現実」に戻る。よく聞く話ですね。でも、そのお馴染みの分離図式が、本当にお馴染みではなくて、想像力の中で太古的なユートピアへと飛翔させる芸術と、社会を維持する労働の境界線が曖昧だったら、私たちの「自己」、理性的主体としての自己は崩壊してしまいますね。

自由と不自由

最後のまとめとして、第一章の最後の方を見ておきましょう。八六頁の最後から三行目以降を見て下さい。この少し前の箇所では、啓蒙が人間を自己保存へと縛り付けることによって、思考する自由をも奪っていくという趣旨のことが論じられています。自然回帰願望に動かされる「思考 Denken」が、放埓に想像力を働かせているうちに、オデュッセウスを縛っている綱がほどけないよう、「思考」の範囲を狭めていきます。実証主義は、その表われです。社会主義も、事物を固定的に理解しようとする実証主義の傾向を、ブルジョワ哲学から継承しているせいで、「思考」をより不自由にする傾向がある。

思考は、数学、機械、組織といった物象化した形をとって、思考を忘れる人間に復讐をとげる。だがこの思考を放棄することによって、啓蒙は自己自身の実現を断念してしまった。啓蒙はすべての個別的なものを自己の制御下に置くことによって、事物に対する支配として逆に人間の存在や意識にはねかえってくる自由を、概念的には捉えがたい全体の手に譲りわたしてしまった。社会は人の意識を喪失させることによって思考の硬化をもたらす。

物象化した「思考」は、物事を数学的、機械的、組織的に捉えるようになる。そうなると、概念が固定化して、思考する自由が狭まっていく。こういう言い方をすると、数学などの理系的学問に対する誤解だといって怒る人がいるかもしれませんが、アドルノとホルクハイマーは、数字とか記号で世界を記述できると考えるような発想が嫌いなようです。この辺は、ハイデガーとよく似ていますね。とにかく、彼らは数字になったデータしか信用しないような思考は、「物象化」されていると見なし、そうした意味での「物象化」が進むと、啓蒙の実現が阻まれる、と考えます。

どうしてかというと、物象化した思考が全ての事象を画一的に捉えるようになると、思考の自由、思考する主体性自体が失われていきます。啓蒙とは、人々に主体性を与え、主体化した自己を保存することを目指していたはずなのに、元も子もないですね。結局、それまで影の世界へ引き戻そうとするセイレーンの声に抵抗していたのが、無駄になってしまいますね。まさにそれが、啓蒙の弁証法です。

革命というのは、そうした主体性の喪失に抗う営みのはずです。しかし、そうした啓蒙の弁証法の働き方を理解せず、単に上にいる支配者を倒せばいいというような革命理論だと、逆効果になる恐れがあります。何故なら、物象化を引き起こしているのは、一部の支配者ではなく、民衆たちもその共犯だからです。つまり民衆もまた、物象化された思考に慣れてしまい、その枠内に留まることを望んでいるからです。民衆の共有する物象化された思考を、反権力的な立場から肯定しようとすると、おかしなことになります。

[だが] 罪は社会的な眩惑の連関にある。所与の現状、じつは民衆が不断にそれを創り出しているのだが、その現状に対する民衆の神話的で科学的な畏敬の念は、遂にはそれ自身実証的な事実に、暴君の根城になる。この城に面しては、革命的想像力も自らをユートピアニズムとして恥じ、かくて歴史

の客観的な発展傾向に対する従順な信頼へと堕落していく。

これは日本の左翼運動史でよく聞く話ですね。「大衆が分かっていない」、という話です。有名なのは、吉本隆明（一九二四－二〇一二）の大衆論ですね。左翼運動とか進歩的知識人は、大衆を革命に向けて蜂起させようとするけど、大衆は革命なんか求めていない、もっと現実的なことを求めている。そういう視点から、唯物論者たちの〝観念性〟を批判したわけですけど、大衆の欲望に寄り添いすぎると、革命なんてできなくなりますね。普通の人に、「革命なんかやっても飯は食えない」、と言われると、言い返せないと、自分も現実に適応するしかなくなる。

そういう適応の道具としては、手段のたんなる組み立てとしては、啓蒙は、そのロマン主義的敵たちが啓蒙についてかげ口をたたくとおり、破壊的である。啓蒙は、このロマン主義的敵たちとの究極的な協調を断ち切り、虚偽の絶対者、すなわち盲目の支配の原理をあえて止揚する時に、はじめて自己自身に到達する。そういう不屈の理論の精神は、おそらく仮借ない進歩の精神自体をも、自分の目的の方へ振り向けることができるであろう。

ここで、「ロマン主義的敵たち」と呼ばれているのは、ドイツ・ロマン派などの狭義のロマン主義者のことではなく、「啓蒙」に抵抗し、「美しい過去」への回帰を標榜する思想全般を指していると考えた方がいいでしょう。「適応の道具」とか「手段のたんなる組み立て」というのは、先ほどお話ししたように、「啓蒙」が、「思考」における物象化を促進し、自己保存にこだわる人々が、既存の体制に組み込まれるのを促進するための道具、手段の組み合わせ、ということです。

「ロマン主義的な敵たちとの究極的な協調」というのは、現代思想風に言えば、啓蒙とロマン主義が二項対立しているように見えて、究極のところでは「共犯関係」にある、ということです。どういう共犯関係かというと、自分をマストに縛り付けさせたオデュッセウスの話に象徴されるように、芸術と、機械的な労働の分業関係についての暗黙の了解ということです。つまり、啓蒙を攻めるロマン主義は、実は、想像力の中でだけ自然に回帰する芸術を称揚しているので、実質的には、啓蒙＝計算的理性の管理する、社会的現実に手を付けてはいない。そうやって暗黙の分業が成立していることが、お互いにとって得だということです。これ、芸術と政治、文化左翼とテクノクラートの関係についてよく指摘されることですね。

そうした暗黙の協調関係を断ち切り、合理化された世界を背後で支配している、「虚偽の絶対者」＝「盲目の支配の原理」、つまり「等価交換」という形で万物を数量化し同一化する計算的合理性を打破することで、啓蒙は本来の姿に到達できる、というわけです。つまり、啓蒙の弁証法についてかなりペシミスティックなことを言っているように見えながら、啓蒙の本来の使命に期待しているわけです。〝真の啓蒙〟を志向する理論にとっての「自分の目的」というのが、抽象的ではっきりしませんが、これまでの議論の流れからすると、スキュラにもカリュブディスにも囚われない、つまり、心身共に物象化されることも、アニミズム的世界観へと退行することも避けながら、確固とした主体性を確立するというようなことでしょう。ただ、どうやったらそれが可能になるのか具体的なことは述べられていません。最後の箇所を見ておきましょう。

「実践の上でわれわれが自然に命令しよう」というベーコンのユートピアが、地球的な規模で実現された今日においてこそ、彼が支配されざる自然にそれを帰した強制力の本質があらわになる。それは支配そのものに他ならなかった。ベーコンによれば、「人間の優越性」が疑いもなくそこにあった知識は、今や支配の解消へと移行することができる。その可能性を眼前にしながら、しかし啓蒙は、現代に奉仕して、大衆に対する全体的な欺瞞へと転身する。

ポジティヴなことを言ったかと思うと、またペシミスティックになって終わっていますね。「支配されざる自然にそれを帰した強制力の本質」という表現が分かりにくいですが、ポイントになるのは、「強制力 Zwang」です。ベーコンは、その「強制力」なるものは、（人間によって）支配されていない自然に起因すると見ていたわけだけれど、その「本質」が今日露わになった、と言っているわけです。こういう言い方をしているわけだから、多分、「強制力」の本質は自然ではないことが明らかになりつつある、と言いたいのでしょう。

では何か？ 「支配」だというのが、その答えです。でも、「強制力」の本質が、生の「自然」ではなくて、「支配」だというのは、禅問答めいていてピンと来ないですね。この場合の「支配」というのは、人々が支配されている状態ということでしょう。つまり、何によってだかはっきりしないけど、人間がとにかく〝何か〟に支配されていて、主体性を発揮できない状態にある、ということです。アドルノたちのここまでの議論からすると、それは、同一性の原理＝計算的合理性の支配、あるいは、それを基盤とする階級支配ということになるでしょう。

ベーコンは、人間が不自由なのは、人間が依然として自然界の法則による強制力から脱していないからだと考えたわけですが、実際にはむしろ、人間自身が文明化の過程で生み出してしまった「偽りの絶対者＝盲目の支配の原理」のおかげで、不自由になっている。それがだんだん分かってきたわけです。

啓蒙は本来、「人間」を大事にする思想のはずなので、そうした仕組みが分かった時点で、「偽りの絶対者」の正体を暴き出し、真に人間中心の思想を打ち立てるべきである。しかし、実際には、現代の啓蒙的理性は、科学主義的な装いの下に、大衆による自己欺瞞を強化し主体性を失わせる方向に作用している。今こそ本来の使命を果たすどころか、逆の方向に行っている、という警告をアドルノたちは発しているわけです。

本日はここで終わりです。

■質疑応答

Q　啓蒙は自然から離脱し、同一性の原理によって自然を支配するようになるけれど、そこで物象化を引き起こす、ということは分かりました。ただ、そうした物象化は資本主義でなくても起こり得る、普遍的な現象だという趣旨でお話しされていたと思うのですが、そのへんがしっくり来ません。等価交換を介して同一化が起こるのだとすれば、やはり、資本主義があってこその物象化ではないでしょうか。

A　等価交換が支配的になっているからといって、資本主義社会とは言えないでしょう。

Q　等価交換が全社会的になるのは、資本主義が成立しているからでは？

A　確かに、西側の市民社会のほとんどについては、資本主義の発展によって等価交換が社会全体を覆い尽くすようになった、と言ってもいいと思います。ただし、等価交換自体は、狭義の資本主義以前から行なわれていました、資本家が資本を媒介にして生産を続けるという意味での資本主義が成立していなくても、等価交換は全面化したかもしれない。社会主義だってある意味、等価交換を前提にしていると言えます。というのは、社会主義は、労働と賃金の間に不均衡があり、等価性原理に基づく交換的正義が行なわれていないことを問題にしているわけですから。等価性原理と結び付いた正義感覚がないと、経済構造的な不平等を問題にする運動は起こらないと思いますよ。

Q　交換から不平等が生まれてくる、ということですか？

Ａ　そういうことです。その場合の「不平等」感覚というのは、等価性の原理に基づいて、等しいものが等しく扱われてない、という不満です。世界に存在する様々な事物を同じ尺度で価値評価するという意味での同一化、それを支える等価性原理が十分に社会の中、個人の内面に浸透していないと、お互いの経済状態を比較し、正／不正を吟味するという発想は出てこないでしょう。無論、それはアドルノ、ホルクハイマーの議論の前提に基づけば、という話です。心理学・認知科学的あるいは文化人類学的には、平等感覚の起源はもっと別のところにあるのかもしれません。

［講義］第3回　実際に『啓蒙の弁証法』を読んでみる。2

セイレーン

今回読む、第二章のタイトル、「II　オデュッセウスあるいは神話と啓蒙」には、「補論I Exkurs I」と付いていますね。前回読んだ「I　啓蒙の概念」では、啓蒙の弁証法について抽象的に論じられていました。「II」は、それを補足するために、ホメロスの『オデュッセイア』を詳細に検討しながら、啓蒙と神話がどのように絡み合っているのかを例証する内容になっています。『オデュッセイア』は、トロイ戦争の英雄の一人だったオデュッセウスが、故郷へ帰還するに当たって、様々な怪物や苦難と出合い、出征した時点から数えて二〇年もかかって帰還するという物語、叙事詩です。『オデュッセイア』の訳も岩波文庫に入っています。

では、『啓蒙の弁証法』の岩波文庫版の第二章の冒頭、一〇三頁から読んでいきましょう。また、「セイレーン」が登場します。「セイレーン」というのは、『オデュッセイア』に出てくる、サイレンの語源になった、鳥の体をして女性の顔をしている怪物のことです。船乗りに美しい声を聞かせ、その声を聞いた者は理性を失ってしまいます。セイレーンがとまっている岬の周りは非常に険しい岸壁になっていて、それにぶつかって死んでしまうわけです。ローレライと似ていますね。恐らく、ローレライの原型でしょう。

前回お話ししたように、オデュッセウスは、セイレーンの岬を通過するに当たって、オデュッセウスは部下たちに言って、自分の体を帆柱に縛り付けさせます。部下たちには耳栓をさせて、ひたすら櫓をこぎ続けさせます。
このセイレーンに対するオデュッセウスの対処法は、経済理論や法哲学などで、その場限りでの強烈な欲望に負けて、非合理的になりがちな「自己」をあらかじめ縛っておく、という文脈でよく譬えとして使われます。例えば、その時の政治状況によって安易な政治的決定を行わないように、憲法で基本方針を予め決め、改憲のハードルを高くするとかいうことです。財政関係の法律によって、その時々の政府が、自分の都合のいいように、予算を無駄遣いするのを防ぐのも、一種の自己拘束でしょう。個人のレベルで言うと、自分でお金を持っていると、無駄遣いする恐れがあるので、他人に預かってもらうとかいうことです。

アドルノたちは、文明が始まった時から、人類がそうした自己を縛り続ける工夫をしてきたこと、そういう工夫がないと、私たちの主体性を保つことができないということを示唆しているわけです。

『オデュッセイア』には、そうしたオデュッセウスと、自然の猛威を象徴する怪物たちの葛藤が描かれ、そこにポセイドンとか、ゼウス、アテナ、ヘルメスなどの神々が介入してきます。当然、これは、「神話 Mythos」だと思っている人が多いと思います。しかし、アドルノたちは、これを「神話」それ自体ではなくて、「叙事詩 Epos」として捉えています。神々に関する語りを意味する「神話」と、物語的な形式の韻文である「叙事詩」が違うカテゴリーであるのは、ある意味当然ですが、では、両者は具体的にどういう関係にあるのか？

「叙事詩 Epos」としての『オデュッセイア』

セイレーンの物語に神話と合理的労働との絡まり合いが含まれているように、『オデュッセイア』は全体として、啓蒙の弁証法についての証言を与えている。この叙事詩《エポス》、とりわけその最古の層は神話への結びつきを示しており、その冒険物語のかずかずは民間の伝承に由来している。しかし、ホメーロスの精神は、もろもろの神話をわがものにし、「組織だてる」ことによって、それらの神話とは矛盾するようになる。叙事詩と神話は同一視されがちであるが、この見地はもともと近代古典文献学によって破棄されたものであり、その誤りは哲学的批判によってあます所なく明らかにされている。叙事詩と神話とはそれぞれ別箇の概念なのである。両者は、ホメーロスの編集の接ぎ目接ぎ目から読みとられるような歴史的過程の、二つの位相を徴しづけている。ホメーロスの語り口は、言語の普遍性がまだ与えられていないときに、それを創り出す。

「叙事詩」は「神話」と結び付いているけれど、神話そのものではないわけですね。ポイントになるのは、ホメロスの精神が「神話」をわがものにし、「組織だてる organisieren」ということでしょう。つまり、『オデュッセイア』は、ホメロスという作者が、彼の時代まで伝承されていた「神話」を素材として、自分の世界観・神観・人間観を反映させながら、主体的に再構成した作品であって、「神話」それ自体ではないということです。ちょっとピンと来にくいかもしれないですが、現代の幻想小説あるいはホラー小説、アニメなどで神話が素材になっているものを思い浮かべて下さい。ああいうのは、どう考えても神話ではありませんね。しかし、現代日本のファンタジー系アニメで平安時代とか奈良時代の設定になっているものを、何百年も後の別の外国の人が見たら、日本的な神話だと思うかもしれませんね。『オデュッセイア』の場合、元になった神話と、作品の距離はもっと近いような気がしますが、創作されている以上、「神話」それ自体とは言えない。

その場合の「神話」というのは、誰かの創作ではなく、多くの人々に語り伝えられた物語、〝自然〟と民衆の世界観や神のイメージを反映しているもの、神々や怪物の姿で象徴的に現われてくる自然の猛威に対する人々の畏れをより直接的に表象している物語のようなものと見るべきでしょう。前回お話ししたように、「神話」を意味するドイツ語の〈Mythos〉の語源であるギリシア語の〈myhos〉は、元々、人々が語り伝える「物語」を意味する言葉でした。人々が語り伝えてきた、相互に整合性がなく、脈絡もはっきりしていなかったかもしれない物語群を、ホメロスが、一つの論理＝理性によって「組織化」する。そこには、全てを同じ論理で統一的に説明しようとする「理性」、普遍性を志向する言語が働いている。『古事記』や『日本書紀』のように、個々の神話を体系化したものを、英語で〈mythology〉、ドイツ語で〈Mythologie〉と言いますが、この〈-logy〉〈-logie〉の部分は、「論理」という意味ですね。諸「神話」を「組織立て」ようとすると、どうしても、論理＝理性が介入してくるわけです。

ただし、ホメロスによる組織化が作用しているので、もはやそこから太古の神話を読み取れないかというと、必ずしもそうでもない。文献学的な研究を通して、『オデュッセイア』の中に、神話的な古い地層をある程度まで読み取ることもできる。『オデュッセイア』で描かれているオデュッセイアの物語の中身もさることながら、作品それ自体が、神話から啓蒙的理性への移行の中間地帯的なところに位置しているわけです。

「市民的個人 das bürgerliche Individuum」の「原像 Urbild」

この冒険物語のヒーローはまさしく市民的個人の原像を示すものと考えられるが、それは、この漂泊者が太古の範例を示しているような統一的な自己主張こそ、市民的個人のルーツだからである。歴史哲学的には小説《ロマーン》と敵対関係にある叙事詩においても、結局、小説に似た様相が出現して、意味豊かなホメーロスの世界の荘厳なるコスモスも秩序づける理性の成果であることが開示される。秩序づける理性は、コスモスを合理的秩序をもつものとして描き出すが、まさしくそれによって、神話は解体されてしまう。

ここでアドルノたちが『オデュッセイア』にこだわり、分析しようとする理由が明らかにされています。彼らは、〝自然〟を象徴する怪物たちの攻撃や誘惑に抵抗しながら、自立した「自己」を獲得していくオデュッセウスの姿を、「市民的個人 das bürgerliche Individuum」の「原像　Urbild」と見ているわけです。市民社会、もしくは資本主義社会の構成単位である経済活動の主体、自らの生活を合理的に組織化することができる主体を、ロビンソン・クルーソー的主体と呼ぶことはご存知だと思いますが、その原型がオデュッセウスであるわけです。どちらも、漂泊者ですね。

「歴史哲学的には小説《ロマーン》と敵対関係にある叙事詩」という部分は少し分かりにくいですが、訳注［1］が付いていますね。「一九一六年に出たルカーチの『小説の理論』を念頭に置いている。なお本章末尾の訳注［16］を参照」。というわけで、訳注［16］でもう一度説明しています。こちらには、「本章は冒頭部分と呼応して、ルカーチの『小説の理論』における叙事詩《エーピーク》から小説《ロマーン》へという歴史哲学的考察と、童話《メルヘン》の実現された状態をユートピアと考える未来観を念頭に置いている」、と出ていますね。

余計難しくなったかもしれませんが、ちょっとずつどういうことか確認していきましょう。ルカーチは、初回にお話ししたように、フランクフルト学派そのものではないんですが、学派と比較的近い関係にあり、ホルクハイマーやアドルノとも親しいマルクス主義系の哲学者、文芸批評家です。ルカーチは、「物象化」や「疎外」などをめぐる議論で、アドルノに強い影響を与えましたが、アドルノはそれを彼なりに哲学的に深める形で再定式化しました。

ルカーチは当初、マルクスよりもむしろ、カントやマックス・ウェーバー、精神科学の基礎として解釈学を基礎付けたディルタイ（一八三三－一九一一）、形式社会学を提唱したジンメル（一八五八－

一九一八）などの影響を強く受けていましたが、第一次大戦中にマルクス主義に傾倒し、一九一九年に、結党されたばかりのハンガリー共産党に入党することになります。『小説の理論』は、マルクス主義に傾倒していく移行期に書かれた文学理論です。

この本は、西欧における物語文学の主要な形式の変遷を、歴史哲学的に考察することを試みるものです。特に、叙事詩（Epik）から小説（Roman）へのシフトに焦点を当てています。文学の形式と、歴史の発展をめぐる哲学が対応しているというのは、ピンと来にくいかもしれませんが、叙事詩などの、歴史的な物語文学は、人々の歴史観を反映していると見ることができますね。そもそも、ドイツ語の〈Geschichte〉、フランス語の〈histoire〉が「歴史」と共に「物語」を意味する言葉であることに象徴されるように、近代に入って、「歴史学」が確立されるまで、客観的な「歴史」と、ある程度の虚構を含んだ「物語」は完全に分離されていませんでした。英語の〈history〉と〈story〉も、語源はギリシア語の〈historia〉で、元は一つでした。ヨーロッパの最古の歴史書とされるのは、ソクラテスの同時代人とされるヘロドトス（前四八五頃—四二五頃）の『歴史 historiai』ですが、ここでは、ギリシア神話の世界観が前提になっていて、神話的な物語も随所で挿入されています。それ以前になると、ホメロスの叙事詩のようなものが、〝歴史〟の役割も果たしていた。古代世界には、我々が知っている「芸術としての文学」という独立のジャンルはなかったわけです。

それから、ドイツ語で〈Roman〉と呼ばれるものは、長編小説のことで、短編小説を意味する〈Novelle〉とはジャンル的に区別されます。短編／長編というと、単に長短の違いのように聞こえますが、内容的には、〈Novelle〉が単一の出来事を集中的に物語ることが多いです。それに対して〈Roman〉の方は、主人公の自己形成（Bildung）の過程を描いた、「教養小説 Bildungsroman」のようなもの、あるいは一つの時代を描く歴史小説など、物語の幅が大きく、登場人物も多いものが多いです。長いことを利用して、作中作とか、登場人物の長めの瞑想や告白などを挿入したりもします。

『小説の理論』の第三章のタイトルが「叙事詩と小説」です。どちらも物語文学ですが、それぞれが、作られた時代の「生」の全体的な在り方と対応しているわけです。「叙事詩」は、自己完結的な世界を描き出す作品であり、そうした世界を表象することが可能であった時代の産物です。それに対して、「小説」は、そうした自己完結的な世界をイメージするのはもはや不可能になったけど、それでもまだ、そうした完結した世界、世界の全体性に対する志向が働いていた時代に生まれてきた形式であり、自らそうした世界を再構成しようとする。もう少し分かりやすく砕いて言うと、各人が共同体、そして世界の中にしっかり組み込まれていて、個人が孤立していないような時代の「生」の中から生まれてきたのが「叙事詩」です。叙事詩には、オデュッセウスのような中心的人物が登場しますが、それは、近代的な意味では主人公ではありません。「叙事詩」で描かれるのは、個人としての主人公ではなくて、共同体です。もう少し大げさに言うと、各人の生が有機的に繋がっていて、誰も孤立していない世界があって、その世界の中の共同体的出来事が記録されているわけです。それに対して、近代的ジャンルである「小説」は、主人公の内面を中心に物語が進行していきます。つまり主人公の視点から、主人公の経験に即して、「世界」を再構成していくわけです。言い換えれば、最初から自己完結した世界がそこに〝ある〟わけではなくて、主人公が自らの経験を通して、再構成しなければならない。作品の中でどれだけ多くのことが語られていても、それはあくまでも、主人公

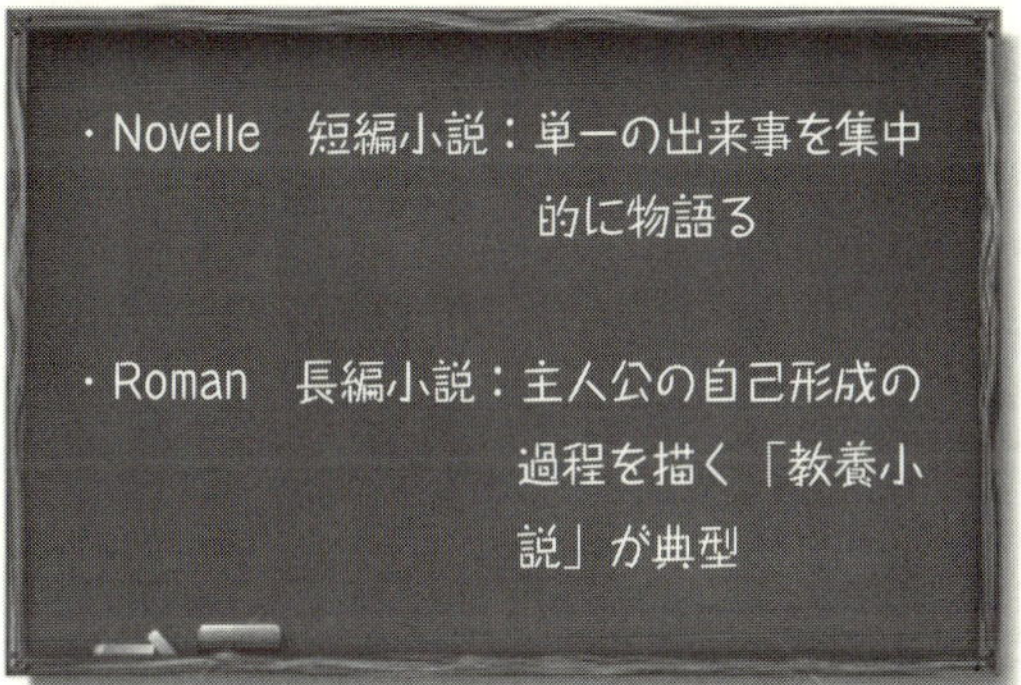
・Novelle 短編小説：単一の出来事を集中的に物語る
・Roman 長編小説：主人公の自己形成の過程を描く「教養小説」が典型

の視点から見た〝世界〟です。

自己と、世界についてのアイロニカルなまなざしが働いている。どれだけクールになって周囲を見渡しているつもりになっても、決して、「世界」の全体性には到達できないというアイロニーです。

そうした「叙事詩」から「小説」への変化は、「生」の在り方をめぐる歴史哲学的発展、主体と客体の間の弁証法を反映している、というのがルカーチの議論です。簡単に言うと、(共同体の中で)主体が自立化し、自己自身を強く反省的に意識化するようになるにつれ、それが共同体的な生の在り方に変化が生じ、それが更にフィードバックして主体の意識の在り方が更に変化し、それがまた共同体的な生を……という形で、歴史が発展していく、ということです。「叙事詩」は、個人と共同体、ひいては、個人と世界の間の乖離が顕在化した時代の文学形式であるわけです。それがルカーチの議論です。近代と古代では、文学に現れてくる、「個人と世界」、「個人と共同体」の関係が根本的に異なるという議論は、ドイツでも、一八世紀のドイツ文学生成期からずっとあります。シラー(一七五九―一八〇五)やヘルダリン、ロマン派にもそういう議論はあります。ルカーチは「叙事詩」と「小説」の関係に焦点を絞ったうえで、そこに歴史の弁証法という視点を加えているわけです。

アドルノたちは、そうしたルカーチの基本図式を利用しながら、更にひねりを加えています。ルカーチが「叙事詩」と「小説」への移行と連動して起こったと見ている世界観の変化は、実は「神話」が「叙事詩」として組織化される時点で起こっている、ということです。ホメロスの「叙事詩」である『オデュッセイア』において既に、主人公の視点から主体的に世界を再構成しようとする「小説」的な契機が現われています。「小説」が、市民的な文学形式だというのであれば、『オデュッセイア』に既に、「小説」的な様相が現われているわけです。オデュッセウスに見られるような、秩序付ける理性(ordnende Vernunft)が発動する時、人間を、擬人化された自然に結び付けていた「神話」は解体されます。

先駆者ニーチェ

そして、著者たちは、古代ギリシアの神話的世界観に内在するそうした市民的啓蒙的要素については、既にニーチェの初期の著作で示唆されていると指摘し、ニーチェの議論を参照します。ニーチェが元々古典文献学者で、彼の思想家としての出発点になった『悲劇の誕生』（一八七二）が、ギリシア芸術における、秩序化するアポロン的要素と、混沌を生み出すディオニュソス的要素の絡み合いを論じたものであることはご存知ですね。

彼は、支配に対する啓蒙の弁証法の分裂した関係を、次のように言い表している。われわれは、「啓蒙を民衆の間に行きわたらせて、司祭たちがみな良心に恥じつつその任にあたるようにすべきであり――国家に対しても同様である。啓蒙の果すべき課題とは、王侯・政治家たちにとって彼らの振舞のことごとくが意図された欺瞞である［ことが意識される］ように仕向けることである……」。他方において、啓蒙は古来「偉大なる統治の達人たち（中国の孔子、ローマ帝国、ナポレオン、また、現世に対してばかりか権力に対しても関心を示した時代の法王庁）の用いる手段の一つであった。……大衆のこの点に関する自己欺瞞、たとえば、あらゆるデモクラシーにおけるそれなどは、とりわけ価値がある。つまり、人間を矮小化し統治しやすくすることが、まさしく「進歩」であるとして目標とされる」

原注に出ているように、ニーチェの「遺稿 Nachlaß」からの引用です。啓蒙の両面性が指摘されていますね。「啓蒙」が、王侯や政治家、司祭等の権力者に、自分たちがやっていることが欺瞞だと悟らせると いうのは、まあ、普通の話ですね。ただし、それだけではなく、大衆を矮小化し、統治しやすくするという副作用もある、という。これは少し分かりにくいかもしれませんが、「進歩」というところがポイントです。つまり、社会が進歩し、生活形態が合理化され、等価交換に基づく経済関係が浸透するようになると、その分だけ同一化の作用が強まり、人々の欲求、行動様式が均一化されるので、権力者が統治しやすくなる、ということです。あまり、細かい細工をしなくても、同じ餌で釣ることができるわけです。しかも、釣られている方は、民主主義によって自分たちの要求が通っている、と無邪気に信じている。こちらも、近年の新自由主義批判でよく聞く話なので、少なくとも私たちにとっては、珍しい話ではないですね。その手の議論は、見方によっては、マルクス主義のイデオロギー批判という形で一九世紀半ばからありますので、『啓蒙の弁証法』が書かれた当時でも、それほど珍しい話ではない。

珍しいとすれば、権力者の方が「啓蒙」されて自信をなくしているのに反比例するかのように、大衆の側は「啓蒙」されて支配されやすくなる、という皮肉な事態が起こることに対する洞察でしょう。精神的な指導者である主が自分の弱さを次第に自覚するようになるのに対し、肉体労働する僕は支配されていることに慣れていく――ヘーゲルの主と僕の弁証法のような逆転劇は起こりません。セイレーンと対峙する時の、オデュッセウスと部下たちの関係は、まさにそれを象徴していると見ることができます。そう考えると、ニーチェは、啓蒙の弁証法を見抜いていた先駆者ということになるかもしれない。

こういう言い方をすると、ニーチェは「啓蒙」をかなり否定的に見ていたように聞こえるかもしれませんが、少なくともアドルノたちはそういう風にニーチェを解釈していないようです。

しかし、ニーチェの啓蒙に対する、したがってまたホメーロスに対する関係は、それ自体分裂したものであった。彼は、啓蒙のうちに崇高な精神の普遍的運動を見て取り、その完成者として自らを自覚すると同時に、またそこに、生に敵対的な「ニヒリズム的」な力を見て取ったのであるが、ファシズムに先行する彼のエピゴーネンたちのもとには、第二のモメントのみが残されて、イデオロギーへと転落してしまった。このイデオロギーは、盲目な生に対する盲目な讃美となり、それに身を委ねる同様に盲目な実践によって、生命あるものはすべて抑圧されてしまう。このことは文化ファシストたちのホメーロスに対する立場に現れてくる。彼らは、封建的諸関係についてのホメーロスの記述の中にデモクラティックなにおいを嗅ぎつけ、この作品に対して船乗りや商人たちのものというレッテルを貼り付ける。

ニーチェは、畏るべき自然から身を引き離し、自立化しようとする「啓蒙」の精神を高く評価する一方で、その「啓蒙」が、セイレーンに遭遇した時のオデュッセウス一行の対処策に象徴されるように、身体的欲望を抑圧する傾向があることを批判的に見ていたわけです。ニーチェは啓蒙に対してそうした両義的な態度を取っていたわけですが、ニーチェのエピゴーネンで、ナチスの先駆になったような連中――恐らく、神秘主義的傾向の強いゲオルゲ・サークルの人たちとか、「力への意志」を称揚して、戦争と労働を英雄主義的に賛美したエルンスト・ユンガー（一八九五－一九九八）など――は、第二の契機だけを追求し、一方的に「生」を賛美するようになったわけです。

ニーチェ

その結果として、「生命あるものをすべて抑圧する」イデオロギーが生まれてくる、というのがピンと来ないかもしれませんが、「盲目な生に対する盲目な賛美 das blinde Lob des blinden Lebens」の意味するところを考えると、少し分かりやすくなるでしょう。「盲目な生」というのは、（計算的）理性によって管理されていない〝ナマの生〟のようなものだと思います。ニーチェの「力の意志」とか「超人」、ディオニュソス的原理の再発見、奴隷道徳批判……などは、人間の〝ナマの生〟、野生を称揚しているように捉えられがちですね。ニーチェのエピゴーネンたちは、文明もしくは啓蒙に汚染される以前の「生」、盲目的な衝動に従う「生」を、盲目的に賛美したわけです。盲目的な衝動に従う「生」というのは、弱者に同情する奴隷道徳のようなものがなくて、人々が欲求のままに生き、弱肉強食をものともしない生き方ということでしょう。

そういう一面的な見方をするエピゴーネンたちは、貨幣的合理性、交換的正義に支配される市民社会、各人が――同一性の原理に基づいて――平等な市民として扱われる民主的社会を、不純なものとして嫌います。そして、その視点から、『オデュッセイア』の中に、計算的理性の萌芽のようなものを見出し、否定的に見ます。オデュッセウスの船乗り的、商人的な身振りが、気に入らないわけです。この場合の船乗りというのは、〝荒々しい海の男〟というよりは、交易によって利益を拡大すべく遠方まで航海する商人ということでしょう。オデュッセウスの、計算的合理性に基づいて交易する商人としての側面は、少し後で出てきます。

では、アドルノたちは、そうしたニーチェのエピゴーネンたちの『オデュッセイア』理解をナンセンスと見ているかというとそうでもないです。彼らが「盲目的な生」を盲目的に賛美しようとするあまり、それと対極にある、商人的なものに敏感になり、それを本能的に嫌悪することに、アドルノたちは注目します。捻った見方ですね。ニーチェのエピゴーネンたちは愚かだけど、その愚か者たちの敵に対する動物的な嗅覚だけは信用しているわけです。バカだけど、敵に対する嗅覚だけはすごそうだって人、時々いますね（笑）。

「先史時代 Prähistoire」

そしてこのイオニアの叙事詩を非難して、それはあまりにも合理的で通りがよすぎる話だと言って斥ける。しかし、一見直接的に見える支配にはすべて一体感を抱き、すべての間接的支配、つまり「リベラリズム」は、どんな段階のものであれ、受け容れようとしない彼らの邪まな眼も、ある正しいものを捉えてはいたのだ。じっさい、理性・自由・市民性の系譜は、市民の概念の由来を中世封建制度の終焉以降におく歴史観が想定するよりも、比較にならないほど遥か昔にまで遡ることができる。

通常の西欧社会思想史では、［理性（Vernunft）－自由（Liberalität）－市民性（Bürgerlichkeit）］が一体となって発展するようになるのは、中世封建制が崩壊し、資本主義が浸透するようになって以降であるというイメージが一般的ですが、その萌芽は、既にホメロスの時代にあった、ということです。リベラリズムや商人的メンタリティが嫌いなニーチェのエピゴーネンたちはそのことに感づいていたわけです。

では、『オデュッセイア』には、そうした徴候がどのように現われているのでしょうか？

岩波文庫の一〇七頁の終わりから一〇八頁にかけての段落を見て下さい。先ず、ホメロスの叙事詩には、様々の神話、伝説の層が沈殿していると同時に、それらが統一した形へとまとめあげられるに際して、主人公＝主体（Subjekt）が、神話的な諸力の呪縛から逃れる過程が描き出されている、と述べられています。難しそうな理屈ですが、分からないことはないですね。純粋な「神話」――そういうものが実際にあればの話ですが――であれば、あくまでも神々が主役で、人間は神々に翻弄される脇役にすぎません。人間は、神々によって定められた運命に抗うことはできません。

それに対して、人間である英雄に焦点を当てる叙事詩では、主人公が知恵や勇気によって、運命に抗い、自分の道を切り開こうとし、それにある程度成功します。そうでないと、物語にはなりません。そうした主人公を中心とする叙事詩が成立するということは、その社会において啓蒙が進み、人間が自然から自立化しつつあることを暗示していると見ることができます。

ホメロスのもう一つの叙事詩『イーリアス』において、「神話」の支配力が強い「先史時代 Prähistoire」と、「歴史」が絡み合う形で、そうした「主体化」の問題が浮き彫りにされている、と述べられています。自然と一体化した「神話」的な世界観においては、「歴史」の進歩はあり得ません。人間たちは、自然あるいは神々の支配の下に留まり続けます。人間が同じような習慣やライフスタイルを維持しているような社会だと、その社会の成り立ちや掟の根拠をめぐる「神話」はあっても、先に向かって進んで行く「歴史」という観念は成立しにくい。「歴史」の進歩は通常、その歴史の中で、自らの運命を切り開くべく葛藤する主人公＝主体たちの登場と結び付いています。「歴史」には、その歴史を先に進めるきっかけを作り出す主人公たちがいますね。

御存じだと思いますが、『イーリアス』というのは、トロイ戦争そのものの物語です。古代ギリシア語で、トロイのことを「イリオス」とも言っていました。イリオスをめぐる叙事詩ということです。パリスがヘレナを連れ帰る話とか、トロイの木馬とかが出てきます。その『イーリアス』における「神話」的諸力と、歴史の「主体」の葛藤の例として、まだ神話的段階に留まっている女神の息子アキレスが、軍隊を合理的に組織化しようとするアガメムノンと対立している構図が挙げられています。一般的なイメージとしては、アキレスが英雄で、アガメムノンが暴君というイメージが強いのですが、啓蒙的な主体化という視点から見ると、逆だということですね。

『オデュッセイア』では、この神話と主体化の交差がより顕著な形で現われている、といいます。

この点は、『オデュッセイア』において、この叙事詩が冒険小説の形により近づいているだけに、一層鮮やかに認められる。多端なる運命と対決しつつ、自我が唯ひとり生き抜いてゆく姿には、神話と対決する啓蒙の姿が浮彫りにされている。トロイアからイタケーへ至る漂泊の旅路は、肉体的には自然の暴力のまえに見るかげもないが、しかし自己意識に基づいてはじめて自分自身を作り上げてゆく「自己」が、さまざまの神話の間をくぐり抜けて行く道程なのである。

「叙事詩」が「冒険小説」に近づいているということが、ここでどういう意味を持っているか分かりますね。「叙事詩」は、トロイ戦争のような「出来事」を主題としますが、「冒険小説」は、冒険する主人公の艱難辛苦、奮闘、人としての成長、向上をめぐる物語です。『オデュッセイア』は「叙事詩」ですが、怪物たちと対峙しながら、自分の道を切り開いていく〝主人公〟としてのオデュッセウスに焦点が当てられています。しかも、アドルノたちの読みに従えば、オデュッセウスの船旅は、彼の「自己（意識）」が、神話、もしくは神話に象徴される主客未分化の混沌状態、あるいは神話的無意識、自然への畏れと格闘し、自分自身を確立し、自立化する道程になっているわけです。

近代初期の典型的な小説のパターンとして「教養小説 Bildungsroman」というのがありますね。〈Bildung〉というドイツ語は、「形成」という意味ですが、この場合は、主人公の自己、人格の「形成」ということです。主人公がいろいろなことを体験しながら、自己を確立して成長していく過程が描かれています。何故、主人公の人格形成が、「教養」なのかと思われるかもしれませんが、西欧の教育文化における「教養」というのは、単なる雑学ではなく、「人間の本質」を描いた古典的テクストを読むことを通して、各人の「人格」を形成することを意味していました――この点については、『教養主義復権論』（明月堂書店、二〇一〇）で詳しく論じたので、関心があればそちらもご覧ください。

典型的な「教養小説」として有名なのは、ゲーテ（一七四九－一八三二）の『ヴィルヘルム・マイスターの修業時代』（一七九六）や、ゴットフリート・ケラー（一八一九－九〇）の『緑のハインリヒ』（一八五三－五五）、トーマス・マン（一八七五－一九五五）の『魔の山』（一九二四）などです。これらの小説では、それまで未熟で、自分が何を求めているのかよく分からない若者だった主人公が様々な経験を積み重ねていく内に、世界と自分、あるいは社会と自分の関係について反省し、自己を確立していく過程になっているわけです。『オデュッセイア』も、それと同じように、オデュッセウスが経験を積み重ね、「自己」をしっかりと確立していく過程として読めるというわけです。

では、神話的な世界と闘って、「自己」を確立するというのはどういうことか？　これまでの話の流れから、自分の理性を発達させ、それに伴って、世界を合理的に把握できるようになることだと、大体想像がつきますね。

先史の世界は彼の踏破する空間の中に世俗化され、古えのデーモンたちは、彼らがかつて太古の戦慄をまとって立ち現れた元の古巣たる断崖の洞穴に追い払われて、開化された地中海における僻遠の岸辺や島々を棲み処としている。だが、この冒険物語では、それぞれの場所には名称が与えられて、それによって、空間を合理的に見渡せるようになる。このおののく難破者は羅針儀の働きを先取りしている。もはや大海中のどんな所でも地理不明の場所はない以上、無力な彼が同時に目ざすのは、もろもろの力たちを無力にしてしまうことである。しかし神話におけるわかり切った非真理、つまり、海にも陸にも本当はデーモンたちなど棲みついておりはしないということとか、呪術の行ういかさま、伝来の民族宗教のさばりなどは、この一人前に成熟を遂げた男の目からみれば、彼の自己保存、故郷の領有地への帰還という目的の明白さに比べて、「迷い」として映る。オデュッセウスがのり越えてゆく冒険は、ことごとく「自己」をその論理の筋道からおびき出そうとする危険極まる誘惑なのである。

先ず、「先史の世界」が「彼の踏破する空間の中に世俗化され」るというのが、分かりにくいですね。この場合の「世俗化する säkularisieren」というのは、脱宗教化というより、脱神聖化とか、脱神話化というようなことでしょう。つまり、オデュッセウスたちはそれまで、アニミズム的なデーモン（神霊）たちが住む世界に生きており、その世界の中にいる限り、どこに行こうと神々やデーモンたちの支配から逃れることはできなかったわけです。神話の世界では、人間は脇役にすぎないのだから当然です。

しかし、アドルノたちの見るところ、『オデュッセイア』の物語世界の、地中海は既にかなり開化されています。つまり、オデュッセウスたちは航海術を身に付けていて、目的地に向かって、計画を立てながら進んでいるわけです。途中の要所にはちゃんと地名が付いていて、このポイントの次にはこのポイント、その次には……というように、順繰りに進んで行く。どこに何があるのか分からない暗黒の海を、五里霧中でひたすら漕ぎ続けているのではないということですね。そして、実際に彼が進んで行き、その土地土地の位置関係や状況を確認することによって、地理的な関係、海図がよりはっきりし、安全な航路が確立されることになるわけです。

デーモンたちが現われて、彼の行く手に立ちはだかりますが、そのデーモンたちも至る所にいるわけではありません。この後に出てくる一つ目の巨人キュクロプスたちがそうですが、物の怪たちは洞窟の穴のようなところに潜んでいます。物の怪たちは片隅に追いやられているわけです。宮崎アニメの世界観みたいな感じに既になりつつあるわけです。

しかも、一人前の男になりつつあるオデュッセウスの目から見て、それらの物の怪は、実際には、実在するものではなく、呪術とか宗教が生み出す幻影です。幻影にすぎない怪物が脅威なのは、彼自身の内に、そういう幻影に共鳴してしまう「迷い」があるからです。つまり、自分自身の弱さ、非合理性が、自然に投影されて、デーモン、物の怪に見えているわけです。そういう物の怪たちと対決し、克服することは、無力な自分自身を克服するということです。『オデュッセイア』を素直に読むと、オデュッセウス一行は、物の怪たちに襲撃されて、かなり実害を受けているように見えますが、それは、彼あるいは彼らの「迷い」が生み出した害と見るわけです。

オデュッセウスの旅というのは、合理的に世界を把握しつつある彼の理性をもう一度迷わせ、神話的な論理へ引き戻そうとする彼の内なる神話的無意識との闘いと見ることができるわけです。

自己の冒険の帰結

では、その自己の合理化の旅の帰結はどうなるのか？　オデュッセウスは、全ての物の怪を放逐して、自然を征服できるのか？　どうもそうではないようです。一一〇頁の冒頭をご覧下さい。

「自己」は、冒険に対立することをやめるわけではない。むしろ、自己はこの対立をつうじてはじめてかたくななものとして形成される。この場合に［自己を形成する］統一は、かつての［自己が持っていた］統一を否定する多様なもののうちにのみ存在している。オデュッセウスは、彼以後のあらゆる本格的小説の主人公たちがするように、いわば、わが身を全うするためにわが身を放棄する。彼のなし遂げる自然からの疎外は、彼がいかなる冒険に際しても競い合う当の自然に対して身を委ねるときに実現する。そして皮肉にも凱歌を奏するのは、彼から命令される仮借なき自然の方である。なぜなら彼は、自ら仮借なく力をふるう者として、彼がそれから逃れて来た自然の諸力の相続人、つまり、審判者かつ復讐者として帰郷するからである。

「自己」が、「冒険に対立することをやめるわけではない」というのが分かりにくそうですが、この場合の「冒険」というのは、「自己」自身を敢えて危険に曝して、先史時代、神話の世界からの誘惑と対峙する、ということでしょう。ここがまさに、「啓蒙の弁証法」です。航海などせず、じっとしていれば、「私」を迷わせ、先史時代に引き戻そうとする物の怪たちに出合わないですみます。しかし、じっとしているということは、まだ完全に啓蒙され切っていない、自立し切っていない中途半端な状態に甘んじ続けるということです。完全に自立しようとすれば、危険な物の怪が潜んでいる海に乗り出さねばならない。外の世界の未知なるものに対する（私の内の）畏れと正面から向き合い、克服しない限り、成長はない。ますます宮崎アニメのような話になりますね（笑）。

人間と自然の関係についても同じ様なことが言えるでしょう。科学を発展させていけば、自然の脅威と対峙することになり、恐ろしい目に遭うかもしれない。しかし、恐ろしいからといって科学の発展を断念すれば、自然に支配された不安定な状態で生き続けなければならない。だから、余計に危なくなると分かっていながら、進んでいかざるを得ない。

それが「わが身を全うするためにわが身を放棄する」ということです。冒険して、未知なる脅威を克服し、より広い世界を視野に入れるようになるたびに、「自己」は変化していきます。それをアドルノたちは、「かたくな」になると表現しているわけですが、どうして「かたくな starr」かというと、押し寄せてくる自然の猛威、物の怪たちの誘惑に抗して自らを守ろうとするわけです。「かたくな」でないと、啓蒙の航海で「自己」を守ることができないわけです。

「［自己を形成する］統一は、かつての［自己が持っていた］統一を否定する多様なもののうちにのみ存在している」という言い回しも少し分かりにくいですね。先ず、「かつての統一を否定する多様なもの」というのが、未だ不安定なオデュッセウスの「自己」が、誘惑に襲われて、いろんな方向への衝動によって引き裂かれている状態を指すことを確認しておきましょう。そうすると、その内にのみ存在する新たな

「統一」とは、理性の統合する働きによって、そうした引き裂かれた欲望を一つの目的に向けて再収斂させていく、というようなことだと理解できます。欲望を抑え込んだ統一状態に留まるのではなく、〝自己〟の内なる――自然と共鳴する――様々な欲望と向き合い、それを再統合することによって、より自立的な自己へと弁証法的に発展していく、という感じでしょう。

では、そうした何度かの再統合を経験しながら、頑なに自らを守り通して啓蒙化された「自己」が最終的な勝利者になるのかというと、そう単純な話でもない。「凱歌を奏するのは、彼から命令される仮借なき自然の方」だ、という。「なぜなら彼は、自ら仮借なく力をふるう者として、彼がそれから逃れて来た自然の諸力の相続人、つまり、審判者かつ復讐者として帰郷するから」、ということです。

比喩的な言い方ですが、何となく想像付きますね。啓蒙化された自己は、荒れ狂う自然を征服したつもりになっているけど、実は、自らが荒れ狂う自然そのものに取り憑かれ、その代理人であるかのような荒々しい振る舞いをする。いろんなレベルでこうした現象が起こりますね。例えば、未開な地を開拓すべくそこに足を踏み入れた文明人が、凶暴な野生の動物、あるいは未開人を征服するに際して、相手以上に残虐な振る舞いをするとか。社会を合理的に組織化するために、それに従おうとせず、抵抗し続ける〝野蛮な輩〟を、ものすごい暴力で一掃するとか。あるいは、原子力などの自然の力を利用したエネルギーとか機械が、すごい破壊力を発揮するとか。

ホラーとか妖怪もので、妖怪を退治した人が、その妖怪の毒気に当たって自分も妖怪になる、というパターンがありますね。オデュッセウスの場合、故郷に帰った後、自分の妻に言いより、領土を奪おうとしていた連中を残酷に虐殺します。征服された自然がオデュッセウスに取り憑いて、復讐を果たさせるわけです。ギリシア神話では、自然を象徴する神々は、自然の掟を破った人間たちに復讐します。

こういう言い方をすると、「自然は残酷ではない。残酷なのは人間だ！」、と怒る人もいるかもしれませんが、自然が本当は平和か残酷か、というのはここでの本題ではありません。オデュッセウスの目には、自然を代表する神々やデーモンたちは、残酷に映っているわけです。残酷で野蛮な自然を克服したはずの、啓蒙された自己が、その〝残酷で野蛮な自然〟の化身になる、という逆説が起こる。それこそが「啓蒙の弁証法」です。

物語的自己

ホメーロスの段階にあっては、「自己」の同一性は、非同一的なものの函数、つまり、結び付きもまとまりもないさまざまな神話の函数にすぎないために、「自己」の同一性は神話から自分自身を借りて来なければならない。個性の内的組織形式たる時間はまだ弱々しく、そのため冒険の統一性は外的なものにすぎないし、冒険の系列といっても、それはさまざまの舞台が、つまり嵐に押し流されて辿りつく地方的神々の所領地が、空間的に入れ替るだけにすぎない。

ここも比喩的で分かりにくいですが、社会学とか心理学などで言われている物語的な自己（形成）のことを念頭に置くと、イメージしやすくなると思います。私たちは、それほど明確に意識していないと思いますが、自己形成するに際して、いろんな物語を取り込みます。分かりやすい例で言えば、宮崎アニメとかガンダムとかエヴァンゲリオンとか、あるいは好きな歌の歌詞とか、テレビドラマ、小説、親や教師、先輩の話……そういうところから、人間の成長についての典型的な物語のパターンを学び、それらに即して自己形成します。無論、いろんなソースから、あまり自覚しないで様々な機会に物語を取り込んでいるので、自分がどういう物語を生きているのかはっきり特定するのは難しいと思いますが、好きなアニメに自分を重ね合わせて、生きる励みにしたりすることとありますね。そういう場面で、物語的な自己が登場してくるわけです。

こういう風に説明すると、私たちがフィクションによって自己形成するという話をしているように聞こえるかもしれませんが、フィクション〝だけ〟ということではありません。ポピュラーになる作品は、何らかの形でその社会の現実、あるいは人々の欲求や自己イメージに対応していると考えられます。その社会典型的な自己形成のパターンが、文学・アニメ作品とかメディアで流布している〝よくある話〟とかに結晶化し、それがまた、各人の自己形成へとフィードバックする。物語的自己は、そういう循環関係を通して形成される、と考えられます。

神話的世界観から抜け出した人たちは、一九世紀のドイツの教養小説に相当するような、何らかの自己形成物語を獲得しなければなりませんが、ホメロスの段階ではまだ、典型的な物語を構成する素材、パーツがちゃんと揃っていなかったので、「神話」からいろんな要素を借用してきている。『オデュッセイア』は、自己形成物語になりかけているものではあるけれど、まだきちんとした成長ストーリーに成りきっておらず、神話を寄せ集めた感がぬぐいきれない、ということですね。私たちが知っている通常の冒険小説だと、主人公が遭遇する試練のステージはだんだんあがっていくわけですが、『オデュッセイア』では、単に場所が替わるたびに、ローカルなデーモンが出てくるだけで、オデュッセウスの自己の成長とストレートに対応していない。全体としては成長物語になっているように見えるけど、パーツ相互の関係がすっきりしていない、ということです。

「自己」の同一性（Identität）が、「非同一的なものの函数 Funktion des Unidentischen」だというのは、オデュッセウスという人物の〝アイデンティティ〟が、バラバラでまとまりのない神話的な諸要素（神話素）の組み合わせによって決定されている、というようなことでしょう。神話の寄せ集めによって、〝物語的自己〟の形を辛うじて取っているだけなので、アイデンティティらしいアイデンティティはまだないわけです。

交換と贈り物と犠牲

「自己」が、冒険を克服したり、自分を保つために自分を投げ棄てたりするのに用いる道具は詭計である。船乗りオデュッセウスは、ちょうど文明人の旅行者が未開の原住民をペテンにかけ、象牙と引き換えに色とりどりのガラス玉をつかませるように、自然神たちをうまく出し抜く。彼が交換を行う者として登場するのは、もちろん、時おりのことにすぎない。その場合に、［客が貢物として持参する］贈り物がやり取りされる。ホメーロスにおける贈り物は交換と犠牲との中間にあたるものである。犠牲を捧げる行為と同様、贈り物によって、他所者の血であれ海賊に征服された定住者の血であれ、流された血潮は償われて、復讐の断念が誓約されたことになる。だが同時に、贈り物はすでに等価報償の原理を予告している。

まだ神話の世界から浮上し始めたばかりの弱い「自己」が、冒険を続けるために使う手段が「詭計 die List」だというわけです。神話の世界に属する物の怪たちを騙しながら、先に進んでいくわけです。「文明人の旅行者が未開の原住民をペテンにかけ、象牙と引き換えに色とりどりのガラス玉をつかませるように、自然神たちをうまく出し抜く」というわけですが、どういう譬えになっているのか少し分かりにくいですね。

少しずつ整理していきましょう。文明人が未開人をペテンにかけて搾取するというのはよく聞く話です。これは抽象化すると、文明が野蛮（＝自然）の犠牲の上に成り立っている、あるいは、文明の方が野蛮（＝自然）よりも野蛮だ、という逆説として理解できます。『オデュッセイア』に出てくる「自然神」、

デーモンたちを、そうした野蛮＝自然の象徴と考えると、話は繋がってきます。理性を働かせ始めたばかりでまだ弱いオデュッセウスは、野蛮＝自然を欺くことで、身を守りながら自己形成の旅を続けたわけですが、それは、文明を歩み出したばかりの人類が、野生の動物や依然として未開の同胞をうまく騙しながら、生き残りを図ったことを象徴しているわけです。人間は弱いけど、動物を騙して罠にかけ、餌にしたり、家畜にしたりすることで、次第に力をつけていく。自分より力が強いけど、頭の弱い人間をそうやって利用することもある。オデュッセウスは、力が強いけど、頭の弱い怪物、例えば、一つ目の巨人キュクロプスを騙して、生き残ることに成功しますが、それはまさに、文明と野蛮の関係を象徴しているわけです。

「[客が貢物として持参する]贈り物 Gastgeschenk」が、「交換 Tausch」と「犠牲 Opfer」の中間だということですが、この箇所では主に、オデュッセウスとキュクロプスのやりとりを念頭に置いていると思われます。オデュッセウスは、キュクロプスの一人で、海神ポセイドンの息子でもあるポリュペーモスの洞窟に迷い込んだ際、部下の命を差し出し、酒を飲ませることで、一番最後に食べられることにしてもらいます。その間に策を練り、油断して眠っているポリュペーモスの目を潰して、逃げ出します。オデュッセウスの「贈り物」は、「詭計」ですが、「犠牲」と「交換」の中間的性格も持っているわけです。「犠牲」あるいは「捧げ物」――ドイツ語だとどちらも〈Opfer〉になりますが、日本語の「犠牲」と「捧げ物」は結構ニュアンスが違いますね――は、まだ理性が働いていない未開人が、畏るべき「自然神」に対して、何の策略も見返りもなしに一方的に捧げるものです。そもそも騙そうという知恵がないし、何をやっても自然神には抵抗できない。それに対して、交換は基本的に、対等な者同士の間で、等価性の原理に基づいて行なわれます。

その中間に位置する「贈り物」は、荒れ狂う「自然神」を宥める働きをします。それは、血で血を贖う(abgelten) 復讐の連鎖を終わらせる働きもします。下手に出て、怒りを鎮めるための「贈り物」になっているわけです。純粋な「犠牲＝捧げ物」ではなく、一定の見返りを期待して贈ることが前提になっているので、「等価報償の原理 das Prinzip des Äquivalents」の前身としての性格を持っているというわけです。

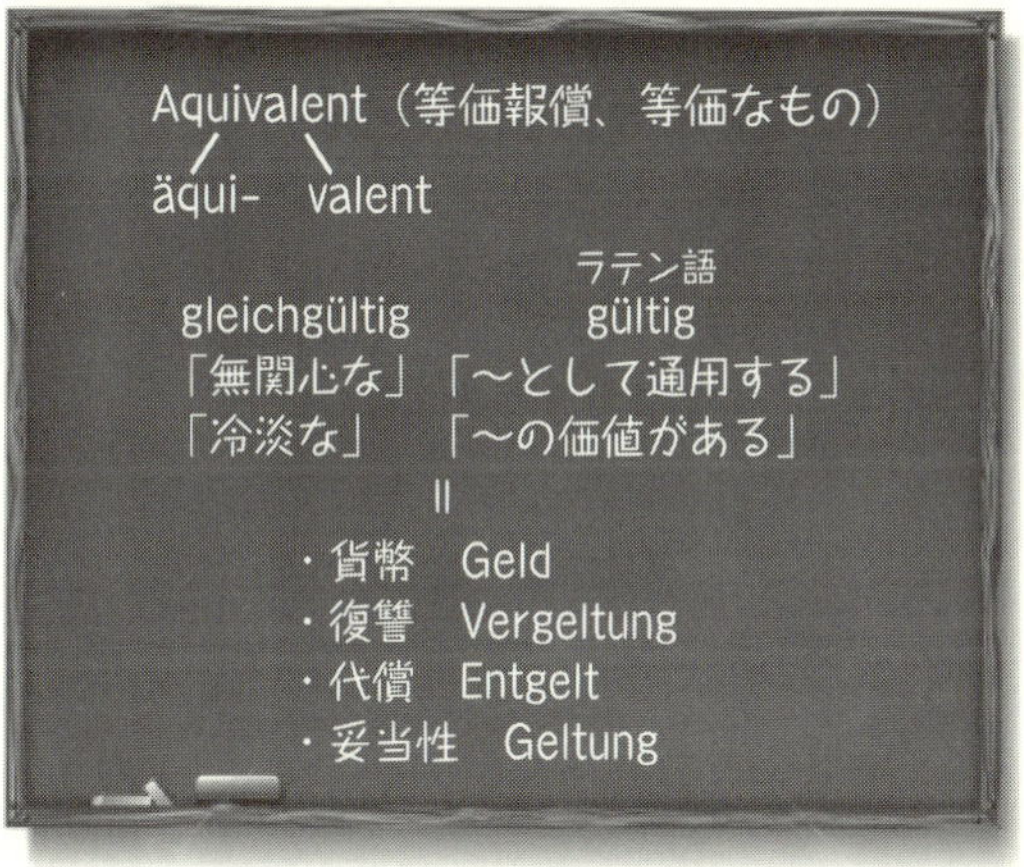

「贈り物」が、復讐を断念させる「等価報償」の原理に基づくという話が出てきましたので、少し横道にそれますが、「貨幣」と「復讐」「償い」の意味的関係についてお話ししておきたいと思います。ドイツ語で「お金」のことを〈Geld〉と言いますが、これは語源的に、「妥当（すること）」あるいは「通用（すること）」を意味する〈Geltung〉と繋がっています。〈Geltung〉の動詞形は〈gelten〉で、これは多くの場合、〈als ～ gelten〉、つまり「～と見なされる」「～として通用する」という形で使われます。そして、この〈Geltung〉に、〈ver-〉という前綴り、接頭辞を付け足して〈Vergeltung〉とすると、「復讐」とか「報復」という意味になります。「代償」あるいは「報償」のことを、〈Entgelt〉と言いますが、〈Vergeltung〉は、何かをされた時に、それと〝同じと見なされるもの〟を返す、あるいは要求することで、プラマイゼロにすることだと考えられます。その〝同じと見なされるもの〟として「貨幣」が発展してきたわけです。〈Geld〉の語源は、古高

地ドイツ語の〈gelt〉ですが、これは、「復讐 Vergeltung」「返済 Vergütung」「収入 Einkommen」「価値 Wert」など、等価性や価値に関わる多義的な言葉だったようです。

それから、この〈gelten〉は、「等価である」ことを意味する〈äquivalent〉とも語義的に繋がっています。〈äquivalent〉の〈-valent〉の部分は、「〜として通用する」「〜の価値がある」という意味のラテン語系の形容詞で、〈gelten〉の形容詞形である〈gültig〉に対応しています。前回お話ししたように、〈äqui-〉の部分も、それに対応するドイツ語固有の形容詞〈gleich〉に置き換えて、〈gleichgültig〉とすると、「無関心な」とか「冷淡な」といった意味になります。中立的な媒体である「貨幣」は、交換されるAとB、それぞれの固有の質には「無関心」であるわけです。

つまり〈Äquivalent（等価報償、等価なもの）〉という観念は、意味的に、「貨幣 Geld」「復讐 Vergeltung」「代償 Entgelt」「妥当性 Geltung」などと繋がっているわけです。このことをアドルノたちの議論の文脈に戻して話を続けると、等価と見なすことのできる「代償」を相手に捧げることによって、つり合いを取り、それを暴力的な復讐に置き換える行為から、同一性の原理に基づく等価交換行為、そして、その媒体としての「貨幣」が発達してきた、ということになるでしょう。

犠牲にされるのが個々の人間であるかぎり、犠牲が集団と個人との対立をうちに含むかぎり、犠牲には客観的に瞞着の要素がつきまとう。もし、犠牲による身代りに対する信仰が、「自己」における根源的なものへの記憶ではなく、いわば「自己」における支配の歴史への記憶を意味するとすれば、この信仰は同時に、完成した「自己」の目からみると、非真理となる。つまり、「自己」とは、身代りの呪術的力をもはや信用しない人間に他ならない。「自己」の確立は、「自己」の犠牲がその修復を要求する、自然との間の流動的なあの連関を断ち切ってしまう。犠牲はすべての原状の回復であるが、復元がそこで進められる歴史的現実によって、その復元の虚偽が暴露される。

複雑な言い回しになっていて混乱しそうですが、最初の部分は、どういうことかはっきりしていますね。個人が収穫物とか財宝とかを「捧げ物」にすることで、恐るべき自然あるいは権力者から、「安全」を保障されるのであれば、その個人はある意味、「見返り」を得た、と言えなくもないですが、集団の中の誰かがみんなの代表として犠牲に捧げられるのであれば、その集団は見返りを得られるかもしれませんが、犠牲にされた個人は丸損です。犠牲＝捧げ物になった者も、命だけは保障され、後でその集団に帰って、高待遇を受けるのであれば、「見返り」を受けたことになるでしょうが、ここで言われているのは、そういう、現代日本社会でもよく見かけるようなケースではなく、「神の子羊」あるいは「スケープゴート（身代わりの山羊）」になってしまうケースでしょう。「スケープゴート」は、畏れるべき相手に対して捧げられるだけでなく、集団のための犠牲にもなるわけです。二重の意味での犠牲ですね。オデュッセウスのポリュペーモスに捧げた「犠牲」は、明らかにそうした二重の意味での「犠牲」です。捧げられた部下は、殺され損です。

もうお分かりかと思いますが、「犠牲による身代りに対する信仰 der Glaube an die Stellvertretung durchs Opfer」というのは、人類の罪を贖う「スケープゴート」としてイエスに対する信仰のようなものを指しています。「ようなもの」だということを一応強調しておきます。イエスを信仰の対象とするキリスト教に限らず、共同体のために犠牲になった人を、聖人とか、神の化身として崇める宗教形態は少なくありません。キリスト教が特殊なのは、特定の共同体のための「身代わり」ではなく、全人類がアダムとエバ以来負っている原罪の「贖い」というように、贖いの範囲を普遍化した点です。

そういう前提で考えると、先ほどの引用の後半も少し分かりやすくなりますね。「「自己」における根源的なものへの記憶」ではなくて、「「自己」における支配の歴史への記憶」というのは一見分かりにくいですが、信仰の原点としての集団的記憶が問題になっている、と考えると、それほど無理なく理解できます。

ある共同体の「始まり」をめぐる神話のようなものがあったとします。そこでは、その共同体の始祖あるいはその身内が、共同体を代表してわが身を捧げ、それによって、その共同体と神の間に絆が結び直され、聖なる共同体になったとします。その神話を、〝自分たち〟の「始まり」として記憶することによって、その共同体のアイデンティティが確立する。キリスト教のイエスの十字架はまさにそういう話として理解できますし、ユダヤ人たちが約束のカナンの地に到着するまでに流された多くの同胞の血をめぐる物語、日本の建国神話における、神武天皇の兄たちの死とか、日本武尊の死とか、いろいろ例を挙げることができるでしょう。革命のために死んだ犠牲者の記憶などにも、そういう意味合いが含まれているかもしれません。

しかし、そうした〝美しい犠牲〟の神話が、始まりにおける真実を伝えているとは限らない。本当は、その共同体の権力者が自分の地位の安泰を図るために、邪魔者を殺害したり、外敵に差し出したり、デーモンに対する人身御供として捧げたりしたのを、後になって美化しただけかもしれない。それが判明すると、それまで共同体の根源の記憶だと思われていたものが、実は、支配の歴史の記憶であったということになる。ポストコロニアル・スタディーズとか、カルチュラル・スタディーズでは、こういう感じの神話・伝説、文学作品の読解がよく出てきますが、アドルノたちも『オデュッセイア』に即してそれをやっているわけです。

オデュッセウスに肩入れしながら、『オデュッセイア』を読むと、オデュッセウスは、身を切られるような思いで、泣く泣く部下を犠牲にしたように見えるかもしれませんが、よく考えてみると、部下を犠牲にして自分だけは生き残ろうとする、ずるい奴なだけかもしれない。本当に部下思いなら、部下をかばって、先ず私を食え、と言ってもよさそうだけど、そうしない。部下との権力関係を利用して、生き残りを図っている。大義のために、泣く泣く部下を犠牲にするという話はありますが、オデュッセウスの場合、〝大義〟に当たるのは、オデュッセウス自身が故郷に戻って、妻と領地を取り戻すということです。結局、自分のために部下を犠牲にしたことになってしまう。

「完成した「自己」das ausgebildete Selbst」、すなわち、啓蒙化され、自立化した「自己」から見れば、共同体を基礎付ける「犠牲の神話」など、原初的な抑圧や暴力を隠ぺいする、うそっぱちでしかない。完成した「自己」は、最終的に自らの〝起源〟をも否定してしまうんですね。

「「自己」の確立は、「自己」の犠牲がその修復を要求する、自然との間の流動的なあの連関を断ち切ってしまう」という表現も分かりにくいですが、犠牲の神話が――少なくとも名目的には――失われつつある「自然」との絆を回復することを目指すものであることを念頭におけば、理解しやすくなります。神の怒りをかってしまったオデュッセウスは、その怒りを宥め、神との関係を回復すべく犠牲を捧げるわけですが、確立された「自己」は当然、そうした呪術的なものの効果は信じませんし、先ほどお話ししたように、犠牲の神話の影に隠れた欺瞞を見抜いてしまいます。つまり「自己」が確立されるに従って、〝始まりの犠牲〟は、無意味化していくわけです。

「「自己」の犠牲」という表現には、もう一つ別の次元の意味が含まれている、と見ることもできます。自己の欲望を犠牲にする、ということです。セイレーンの欲望に抵抗すべく、自分の身体をマストに縛り付けるという行為はそれを象徴しています。そうやって欲望を犠牲にすることで、理性的な「自己」を確立していくわけですが、彼はどうして、そんな苦労をしているのか？「故郷」に帰るためです。彼＝オデュッセウスが「人類」を象徴しているとすると、「故郷」というのは、自然と再び一体化した状態でしょう。

こういう風に考えてみて下さい。主体化した人間は、主客未分化で混沌とした自然から離脱して自立しようとしながら、その一方で、身体的欲望のレベルでは自然に引き付けられている。自らの欲望を最大限に充足し、完全な快楽、不安のない状態に至ろうとしている。それは、ある意味、自然ともう一度統合された状態と見ることができます。母胎の中の胎児のように、主客の分離による不安を覚える必要がないわけですから。そして、そうした完全な充足状態に到達すべく、私たちは自らの現在の欲望を抑え、自己自身と生活環境を合理的に改造すべく、努力し続けている。安心して寝て暮らせる状態に到達するために、今はひたすら、勤勉に働き続け、自分を鍛え続けている。しかし、本当に「自己」が確立され、各人が計算的合理性のみに従って思考し行動するだけの存在になってしまうと、言い換えれば、自己疎外の果てに機械の部品のような存在に成り切ってしまうと、自己犠牲によって獲得しようとしてきた自然との再統合は、最終的に不可能になってしまいます。日本の会社人間の悲哀という形でよく聞く話ですが、これは、ある意味、自己と環境の啓蒙を通して、「故郷」に帰還しようとする、啓蒙化された人間全てが普遍的に抱えている問題です。啓蒙は、そういう根源的自己矛盾を抱えているわけです。

仲間を人身御供にするという意味での「犠牲」と、自己の身体的欲望を抑制するという意味での「犠牲」はあまり関係がないような気もしますが、①「自然」との絆の回復を目指していること、②啓蒙の過程の進展に伴って、その虚偽性が暴露されること——の二点が共通しています。アドルノたちは、啓蒙の影には、支配されている者たちの生命と身体を、そしてまた、（支配者自身を含む）全ての人の身体的欲望を「犠牲」にし、（理性的）「自己」を保持しようとする抑圧の論理が潜んでおり、その隠れた抑圧の論理ゆえに、「自己」の最終目的地への本当の意味での〝帰還〟は、不可能であることを示唆しているわけです。

一一八頁の終わりの方から一一九頁にかけて、自己の内なる自然＝本性（Natur）を否定することを通して進行していく、「主体化」のメカニズムについてやや詳しく述べられています――〈Natur〉という言葉には、「本性」、つまり本来の性質という意味もあります。

主体性の原史（Urgeschichte）

文明化をおし進めるあらゆる合理性の核心たる、この自然の否定こそ、増殖する神話的非合理性の細胞をなしているものであって、つまり、人間の内なる自然を否定することによって、外なる自然を支配するという目的《テロス》ばかりか、自らの生の目的すら混乱し見通せなくなってしまう。人間が自分自身を自然としてもはや意識しなくなる瞬間に、人間がそのために生きて行くすべての目的、社会の進歩、あらゆる物質的・精神的力の向上、さらには意識そのものさえ、すべては価値を失ってしまう。そして、手段を目的化して王座に即かせること、それは資本主義の後期においては公然たる狂気の性格を帯びて現れるが、すでに主体性の原史（Urgeschichte）のうちに認められる。人間の自己の根拠をなしている、人間の自分自身に対する支配は、可能性としてはつねに、人間の自己支配がそのもののために行われる当の主体の抹殺である。なぜなら、支配され、抑圧され、いわゆる自己保存によって解体される実体は、もっぱら自己保存の遂行をその本質的機能としている生命体、つまり保存さるべき当のものに他ならないからである。

かなり抽象的な説明になっていますが、エッセンスは、先ほどお話ししたように、自然との再統合を目指す啓蒙の過程において、人間自身の「自然」を抑圧することになる、ということです。啓蒙は、自然を支配し、人間の思うように利用できるようにすることで、自然と再統合する過程だと言えます。自然を支配するために、私たちは社会を合理的に組織化します。工場での生産体制、都市の交通網、エネルギー供給体制、ライフスタイル等を合理化し、各人の欲求をそれに合わせるように仕向けます。それは、人間に本来備わっている〝自然な欲求〟を抑圧し、人間の精神や意識を貶めることですが、啓蒙と共にそうした事態が進展します。後期資本主義社会になると、その傾向が極めて顕著になるわけです。それが、疎外とか物象化と呼ばれる現象ですが、アドルノたちはそれを、資本主義経済に固有の現象ではなく、「主体性の原史」に既に刻印されていると見ます。

「原史」という言い方は、文学的で難しそうに聞こえますが、一応、そこから歴史が生まれ、展開してくるところのもの、歴史の元、歴史の種、ビッグバンのようなものだと考えて下さい。この場合の「主体性」が発展してくる種、主体性のビッグバン、という感じになるでしょう。ビッグバンが起こって、原初の混沌の中から、〈客体〉(=外的自然)とは区別される〉「主体性」が立ち上がって来る瞬間に、主体のその後の発展過程が大よそ決まってくるような感じでしょう。〈Urgeschichte〉というドイツ語は通常は、「先史時代」という意味で使われますが、ベンヤミンやアドルノはこの言葉をむしろ、「歴史の種」というような意味で用います。

オデュッセウスは、自らの欲望を犠牲にすることを通して、自然の圧倒的な力、暴力の犠牲になって命を奪われることを回避し、生き延びていくわけですが、そうした戦略の例として、セイレーンのエピソードが再び、もっと詳しく検討されています。一二五頁の後半から一二六頁にかけての箇所です。

セイレーンたちの歌声を耳にしながら、彼女たちの手におちないということはできない。彼女たちに反抗するわけには行かない。反抗するということは眩惑されることであり、彼女たちに反抗するものは、まさにそのために、自分の抵抗するその神話の中に取り込まれてしまう。だが、詭計とは合理化された反抗である。オデュッセウスはセイレーンたちの島辺をかすめる針路以外に船を進めようとはしない。彼はまた自由に振舞って安全だと過信し、自分の知識の卓越を誇ったり、誘惑する女たちの歌声に自由に耳を傾けようなどとはしない。彼はごく控え目に振る舞い、船はあらかじめ定められた宿命的なコースを進む。そして彼は、いかに彼が意識して自然から距離を取ろうとも、耳を傾ける限りは自然の手中から逃れられないことを悟る。

セイレーンたちの歌声は、人間を太古の自然、母胎の中の主客未分化状態、母なる自然の懐に抱かれた心地よい状態へと、人間を引き戻そうとする野生の呼び声の象徴です。「芸術」とは、そうした、主体化した人間の意識の奥に潜んでいる回帰願望を掻き立てるものだと見ることができるでしょう。

オデュッセウスが航海の途中で出合う試練の多くは、主体化以前の原初状態へ誘うものです。例えば、魔女キルケーは人間を動物に変える魔力を持っており、オデュッセウスの部下たちは豚に変えられました。これは、動物のような意識のレベルへと退行させる誘惑だと解釈できます。そして、怪物ではないですが、ロートパゴイ人の国というのが出てきます。ロートパゴイというのは、蓮（ロートス）――英語だと〈lotus〉――を食べる者という意味です。この国の蓮の実は美味しくて、それを食べると、勤労意欲とか使命感のようなものを失って、恍惚状態でぼんやりと時を過ごすことになります。これは動物よりも更に原初的な状態へと退行させる誘惑と見ることができます。

セイレーンの歌声も、そうした原初状態へ引き戻す魔力を持っていると解釈できます。キルケーやスキュラ、カリュブディスもそうですが、セイレーンも女性です。オデュッセウス一行は男ばかりなので、女性の魔物たちによる妨害には、性的なニュアンスが含まれていると解釈できます。男を豚に変えるキルケーの魔力は象徴的ですが、セイレーンの歌声も、官能的な響きを持った声と見ることができるでしょう。

そういう原初に呼び戻そうとする誘惑の声に抵抗することはできない。人間には身体があり、性欲を含めて各種の身体的欲望があるので、その欲望に理性の力で抗おうとしても勝てない。私の内なる「自然」は、外の「自然」の一部であり、前者は後者に不可避的に引き寄せられてしまうわけです。

また、［神話 vs. 啓蒙］という対立図式で見た場合、セイレーンは神話の世界に属するデーモンであり、その魔力は、啓蒙化された世界にとっては、幻想にすぎないはずです。それに抵抗するということは、その存在を認めることになるので、その時点で既に負け、ということになります。悪魔とか神とかの超自然的なものに〝抵抗〟したら、その時点で既に負け、というのはよく聞く話ですね。もうちょっと一般化すると、「2ちゃんねる」などのバカな発言に怒って反応したら、その意味を認めることになるので、その意味で負け、とかいう話もありますね――実際、バカな書き込みを無視するのが難しいことは結構あります（笑）。〝相手〟を非啓蒙的なものと見做し、その存在を認める／認めない、という問題設定をすると、どうしても、「私」の方が不利になります。

オデュッセウスはそうした二重の意味での不利を承知していたので、自分を過信してセイレーンの歌声の魔力にまともに挑もうとはせず、狡知によって、その魔力を自分に都合の良いものに変換しようとするわけです。

> オデュッセウスは古代における歌謡《リート》の圧倒的な力を認めているため、彼は、技術的に啓蒙された者の取る処置として、自分自身を繋縛させるのである。彼は快楽の歌声に牽かれはするが、しかも快楽や死の誘いには乗らない。縛られたままで歌声を耳にしつつセイレーンたちの許に身を投じたいと思う点では、彼は何人とも異らない。ただ彼は彼女たちの手におち、その餌食になってしまわないだけの手筈を整えている。半女神セイレーンたちの威力そのものの反映である彼の願望の強い力にもかかわらず、彼は彼女たちのもとに身を投ずることができない。というわけは、耳に蜜蠟を詰めた船の漕ぎ

手たちには、半女神たちの歌声が聞こえぬばかりか、下知を下すオデュッセウスの死物狂いの叫び声もまた耳に入らないからである。セイレーンたちはそれなりの呪力を持っている。しかしそれは、市民の原史においてすでにその効力を失い、通り過ぎる船人の憧憬をさそうに過ぎないものとなった。

先ほどもお話ししたように、オデュッセウスは自分の身をマストに縛り付けさせ、耳栓をした部下たちに船を漕がせ続けることによって、歌声の快楽を享受しながら、自分の身体自体が向こうに持っていかれないよう工夫したわけです。オデュッセウスは、自然の力を、リスク・ヘッジしながら、利用して、適度に快楽を得るための「技術」を開発したわけです。これは、部下たちの労働力の搾取の上に成立する極めてプリミティヴな「技術」ですが、「技術」というのは一般的に、自然界の法則を、リスク・ヘッジしながら利用するものだということができます。有用な技術であればあるほど、リスクは大きくなる傾向があるので、それによって自分の身体が破壊されないよう工夫する必要が大きくなります。言ってみれば、自然を狡知で欺いているわけです。

オデュッセウスによってその呪力を封じる方法が開発されたせいで、セイレーンは人々を恐れさせる力を失い、滅びていきます。この少し前の箇所で、神話の形象は同じことを「反復」するよう運命付けられている、という話が出てきます。神話の怪物たちは、いつも同じやり方で、人間に脅威を与えます。怪物たちが、自然の働きを象徴しているとすると、彼らが同じ動きを反復するのは、ごく〝自然〟ですね。その基本的パターンを破られてしまうと、怪物は破滅するしかない。オデュッセウスは、セイレーンの脅威の法則性を計算し、それを骨抜きにして、自分に都合のいいところだけ引き出す方法を開発しました。自然界の法則自体はそれによって変化することはありませんが、それはもはやデーモン的な脅威ではありません。

言葉＝死んだ記号

一二七頁から一二八頁にかけての箇所では、啓蒙的主体の「詭計」が、言語という観点から検討されています。当たり前のことですが、私たちは多くの場合、言語を使って相手を騙します。言語の操作によって、相手に事実を誤認させます。例として取り上げられているのは、オデュッセウスとポリュペーモスのやりとりです。ポリュペーモスは圧倒的な暴力を持っているので、本当は問答無用でオデュッセウスをいきなり食べてもよかったのに、彼と言語的にコミュニケーションしているうちに、彼の「贈り物」を受け入れる代償として、彼を最後に食べることにする、という疑似等価交換の論理にのってしまった。オデュッセウスの土俵に引っ張り込まれて、騙されたわけです。

アドルノたちは、このことを啓蒙の始まりにおける、原初的な言語から合理的な言語への変容と関係付けて説明します。

言語は記号に移行し始める。かつては、語られた言葉はそのまま神話における運命、宿命であった。神話に登場する形象たちによって揺がしがたく執行される運命の宣告がその中で語られる表象の圏内では、言葉と対象との区別はまだ知られていない。言葉は事象に対して、直接力を有するものとされ、表現とそれが指し示すもの［志向］とは互いに交流し合っている。詭計はしかし、この両者の区別をうまく利用するところに成り立つ。事象を変化させるために、もっぱら言葉が手がかりにされる。こうして志向の意識が生ずる。苦境におちたオデュッセウスがこの二元論を了解するのは、同一の言葉が別の意味を持ちうることを彼が経験するためである。

「言葉（Wort）と対象（Gegenstand）との区別はまだ知られていない」という言い方をすると、難しそうに聞こえますが、要は、神話的世界観においては、物あるいは人間には、神あるいは天のようなものから与えられた、ただ一つの「名前」、その物や人の本質と結び付いた唯一の「名前」しかないということです。全ての存在は、超越的なものから「名前」を与えられることによって、その生き方、振る舞い方が運命付けられます。民俗学的な知見に基づいて世界観を構築しているアニメや伝奇小説に、「モノの本当の名前を知る」ことによって、そのモノを操る呪術的な力を発揮することができる、というパターンの話がよく出てきますが、それは名前が、各事物の本質と結び付いているからです。

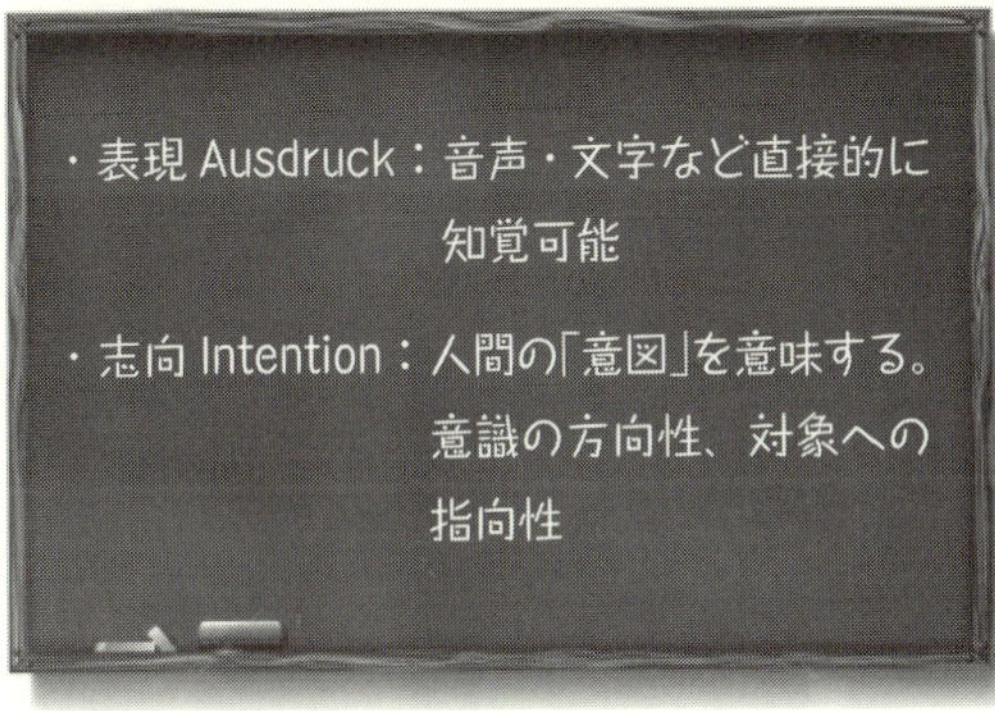
・表現 Ausdruck：音声・文字など直接的に知覚可能
・志向 Intention：人間の「意図」を意味する。意識の方向性、対象への指向性

　更に言えば、「言葉」それ自体に本来、それによって名指しされる「物」を操る呪術的な力が宿っている、と考えられていました。陰陽師関係のドラマや小説で「呪（しゅ）をかける」、といっているやつです。

　しかし、啓蒙が進んでいくにつれて、「名前」がそうした呪術的なものではなくなり、人間のその都度の都合によっていろいろ変えることのできる、恣意的な記号にすぎない、ということが分かってきた。オデュッセウスは、そのことに半ば気付いていた。そして、それを詭計に利用し、ポリュペーモスを罠に陥れたわけです。

　「表現 Ausdruck」と「それが指し示すもの［志向］Intention」の区別というのが少し分かりにくいですね。「表現」の方は、音声とか文字などによる直接的に知覚可能表象で、「それが指し示すもの［志向］」の方は、そうした表象によって指示される具体的なモノのことだと理解しておけばいいでしょう――ソシュール言語学で言うところの「意味するもの／意味されるもの」関係に似ていますが、「意味されるもの」というのは、具体的な指示対象ではなくて、概念なので少しズレます。神話的世界観では、両者は一体不可分であり、「表現」を通して、それが「志向しているもの」（＝指示対象）に働きかけることが可能です。しかし、「表現」とそれが「志向しているもの」の間にズレがあり、同じ「表現」が違うものを指示し得るとしたら、どうでしょうか？「表現」と「志向」が全く隙がないほど密着していると信じている、神話的世界の住人は、そのズレに対応できません。

「志向 Intention」という言い方が少し難しそうですが、〈Intention〉というのは、「○○の方向を向いていること」あるいは「○○を指し示していること」を意味する単語です。人間の「意図」を意味することもあります。意識の方向性、対象への指向性などを意味する哲学用語として使われることが多いです。この場合は、言葉の「表現」が、ある対象を指示している、ということですね。

では、オデュッセウスは具体的にどうやって、ポリュペーモスを欺いたのか？

> ウーディス［誰でもない者《ニーマント》］という名前は、主人公オデュッセウスを指すとも、誰も指さないともとられるから、彼は名前の呪縛を断ち切ることができる。動かしがたい言葉は、たんに仮借ない自然連関を表現するための定式たるに止まっている。すでに呪術において、言葉の硬直性は、呪術によって同時に映し出された運命の硬直性に対面せざるをえなかった。そこにはすでに、言葉とそれが額面上示しているものとの間の対立が含まれていた。

ポリュペーモスから名前を尋ねられて、オデュッセウスは「ウーディス」と答えました。ギリシア語の〈Oudeis〉は、ドイツ語に訳すと〈Niemand〉で、これは英語だと〈nobody〉に相当します。へんな名前ですが、ポリュペーモスはそれに納得します。そして「贈り物」によってポリュペーモスが油断し、寝ている間に、オデュッセウスは彼の目を潰し、残った部下と一緒に逃げ出します。ポリュペーモスは怒って暴れますが、目が見えないので、捕まえることができません。そこに、ポリュペーモスの仲間のキュクロプスたちがやってきて、「誰がやったのだ」と聞きます。それに対して、「ウーディスだ」とポリュペーモスは答えます。分かりますね。英語にすると、〈Who did it?〉と、〈Nobody.〉と答えている感じです。当然、仲間は「誰もやっていない。誰もやっていないのに、お前の目が潰れたのなら、神々の御意志だ。どうしようもない」と反応します。ポリュペーモスは、ある人物を指示する名前のつもりで言っているのに、仲間は、「誰でもない」という意味の言葉として取っているので、嚙み合わないわけです。「誰でもない者」には、呪いをかけることはできません。「ウーディス＝誰でもない者よ、呪われよ！」、と叫んでも、その言葉は誰にも届きません。

ただし、オデュッセウスは、ポリュペーモスが石を投げても届かない距離まで船で逃げたところで、彼を悔しがらせようとして、自分の「本当の名」を名乗ってしまったので、ポリュペーモスの父であるポセイドンの呪いを受け、長いこと航海を続けざるをえなくなります。名前に対する呪力が効いている世界に引き戻されてしまったわけです。

因みに、「ポリュペーモス Polyphemos」の方は、「至るところで名前が知られている」という意味です。〈-phemos〉の部分は、英語の〈famous〉の語源に当たります。ギリシア語に〈pheme〉という名詞がありますが、これがラテン語、古フランス語を経由して、英語の〈fame〉になるわけです。「ウーディス」と対照的ですね。

では、「表現」と「志向」の区別、言語の記号化という現象は、どういう歴史的・社会的変化に対応しているのか？

言葉の永年にわたった拘束力は次のような報いをうける。すなわち、言葉は、これまで充足して来た内容から遠ざかり、遠回しにはいかなる内容をも指示する。つまりオデュッセウス自身を指しもすれば、また、誰でもない者をも指すようになる。自然と同じく無差別に人間や歴史を支配しようと欲する神話の名前や規定の、そういった形式主義から、市民的思惟の原型たる唯名論が生じてくる。自己保存的詭計は、言葉と事象との関係を支配しているあのプロセスにたよって生きている。オデュッセウスがポリュペーモスと遭遇した際に取った二つの矛盾する行動、名前に対する彼の随順と名前からの絶縁とは、結局同じものである。彼は、自分を「誰でもない者」として否認することにより、彼自身に他ならないことを自白し、自分自身を消滅させることによって、自分の生命を救い出す。このような言語による死せる存在への適応の中には、近代数学の図式が含まれている。

また文学的でややこしそうな言い方をしていますが、「唯名論」と「近代数学」、そして「市民的思惟」の三者関係が理解のカギになります。「市民」を、「商人」あるいは「交換者」に置き換えると、だいぶ分かりやすくなります。人や物の移動がほとんどない、閉ざされた農村共同体では、各人の名前と共同体の中での地位や役割、物の名前とそれに対応する個体ごとの性格の違いははっきりしていました。しかし、人と物の移動が激しい、開かれた商業社会では、名前はあっても、単なる記号でしかなくなる。多くの場合、村の中での名前は、その人の住んでいるところとか仕事と結び付いていて、すぐに個体識別に繋がっていたわけですが、そういう結び付きは薄くなっていく。「田中です」、とちゃんと本名を名乗っても、「どこの、どういう田中さんですか?」、という感じになる。等価交換の対象としての馬とか豚、羊などは、個別性を剝奪され、「馬」とか「豚」「羊」という抽象的記号で表象され、普遍的妥当性を持つ「貨幣」によって、［一頭の馬＝三頭の豚］という感じで取引される。貨幣で表示される価格さえ同じなら、どういう個性があるのかは、あまり気にされなくなる。「市場」に参加する商人同士は、お互い名前を名乗りますが、それは取引を完成させるための識別記号として名乗り合っているだけで、その名前を担っているのがどういう経歴の、どういうキャラの人であるのかは、「どうでもよくなる（＝等価である）」、〈gleichgültig〉になるわけです。つまり、名前を持ちながら、事実上、匿名的な存在になっているわけです。まさに、「ウーディス」ですね。というより、「誰でもない者」、個性のない匿名的存在になり切り、等価性の原理に従ってクールに割り切った思考をすることによって、交換者は生き延びるわけです。その意味で、「ウーディス」と名乗ったオデュッセウスは、自分の〝名前〟について正直だったとも言えます。

「言語による死せる存在への適応 Anpassung ans Tote」という言い回しが少し難しそうですが、これは、合理化された世界の言語が、諸事物を生き生きしたナマの姿で捉えるのではなく、等価性の原理で相互に結ばれる抽象化された記号としてのみ把握することを指している、と考えればいいでしょう。諸事物は、死んだ記号に換えられてしまうわけです。

オデュッセウスは、死んだ記号の世界を渡り歩く商人として歩み出したわけです。

「冒険 Abenteuer」への経済的合理性の視点

冒険者オデュッセウスの行動様式には、随時に物々交換を行う者のそれを思わせるものがある。悲愴な乞食姿に身をやつしながら、この封建領主の相貌のうちには、初めて従来のしきたりを破って家内経済の圏内を脱出し「船に乗る」が故に、前代未聞の財貨を携えて帰国する東方商人の面影がある。

オデュッセウスは、もともとイタケー（イタキ）島の封建領主（der Feudale）――古代の話なので、封建領主という言い方は、歴史学的にあまり正確ではないのですが――で、家内経済（Hauswirtschaft）を運営する主であったわけです。経済史・経済思想史でよく言われることですが、古代・中世における「家」、ギリシア語で言うと〈oikos〉というのは、近代の核家族とは違って、家長に従属する一族の者たちや、奴隷、従僕などを含んでいて、現代的な意味での「家計」だけではなく、「生産」の単位にもなっていました。この〈oikos〉を運営する術という意味の〈oikonomia〉が、「経済」を意味する〈economy〉の語源になりました。

イタケー島は、ギリシアの西イオニア諸島の島です。叙事詩では、オデュッセウスは行きがかり上仕方なくトロイ戦争に参戦し、帰り道の航海でいろいろな苦難に遭遇することになっているわけですが、アドルノたちは、彼の振る舞いの内に、自らの閉ざされた経済圏を脱出して、遠方に航海に出て大儲けして帰国する東方商人の面影を見るわけです。初期の商人ですから、自分の領地での蓄えを元手にし、最後はちゃんと故郷に錦を飾るわけです。キュクロプスとの取引の対象として、また労働力として多くの部下を引き連れていたことは、彼の領主としての蓄えであると見ることができますし、物語でも実際に故郷に帰っています。物語では戦争が行なわれた場所として設定されているトロイ（イリオス）は、ギリシアの東方、小アジアの北西部にあった古代の都市国家で、地中海貿易で栄えたとされています。オデュッセウスは戦争に行ったのではなく、実は、安全で慣れ親しんだ故郷を飛び出して、リスクを伴う命がけの貿易をするために、トロイのある東方へ出かけた、と解釈することもできます。

> 彼の企ての冒険的要素は、経済的にみれば、依然として優勢な伝統主義的経済形態に対立する、彼の理性《ラティオ》の非合理的な局面に他ならない。こういう理性の非合理性は、詭計のうちに、つまり市民的理性

が自分に対してより大きな暴力として立ち向って来るいかなる非理性にも同化する（angleichen）ことのうちに、具体的に現れている。この詭計に富む独立独歩の男はすでに「経済人《ホモ・エコノミクス》」であり、理性をもった人間はみな結局経済人と同じことになる。それ故、『オデュッセイア』はすでに一種のロビンソン漂流記である。難破者の原型たるこの両者は、その弱さ――集団から隔絶した個人の持つ弱さ――を変じて、社会的強さとする。

ここで言われていることのポイントは、オデュッセウスとロビンソン・クルーソーの双方に共通する「冒険 Abenteuer」という要素に対する経済的合理性の視点からの評価です。「冒険」というのは、確実ではないこと、危ないことをやるわけですから、その意味では「非合理」です。とはいっても、周囲の世界に依然として呪術がかかっており、人々が閉鎖的な経済圏の中で自給自足経済を営んでいるとしたら、そこからいったん危険を覚悟で飛び出さないと、等価性の原理によって制御される市民的合理性の世界に参入することはできません。また、貿易のための航海に乗り出しても、等価交換的合理性を知らない、キュクロプスのような暴力的な相手と交渉し、相手方に「同調 angleichen」しないといけません。個人として共同体、主客未分化状態を飛び出して、弱い立場で航海しているので、非合理的なものに自らの才覚で対処しなければならない。

そういうことを、「理性の非合理性 Irrationalität der Ratio」と言っているわけです。ここで言われている「理性」は、〈Ratio〉、つまり「計算的合理性」です。

「故郷 Heimat」

この後、各エピソードに即して、航海者＝交換者＝独立自営業者＝市民的主体の原型としてのオデュッセウスと、非合理的な自然の力を象徴するデーモンたちの葛藤が叙述されていきます。少々飛びますが、ここで一気に結論部まで行きましょう。一五六頁を見て下さい。「故郷 Heimat」の話が出てきます。ただし、ここで「故郷」と言われているのは、本当の帰還すべき目的地としての故郷ではなく、むしろ〝幻想の故郷〟です。

ファシストたちは、神話こそ故郷であるなどという真赤な嘘をつきたがるが、故郷の概念は神話と対立したものなのであり、この点にこそ、この叙事詩の最も深いパラドックスが潜んでいる。この叙事詩には、あらゆる故郷の前提をなす定住生活が遊牧時代のあとに続いたものとする、歴史の記憶が澱んでいる。もしも定住とともに成立した私有制の確固たる秩序が人間疎外の根拠をなすものであり、この疎外があらゆる望郷の想いとか失われた原初状態に対する憧憬の生ずる源であるとすれば、あらゆる憧憬や望郷の想いの対象である故郷の概念も、また同時に定住と確固たる私有制を手がかりとしてのみ形成されるのである。あらゆる哲学は望郷の想いである、としたノヴァーリスの規定が正当性を保ちうるのは、ただこの望郷の想いが、失われた最古のものの幻のうちに消え失せることなく、故郷を、自然自体を、神話からはじめて奪い取って来られたものとして表象するときのみに限られる。故郷とは抜け出されたところのもの《エントロンネンザイン》である。

故郷と神話を結び付けるのは間違いだ、というわけですね。「この叙事詩には、あらゆる故郷の前提をなす定住生活が遊牧時代のあとに続いたものとする、歴史の記憶が澱んでいる」というのが少しピンと来にくいですね。『オデュッセイア』では、オデュッセウスは故郷であるイタケー島を出て、トロイ戦争と航海を経て、故郷に帰ってくるという設定になっているはずですが、出かける以前の故郷についての記述はほとんどありません。そこでアドルノたちは、オデュッセウスは元々放浪の民で、後から定住できる〝故郷〟を見つけたという読み方ができるのではないか、という見方を示唆しているわけです。

定住というのは、具体的には農業を始め、それに伴って土地を所有するようになること、そして農業に従事する人たちのアイデンティティが固定化することを意味します。そうした意味では、「疎外」への第一歩です。遊牧民のような自由で生き生きした生き方を喪失し、私有財産に執着するようになるわけです。フランス現代思想では、ドゥルーズ（一九二五－九五）やガタリ（一九三〇－九二）が、そういう議論をやっています。農業と結び付いた土地所有と、利己心の発動を批判する原疎外論的な議論の先鞭を切ったのは、ルソー（一七一二－七八）ですね。

これは、疎外論系の文芸批評でしばしば言われることですが、そうした疎外状態が進行する中で、人々は、過去に対する憧憬の情を抱き、「魂の故郷」を求めるようになります。みんな財産にこだわり、利益を奪い合うので、現実が殺伐としてくるからです。そういう風に考えると、人が本来属するべき場所としての「故郷」という概念は、私有財産制と疎外の産物と言えます。そもそも定住して生活している人でないと、「故郷」など最初からあり得ないですし、それが恋しくなるというのは、落ち着いて生活できる空間が見当たらないからです。疎外感を覚えるので、「故郷」を求めるのだけど、その〝故郷〟という観念自体が、原初状態からの疎外の帰結であるわけです。だから、「故郷」に〝帰還〟しても、疎外から根本的に解放されるわけではない。

ノヴァーリス

ノヴァーリス（一七七二－一八〇一）は、みなさん知っていますね。ドイツの初期ロマン派の作家で文芸理論家です。ノヴァーリスが、哲学を「望郷の思い Heimweh」だと規定したのはロマン派研究の業界ではよく知られた話ですが、これは、哲学とは魂の求めに従って、私たちが目にしている、この現実の世界では見出すことができなくなった理想を探求する営みである、というような意味です。ロマン派の思想の特徴は、失われた太古の美しい世界、主客未分化の状態への憧憬にあるとされています。アドルノたちからすれば、哲学が単純に、〝最古の美しい世界〟を追い求めるのだとすれば、それは結局、幻想に埋没することですから、到底正当化できません。

しかし、過去に埋没してしまうのではなく、「故郷」幻想から距離を取り、「故郷を、自然自体を、神話からはじめて奪い取って来られたものとして表象する」のだとすれば、正当性が出てくる、というわけです。この部分は少しだけ訳を変えた方がいいような気がします。「はじめて」という部分の原語は、〈erst〉で、これは英語の〈first〉に当たります。〈first〉と同じように、「～になってようやく」という意味で使われます。そこで、「故郷を、自然自体を、神話からようやくのことで奪い取ったものとして表象する」、と変えてみると、すっきりしますね。つまり、これまでお話ししてきたような意味での、「神話」と「理性の主体」の葛藤があって、「主体」がその闘いに何とか勝利して、「故郷」あるいは「自然」を奪い取ったということです。「自然」を支配するようになり、定住地を得た、それを自らの本来の〝故郷〟と思い込むようになった。しかし、そのようにして獲得された〝故郷〟は、神々に祝福され、人と神やデーモンが共に住める場ではありません。むしろ、暴力によって神々やデーモンを追い出し、主客未分化の幸福な状態を破壊することによって生み出された場であって、そんなにのどかな場ではありません。計算合理性を働かせ、自己の利益を追求する「主体」にとって、〝主体〟であり続けながら、魂の安らぎをも得られるような都合のいい〝故郷〟はないのです。あるのは、自らが所有する定住地と、幻想だけです。

「故郷とは抜け出されたところのもの《エントロンネンザイン》である」という最後のフレーズが、分かりにくいですが、理解のポイントになるのは、〈Entronnensein〉というドイツ語ですが、これは「～から流れ出す」とか「～から抜け出す」という意味の自動詞〈entrinnen〉の過去分詞形〈entronnen〉に、be動詞に当たる〈sein〉を加えて作った造語です。〈entronnen〉な、つまり、「抜け出された」あるいは「抜け出した」状態にあること、という感じです。抜け出した場所と、抜け出している主体の両方を意味し得る言葉です。恐らく両方です。誰が抜け出したのかははっきりしていますね。問題は、どこから抜け出したかです。

ここまでの話から分かるように、主体化する以前の人間は、自然、もしくは自然の猛威を象徴する神々やデーモンの支配下にありました。「主体」になるということは、そうした神話的世界から抜け出すことです。抜け出した後になって人間は、その出てきたところが恋しくなって、それを〝故郷〟として表象するのですが、人間自身が、理性の主体として、神話的世界から逃れ続けている状態にある限り、自分がイメージしているような〝故郷〟に帰還することはできません。故郷への憧憬は、「主体」が、その定義から「自然＝故郷」から「抜け出している状態」にあることに起因するので、「主体であること」と「故郷に帰還すること」は二律背反の関係にあります。

このように、自然からの離脱によって人間の主体性が生まれ、それと同時に、自然を故郷として憧憬するロマン主義的メンタリティも生まれてきた、という見方はベンヤミンのロマン派理解＋芸術理論も共通しています。アドルノは実際、そうした発想法に関してベンヤミンの影響を強く受けているはずです。通常のマルクス主義の歴史観では、私たちは、歴史の最後に、理性的主体として故郷＝ユートピアに帰還できることになっているわけですが、ベンヤミンや初期フランクフルト学派の歴史観では、それは原理的に不可能なわけです。

童話──啓蒙理性の暴力性

では、この章の一番最後の箇所、一五九頁に目を通して今日の締めくくりにしましょう。

原始と野蛮と文化との絡み合いに対してホメーロスのさし伸べる慰めの手は、「昔々のことでした」という回想の中にある。叙事詩《エポス》は、小説《ロマーン》としてはじめて童話《メルヘン》に移行する。

原始（Urzeit）と野蛮と文化の絡み合いというのは、これまで見てきたように、啓蒙の歴史が始まった瞬間において、〝主体〟が「主体」になるために、自然の暴力をそれよりも強力な暴力によって制圧する、という現象が起こるということでしょう。本当にそういうことが起こったのだとすると、主体化した人間は、野蛮を内に抱えて生まれてきた、ということになります。

「昔々のことでした Es war einmal」というのは、英語の〈Once upon a time ～〉と同じで、昔話の出だしの決まり文句ですね。昔話というのは、具体的にいつどこであったことなのかはっきりしません。はっきりしているのは、現代から見て、遠い昔にあった（かもしれない）、ということだけです。『オデュッセイア』は叙事詩なので、民話や伝説と同じ意味での昔話ではありませんが、ホメロスはこれを、過去に起こったことの回想として語っています。ホメロスにとって既に、昔の話であるわけなので、それよりもずっと後世に生きる私たちにとっては、かなり隔たった大昔の話ということになります。

その隔たり感のおかげで、野蛮な感じがかなり緩和されます。例えば、映画とかドラマでかなりリアルな殺戮や暴力のシーンが出てくる場合、舞台設定が古代や中世、あるいは外国だと、現代に近い日本が舞台の場合に比べて、残虐感が緩和されるという感じがしませんか？　私たち自身の周囲で、〝同じようなこと〟――何をもって〝同じような〟と感じるかはかなり個人差があると思いますが――が起こる感じがしないからです。グリム童話とか日本の童話にも、いろいろ残虐シーンがあると言われていますが、遠い過去とか外国、あるいは、動物や植物が口を利く、おとぎの国の出来事という設定だと、かなりリアリテイが薄らぎますね。「昔々のことでした」には、そういう効果があるわけです。

「叙事詩《エポス》は、小説《ロマーン》としてはじめて童話《メルヘン》に移行する」という最後の文は、最初の方で出てきた、ルカーチの『小説の理論』の、「叙事詩」と「小説」の関係をめぐる議論に対応しています。ルカーチによれば、「叙事詩」は神話的な世界観、「小説」は主体中心の世界観に対応しているけれど、アドルノたちにしてみれば、両者はむしろ脱神話／啓蒙ということで繋がっている、という話でしたね。問題は、そこに「童話」がどう関わってくるかですが、ここでの「童話」というのは、厳密な文学ジャンル・形式としての「童話」ということではなくて、「昔々の話」という体裁を取っている物語、ということでしょう。

全体として、以下のように理解すればいいと思います。叙事詩である『オデュッセイア』には、神々やデーモンと、オデュッセウスの血みどろの戦いが描かれている。神々やデーモンを身近に感じながら生きている人にとっては血なまぐさい話だし、現代の我々にとっても、神々やデーモンというのが、未開の人々、滅亡したり、奴隷にされたりした他民族のメタファーだと解釈すると、結構、残酷な感じがしますね。

しかし、『オデュッセイア』を、オデュッセウスという主人公が、迷信的な慣習を打ち破って成長していく、教養小説的なものとして理解すると、オデュッセウスがデーモンたちを倒し、破滅させることも、あまりシリアスでリアルな感じがしなくなります。ヒーローもののドラマで、ヒーローの成長に強く焦点を当てると、やっつけられる怪物は、メルヘン的な添え物にしか見えなくなる、ということがありますね。怪物にも、〝人格〟とか生命がある、という感じがしなくなります——時々、怪物の側にも〝人格〟あるいは〝心〟があるような演出をして意外感を出すことはありますが。

オデュッセウスを、近代の小説の主人公とか戦隊ヒーローのように見立てると、神話的なものを破壊していく暴力性に、メルヘン的なオブラートがかかって、ほほえましい感じがしてくるわけです。アドルノたちは、『オデュッセイア』を、ポストコロニアル・スタディーズ風に——ただし、現代のポストコロニアル系の議論のように、植民地化する側と植民地化される側を、分かりやすく描き分けることは回避する形で——深読みして、啓蒙理性が根源的に抱えている暴力性を明らかにした、と言えるでしょう。

■質疑応答

Q オデュッセウスの名乗りとの関係で、名前を呼ぶことによって相手を支配する、というお話をされましたが、それは人間が、いろいろな事物に名前を付けることによって、「世界」を構築するということでしょうか？

A 私個人としては、文字通りの意味で、「呪をかける」ことが可能だとは思っていないので、名前を付けることによって世界を構築する、という言い方の方がしっくりくるんですが、呪術的な世界観においては、人間自身が好きなように、事物に名前を付けて、思い通りに支配するというよりは、その事物の本来の名前を見つけてやる、という感じなのだと思います。宮崎アニメの『千と千尋の神隠し』（二〇〇一）でも、ヒロインが、龍に化身できる少年の本当の名前を見つけてやり、それによって自分の本当の名前を取り戻すべく苦労する、という話が出てきましたね。思い通り勝手に名付けていいんだったら、最初から苦労はいらないわけです（笑）。旧約聖書の創世記に、神が、アダムに全ての生き物に名前を付けさせる、という話が出てきます。アダムが自分の主体性によって、万物に名前を付けることで、自分の望むように［言語―世界］観を構築した、という話のようですが、よく考えてみると、アダム自身が神の被造物ですが、神はアダムがどういう名前を付けるか見守っていた、という設定になっています。アダムが、神の定めた法則通りに、ちゃんと「名付ける」か見守っていた、ということなのではないかと思います。後に、バベルの塔を人間たちが作った時に、罰として、お互いの言葉を通じないようにし、その結果として世界に多くの言語がある、という話が出てきますが、それは裏を返せば、本来の言語は一つしかない、ということですね。

因みに、「名付ける」を意味するドイツ語は〈nennen〉ですが、これは「命名する」という意味と共に、「〜の名前を呼ぶ」という意味もあります。人間にとっては、「命名する」行為であるけれど、それは同時に、神が与えた本来の名前を呼ぶことであるのかもしれません。神の創造の法則と、人間の命名能力が繋がっていると考えると、そういうことになるでしょう。

Q　それは、最初にロゴス（言葉）があった、という話と繋がっていますか？

A　そのつもりでお話ししています。神は、ロゴスに従って世界を創造した。そして、人間は、その神の創造の業をなぞる形で、神の作った他の生き物たちを「名付け」、自分の支配下においた。名付けることによって、神の創造性の一部を継承するわけです。この辺のことは、ベンヤミンが「言語一般および人間の言語について」（一九一六）という初期の論文で論じています。結構読みにくいですが、大阪府立大の細見和之さん（一九六二―　）が、それについての詳細な解説（『ベンヤミン「言語一般および人間の言語について」を読む』岩波書店、二〇〇九）を書いておられるので、関心があれば、読んでおかれたらいいと思います。

Q　呪術的世界観のお話を聞いていて、前回話題になった「ミメーシス」のことを思い出しました。ミメーシスというのは、呪術的世界観の中で生きている人が、自然の力に同化して、それに共感することで動かそうとしていることだったわけですが、見方によっては、自然の事物の複製物を主体的に作成して、世界の秩序を作る、ということにもなるんじゃないかと思います。「ミメーシス」って、そもそもどういうことなんでしょうか。哲学的にどう理解したらいいんでしょう。

Ａ ミメーシスを、日本語で「模倣」と訳すと、人間が自分の抱いたイメージ通りに、事物を再構成する、というニュアンスになりますね。近代人にとっての「模倣」は、常に主体としての自分自身が先にあり、それが、対象を写し取ることでしかない。ところが、ルカーチ、ベンヤミン、アドルノたちが、神話や呪術との関連で問題にしている「ミメーシス」というのは、そういう主体中心の「模倣」ではなくて、むしろ、「物」の運動に、主体化〝以前〟の状態にあるヒトが、無意識的・無自覚的に同化することです。赤ちゃんが大人のやっていることをマネするような感じです。赤ちゃんには恐らく、「真似している」という意識ははっきりなく、大人の動きに合わせて、動いているうちに、結果的に似てくるのでしょう。我々大人は、意識的に模倣することが多いですが、それでも、無自覚に、自分がどこかで見聞きした誰かの身振りを反復していることがありますね。後になって、「ああ、私はあの人のマネをしていたのだ」、と気付く。そういう意味で、主体化〝以前〟ということです。

原初的なミメーシスというのは、主体の意識が先行し、対象に狙いを定めて、私の中で客観的に再構成する、ということではなく、動いている事物についつい引き寄せられて、それをなぞる形で自分の身体が動いてしまう、という感じではないでしょうか。そうしたミメーシス的な運動は、セイレーンの歌声に、身体が思わず反応してしまうということと繋がっていると考えられます。

プラトンが詩的ミメーシスを批判したのは、それがロゴスに基づいて事物を客観的に把握するのではなく、理性〝以前〟の情動的なものに身を委ねることを含意しており、理性の退行に繋がりかねないからです。ミメーシスの原点は、そういう所にあるわけです。日本語で「模倣」と言うと、あるいはドイツ語でそれに相当する〈Nachahmung〉という言葉を使うと、どうしても意識的な再構成のように聞こえてしまうので、それを避けるためにわざと、ギリシア語で「ミメーシス」という言い方をするのだと思います。

単に格好を付けるためにミメーシスと言ってるだけの人もいるかもしれませんが（笑）。

Q　神話的世界へ引き戻そうとする誘惑によって、植物とか動物の〝意識〟状態へと退行させられることもある、という話を伺っていて、「動物化」の問題を連想しました。「動物化するポストモダン」を、ここに読み込むのは検討外れでしょうか。

A　東浩紀さん（一九七一－　）の言っている意味での「動物化」のことですね。彼の言っている「動物化」というのは、近代の理想像である、普遍的な理性に基づくコミュニケーション能力を備え、他者と共同して世界を構築しようとする主体的な「人間」という理想像が失効し、日本のオタクのように、自分の趣味の世界に生きる人、自分だけの物語世界に入り込んで自足する人が増える、という話ですね。『啓蒙の弁証法』も、大枠として見ると、「人間」性の理想が自己解体し、失効していく過程を描いていると言うことができます。ただ、お話ししてきたように、アドルノたちが描く、主体化〝以前〟の世界、原初の動物的な世界は、「野蛮」で、血なまぐさいものです。日本のオタクのように、おとなしくじっとしている感じはありません。凶暴なオタクもたまにいますが（笑）。しかも、アドルノたちの図式では、普遍的な理性＝計算的理性を働かせることと、野蛮な暴力をふるうことは、反比例的な関係にあるわけではなく、オデュッセウス＝ロビンソン的な主体の二つの側面として、表裏一体になっているわけです。理性の力が弱まって、「自然」へと頽落した時、それまで理性の影に隠れていた、デーモンたちよりも野蛮で残酷な側面が表に出てくるだけのことです。極めて大ざっぱにまとめると、東さんの言う動物化は、家畜的な動物化ですが、『啓蒙の弁証法』で問題にされるのは、ナチスのような破局的暴力を生み出しかねない、危険な動物化です。

［講義］

第4回　実際に『啓蒙の弁証法』を読んでみる。3

文化とは何か？

今回読むのは、「IV 文化産業――大衆欺瞞としての啓蒙」のところです。「文化産業」論は、初期フランクフルト学派の思想の特徴が最もはっきり出る分野だと思います。

まず、「文化産業 Kulturindustrie」という言葉自体に注目して下さい。〈Kulturindustrie〉というのはアドルノの造語ですが、日本語で「文化産業」と言っても、あまり哲学用語、あるいは社会学用語のような響きはないですね。日常会話で「文化産業」と言っても、少し気取った言い回しに聞こえる程度で、あまり違和感はそれほどないのではないかと思います。ある程度の教養がある大人であれば、どういうことを言いたいのか大体想像つくと思います。西武デパートとか、ソフトバンクとか、カルチャーセンターとかを思い浮かべる人が多いのではないでしょうか。

しかし、ドイツ語の〈Kulturindustrie〉は、少なくとも『啓蒙の弁証法』が書かれた頃は、結構違和感がある言葉でした。何故かというと、「文化 Kultur」という言葉と、「産業 Industrie」という言葉はお互いに異質というか、相容れないというイメージがあるからです。〈Kultur〉には、お金や利益、産業には煩わされない、純粋に精神的な営み、人格を陶冶する営みである、というニュアンスがあります。

中学校か高校の国語の時間に、英語の〈culture〉、ドイツ語の〈Kultur〉は元々、「耕す」ことを意味する言葉だったが、そのことに象徴されるように、「文化」とは各人が自分の精神を「耕し、豊かにすること」だ、というような、お説教的な話を聞いたことありませんか。特にドイツ語の〈Kultur〉には、そういう精神論的なニュアンスが多分に含まれています。二〇世紀前半、第一次大戦期から戦間期にかけてのドイツでは、ナショナリズムの高揚の中で、フランスの「文明civilisation」に対して、ドイツの「文化」を対置する言説が流布していました。フランス人が誇りにする「文明」が物質的で外面の絢爛さばかり重んじるのに対し、ドイツの「文化」は精神的・内面的なものを重んじる、というように対比するわけです。そういう由緒正しい「文化」が、「産業」とくっついて、一つの単語になっていることに違和感が生じるわけです。アドルノたちが活躍した時代に比べると、大分薄まっていると思いますが、現代のドイツでもそういう感覚は何となく残っていると思います。

少しだけ横道に逸れる話ですが、戦後のドイツでテレビ放送が始まったのは日本より早くて一九五二年ですが、八〇年代初頭まで商業コマーシャルはありませんでしたし、民間放送局が設立されたのは八四年です。それまでドイツでは、テレビは全て公共放送で、昔のＮＨＫのような感じの編成で、ニュースとか討論、芸術番組の比重がかなり高くなっていました。ナチスに対する反省から、国家はテレビやラジオに直接的に関与できない仕組みになっていたわけですが、特定の資本が公共のメディアを利用するのはおかしいという考えから、商業コマーシャルは長い間禁止されていました。八〇年代になって、その前提が大きく変化し、コマーシャルが当たり前になり、バラエティ番組とか、それほど芸術っぽくないドラマや映画も当たり前のように放映するようになりました。私が最初にドイツに行ったのは、八〇年代の半ばですが、その頃はちょうど移行期だったので、俗悪番組が増えているとか、スポンサーとの関係で番組の中立性が損なわれているのではないか、といった声が、一般の視聴者から寄せられて、しょっちゅう論争が起こっていました。今では、かなりアメリカナイズされていると思います。

ドイツでは、そういう調子で、精神的な高みを目指す文化と、物質的利益を挙げることを最優先する産

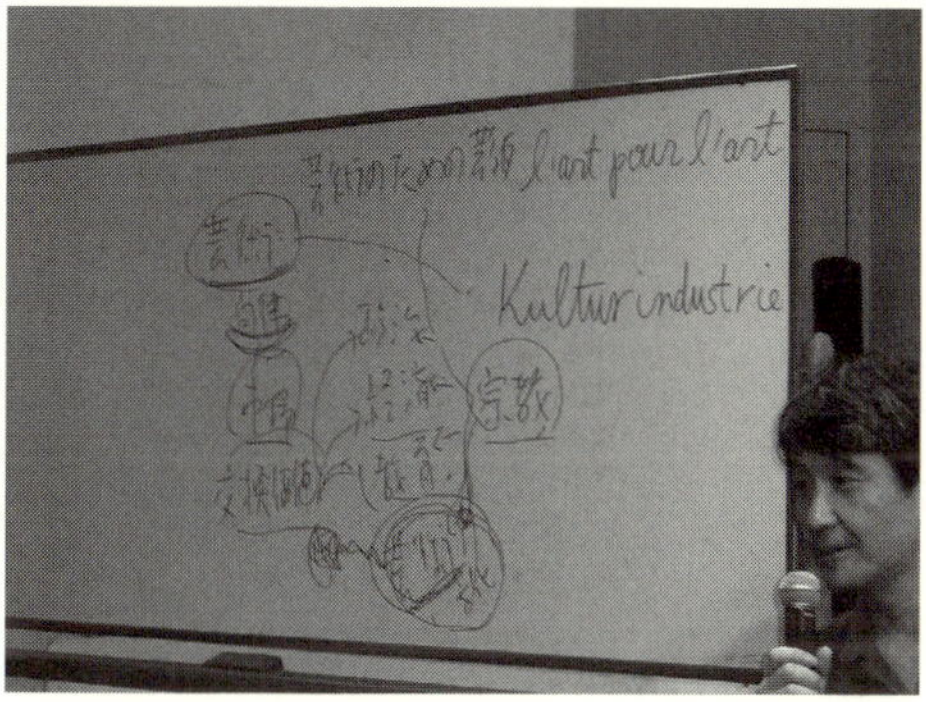

業は相容れない、俗悪な広告でセンセーショナルに消費者にアピールするようなものは芸術ではない、という考え方が長い間支配的でした。それに対して日本では、NHKのすぐ後に民放が出来て、コマーシャルとか、バラエティとかは当たり前になっていましたから、文化を商売にすること、それを公共のメディアであるテレビが後押しすることについて、あまり違和感はないですね。そもそも、日本語の「文化」とか「教養」って、かなり軽いですし、「文化人」には高い精神性が要求されるなんて本気で信じている奇特な人はあまりいないでしょう。そもそも「文化人」っていうのは、マスコミに出て来て、雰囲気だけ知的なことをしゃべって、それを商売にしている人のことですね。「文化」という言葉が、バッハとかカントとかゲーテ、シラー、ヘルダリン、トーマス・マンなどの名前や伝統と結び付いていて、それにこだわりを持つ人の多いドイツとはかなり違います。そうした「文化」と「産業」の距離感についての〝文化〟的背景の違いを念頭に置いて、読んで下さい。

「客観的宗教への支えを喪い、前資本主義期の最後の残滓も消え去り、技術や社会の分化と専門化が進むにつれて、文化は混沌とした状態に陥った。」そう言いたてる社会学的見解があるが、その誤りは日常生活に照らしても明らかだ。

最初に、〝誤ったポピュラーな見解〟を批判したうえで、それとの対比で自分たちの洞察を示そうとしているわけですね。「客観的宗教」と言われているのは、キリスト教、もう少し詳しく言うと、制度化され、社会に秩序を与える機能を果たしているキリスト教会と考えていいでしょう。「客観的宗教への支え」というのが少し分かりにくい言い方ですが、原語は〈Halt in der objektiven Religion〉です。「客観的宗教の中にある支え」、あるいは、日本語としての違和感を少なくするために、少し意訳して、「客観的宗教による支え」と訳し直した方がいいかもしれません。それから、「前資本主義 vorkapitalistisch」というのは、「資本主義の初期」ということではなく、「資本主義以前の」という意味です。ですから、「前資本主義期の最後の残滓」も、「資本主義以前のものの最後の残滓」と訳し直した方がいいでしょう。

そうすると、少しクリアになりますね。資本主義以前の社会においては、キリスト教会が制度的に機能していたし、それを補助するような伝統や慣習もあったけど、資本主義の浸透と共に、そうした共同体的な絆も解体し、技術や社会の「分化」と「専門化」が進む。それがポピュラーな見解だというわけですね。「専門化」と訳されていますが、原語は〈Spezialistentum〉なので、厳密に言うと、「専門主義」とか「専門家ぶった身振り」と訳すべきところです。徳永さんは、その前の「分化」と平仄を合わせるために「専門化」と訳されたのでしょう。「分化 Differenzierung」の方が少し分かりにくいかもしれませんが、これは社会の各領域が機能的に細分化され、それに伴って、人々も、職能集団ごと、階層ごとに分断され、相互の絆を失うというようなことでしょう。

近代以前の社会は、キリスト教を中心に一つに統合されていた、ということがよく言われますね。高校の世界史の授業で習うことですが、教会は自ら広大な領地を持って直接統治していた他、神を代理する教会の権威に基づいて、各世俗君主の統治や相互関係にも強い影響を与えていました。その関連で、「法」の制定や解釈にも関与していましたし、「経済」活動における規範やルールも、教会によって規定されていました――カトリック教会は、聖書の教えに基づいて、「利子」を取って「同胞」に金を貸すことを禁止していました。教育システムも教会主導で発達したし、芸術も教会芸術として発達した。初期の音楽家が教会音楽家であり、画家が宗教画を描いていたことはご存知ですね。教会が芸術のパトロンだったわけです。学問の世界では、哲学も法学も医学も、神学に従属していた。

しかし、資本主義の発展に伴って、政治、経済、法、教育、芸術、学問など、各分野が（宗教から）自立化して独自のシステムを形成し、それぞれ別個に発展するようになる。芸術や学問も、キリスト教の教えとは直接関係ないテーマを追求するようになる。芸術が教会から自立するということは、一般市民を顧客とする芸術の市場が成立し、特定のスポンサーがいなくても、芸術家という職業が成り立つようになる、ということを意味します。教会の縛りから解き放たれた各領域は、独自の市場、顧客層、専門家集団を備えるようになります。

無論、そのようにして各領域が「分化」するだけではありません。宗教的な重しが取れることで、各人は自由に活動するようになり、それぞれの得意分野に特化して能力を開発します。「専門化」という形で社会的分業化が進みます。それは同時に、価値観やライフスタイルも多様化・分散化し、「文化」が混沌とした様相を呈する。悪く言うと、教会による内面的締め付けがない分、自己中心的に、節操のない生き方をする人が増え、「文化」が解体していくということですね。現代日本でもよく耳にするような言説ですね。

こういう議論をする社会学者はいろいろ思い当たりますが、社会的分業と、宗教の衰退に伴う社会的絆の解体をめぐる議論の定型を作った人として、デュルケームを挙げることができるでしょう。デュルケームはその主著『社会分業論』（一八九三）で、社会的分業化による新しい共同意識の生成の可能性を示唆する一方で、現実には、産業界の無秩序（アノミー）、階級対立、弱肉強食などの問題が起こっていることを指摘しています。『自殺論』（一八九七）でも、現代人の自殺の背景として、各人の欲求の肥大化による社会のアノミー化を論じています。デュルケーム自身は、先の引用の括弧中——原文には括弧はなくて、間接話法的な役割を果たす接続法Ⅰ式の表現になっています――のような単純化された言い方はしていませんが、デュルケームの議論を薄めたような形の、一般的に流布している社会学的言説が念頭に置かれているのだと思います。

「美的な様式 die ästhetischen Manifestationen」

アドルノたちは、そうした分化による文化の混沌化をめぐる議論を否定し、実際にはむしろその逆だと指摘します。

> 今日では文化がすべてに類似性という焼印を押す。映画・ラジオ・雑誌の類は一つのシステムを構成する。各部門が互いに調子を合せ、すべてが連関し合う。政治的に対立する陣営ですら自己宣伝の美的な様式は似たようなもので、ひとしく鋼鉄のようなリズムを謳歌している。大企業の華麗な本社ビルや商品展示場は、権威主義的な国であろうとなかろうと、ほとんど変りはしない。

文化は分散化するどころか、むしろ全てを「類似性 Ähnlichkeit」によって覆い尽してしまう、というわけです。画一化してしまうわけです。簡単に言うと、人々が〝同じ様〟な商品に対して欲求を抱き、購入・消費し、〝同じ様〟なライフスタイルを築くようになる、ということです。そこで、映画・ラジオ・雑誌、要するに「メディア」が一体となって、その画一化された文化を人々に伝搬する役割を果たすようになる。宣伝媒体としてのメディアが、画一化を促進するわけです。同じ種類のメディアを運営する企業はお互いにライバルのはずだし、政治的に対立することもあるけれど、多くの場合、結果的に、画一化を促進する方向でコラボすることになる。

これは現代日本でもよく言われることですね。ライバルであり、政治的路線では対立しているはずのテレビの伝える情報やイメージが、みな似たりよったりになる。どこのチャンネルをつけても、〝同じ様〟なことばかりやっている。そのため、テレビを中心に形成される文化が画一的になる。では、どうしてそうなるのか？

カギになるのは、「美的な様式 die ästhetischen Manifestationen」です。〈Manifestation〉は、宣言とか告示、表明、顕現などを意味する言葉です。最近、日本でもはやっている言い方をすると、「マニフェストを出すこと」です。〈ästhetisch〉という形容詞が要注意です。これには、「美的」と共に「感性的」あるいは「感覚的」という意味があります。「美的」と「感性的」が同じ言葉で表現できるところがカギです。

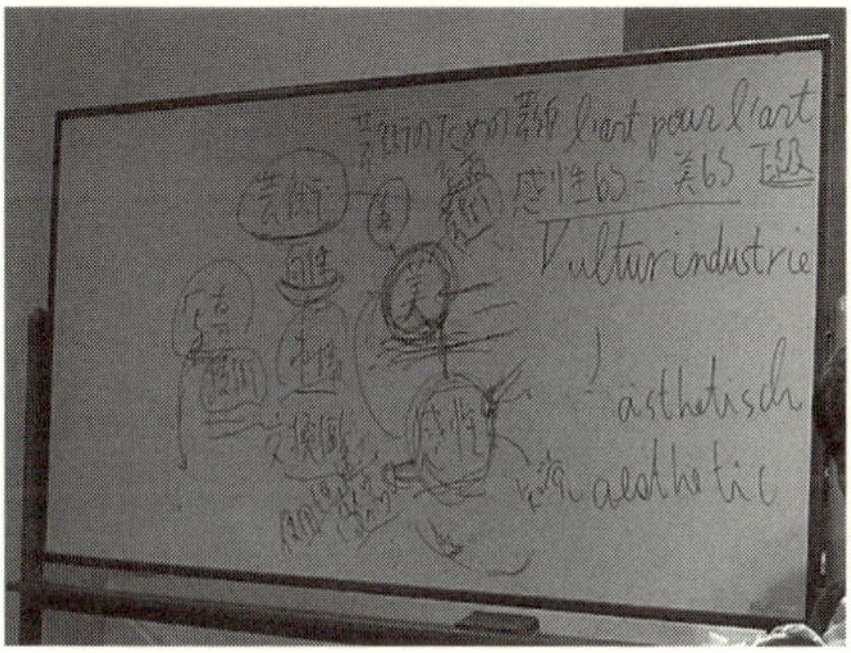

この〈ästhetisch〉の語源は、ギリシア語の名詞〈aisthesis〉です。これは五感をその根底において支え、統合している感覚のことで、これによって人間は、事物の本質を総合的に捉えることができるとされていました。どうして、「(総合的) 感覚」が、「美的」という意味を持つようになったかというと、カントより少し年長のドイツの哲学者バウムガルテン（一七一四－六二）が、その著書『美学（感性学）Aesthetica』（一七五〇、五八）で、芸術などにおける「美」を、感性的認識の完全性として捉えたうえで、感性的認識の学としての〝美学〟を構想しようとしました。その際に〈aesthetica〉という言葉を、ギリシア語の〈aisthesis〉から造語したわけです。その影響で〈aisthesis − aesthetica〉系の言葉が、「美学～」の意味で使われるようになったとされています。一方カントは、『純粋理性批判』（一七八一、八七）などで、「感性論」の意味

で〈Ästhetik〉という用語を使っています。そこから、「美（学）的」であると同時に「感性的」でもある〈ästhetisch〉という哲学的形容詞が誕生したわけです。

メディアにおける「美的」要素というのは、私たちの聴覚や視覚などの感覚を通して私たちに刺激を与え、働きかける要素です。狭義の芸術作品であれば、単純に刺激を与えるだけでなく、その刺激を介して、人々の内面的な価値に訴えることを目指していると考えられます。それが芸術特有の「美」であったわけですが、商業広告やネオンサイン、大都市の商店街・ビジネス街の景観における〝美〟は、出来るだけ多くの人に瞬間的に刺激を与え、商品を買わせることを目指します。内面に深い感動を与えなくてもいいわけです。「美的」というよりは、単純に「感性的」な刺激です。

アドルノの友人であったベンヤミンは、写真や映画などの複製技術、つまり現実を機械的に写し取り、それを大量に「コピー（複製）」することのできる技術を応用した芸術作品の登場により、二〇世紀には、「芸術」の概念が大きく変容し、それに伴って、大衆の〝芸術〟、そして〝政治〟に対する関係も変容しつつあることを指摘しました——この辺のことについては、『ヴァルター・ベンヤミン——「危機」の時代の思想家を読む』で解説しましたので、関心があれば読んで下さい。写真や映画は、情報伝達手段（メディア）であると共に芸術作品でもあり、更には、商品への願望を感性的に掻き立てる広告の役割も果たします。

ベンヤミンは、ニュー・メディアによって大衆の（美的）感性が多様化され、宗教的・呪術的な世界観から最終的に解放されると考えましたが、ナチスによるニュー・メディアを使った大衆動員を経験したアドルノたちはむしろ、メディアが人々の感性・思考様式に対して及ぼす効果について懐疑的になったとされています。ここにも、そういう考え方が反映されていると思います。ニュー・メディアは人々の願望を刺激し、華麗な商品世界へと縛りつけます。

ベンヤミンは、具体的な有用性とは別の次元で、人々の知覚に刺激を与え、購買意欲を――無意識の次元で――喚起し、どんどん自らの（交換）価値を膨れあがらせていく「商品」の幻影的作用を、マルクスに倣って、「ファンタスマゴリー」と呼びました。「ファンタスマゴリー」の元の意味は、物の影をスクリーン上に怪物のように大きく映し出す幻燈装置です。「ファンタスマゴリー」は、直接的には感性に作用しますが、消費者は働きかけられていることを自覚しないで、商品自体に人々を引き付ける魔力があるかのような錯覚が生じます。言わば、感性を通して、超感性的な効果をもたらすわけです。ベンヤミンは特に、都市の景観全体が、ファンタスマゴリー的な様相を呈することに注目し、そのメカニズムを探求しました。ベンヤミン自身は、必ずしも結び付けて論じませんでしたが、ニュー・メディアは、商品空間としての都市が帯びているファンタスマゴリーを増幅し、そこに、消費者としての大衆の願望を刺激し――政治的信条の違いを超えて――呪縛し続けるのかもしれません。アドルノたちは、そういう見方をしていると言えるでしょう。

［資本vs.個人］［普遍vs.特殊］

至る所に林立する輝く摩天楼は国際コンツェルンの周到な計画性の表現である。殺風景な都市周辺の薄汚れた住宅や事務所に名残りを止める自由企業家層は、すでにそういうコンツェルンへと躍進を遂げた。都心に林立するコンクリート建築を取り巻く古くからの家々は、すでにスラムの様相を呈し、周辺部の目新しい簡易住宅群は、もはや国際見本市の仮建築同様、技術的進歩を謳歌して、缶詰の空缶よろしくすぐに使い捨てられる運命にある。都市建設計画によれば、個人は衛生的な小住宅の中で、いわば自立的存在として、いつまでも生きられるはずだったのだが、逆にますます個人は、その敵対者に、つまり全体的な資本の力に、屈従する方向に向いつつある。住民たちが仕事と娯楽を求めて、生産者兼消費者として、都心に吸い寄せられるにつれて、住宅の細胞は、すき間なくきっちり組織された複合体へ結晶していく。

ここで問題にされているのは、二〇世紀の高度に資本主義化された都市が、一九世紀の資本主義的な都市と違って、〝文化〟的な装いをして、整然としている、ということです。かつての都市は、薄汚い住宅街とか営業所とかでゴミゴミしていたわけですが、現代の都市は計画的に整備され、国際的コンツェルンの摩天楼が立ち並んでいる。古い家々のあるところは、スラムみたいな感じになっている。私たちの知っている大都市の中心部はそういうイメージですね。

都市計画では、通常、少なくとも建前的には、そこに各個人が自立的（selbständig）に生きられるように衛生的な小住宅を提供することを目指します。その場合の「自立」とは、何に対する「自立」でしょうか？　いろいろ可能性が考えられますが、ここの文脈を見る限り、アドルノたちは、それを第一義的に、「資本」に対しての「自立」と解釈しているようですね。［資本 vs. 個人］という対立図式にはマルクス主義的なバイアスがかかっているようにも思えますが、資本主義社会に生きている人のほとんどはどこかの企業＝資本に雇われていて、そこでの仕事に生活を縛られており、生活必需品も、どこかの企業が生産したものであるわけです。そうした見地から、資本の支配から少しでも自立し、自由選択の余地を増やすことが、各個人の幸福追求の上で極めて重要になる、という考え方が出てくるのは、当然だと言うこともできるでしょう。

「衛生的な小住宅」は、各個人に「自由な空間と時間」を提供してくれるものとして期待されたわけです。しかし、そうはならない。それは、「生産者兼消費者」としての「個人」の生活全体が、「住宅」を介する形で、高度に資本主義化された都市空間にしっかりと組み込まれているからです。まず、個々の住宅の規格や価格、周辺の交通機関や商店街、公園などとの位置関係が、住宅・都市開発を行う資本の論理によって規定される。更に消費者としての個人は、企業が仕掛けてくる広告・マーケティング戦略によって、様々な商品を買うよう美＝感性的に誘導されている。都市の中で生活していると、どうしても資本によって人為的に作り出されるトレンドに巻き込まれてしまう。周囲の人たちとライフスタイルを合わせないと、生活しにくくなるので、周囲の人たちが新しい傾向を追いかけ始める――あるいは、そういう雰囲気を感じる――と、自分もそれに同調せざるを得なくなる。現代だと、周りの人が高いヴァージョンのパソコンのソフトや携帯を買うと、自分もそれに合わせざるを得なくなるということがありますが、そうした事態は、様々なメディアや、複雑な機器が人々の職場や生活の中に入ってくるようになった、ベンヤミンやアドルノの時代からずっと続いていることです。

更に言えば、「衛生的な小住宅」に住んでいる個人が、自らの理想としている〝充実した快適な都市生活〟というイメージ自体が、資本によって作り出され、メディアによってファンタスマゴリー的に媒介されるものです。都市空間の中で消費者としての快適な生活を営んでいるうちに、各人の欲望自体が次第に資本の論理に適合し、均質化してくる。

こういうマクロコスモスとミクロコスモスとの目もあやな統一は、人々に彼らの文化のモデルが何であるかを告知する。それは普遍と特殊との誤れる同一性である。あらゆる大衆文化は独占態勢の下では同一であり、その骸骨、つまり独占によって大量生産された概念的骨格が、正体を現し始める。もはや指導者たちは、その正体を隠すことに腐心したりすることはまったくない。容赦なく力をむき出しにすればするほど、その力は強化される。映画やラジオはもはや芸術であると自称する必要はない。それらが金儲け以外の何ものでもないという真理は、逆に金儲け目当てにつくられたガラクタを美化するイデオロギーとして利用される。映画やラジオは自ら産業と名乗り、映画会社や放送会社の社長の収入額が公表されると、出来上った製品の社会的必要性についての疑念などは、どこかに吹っとんでしまう。

「マクロコスモス」と「ミクロコスモス」はご存知ですね。元々は、人間は宇宙（マクロコスモス）の縮図、「ミクロコスモス」になっている、という宗教的な世界観の話ですが、そこから一般化して、大きな全体の構造と、小さな部分の構造が相似形になっている、という文脈で使われます。この場合は、ここまでの流れから、資本の総体と個人の生活、あるいは、都市の構造と個人の間の対応関係だと考えられますね。「普遍 Allgemeines」と「特殊 Besonderes」というのは、その言い換えだと見ていいでしょう。［普遍 vs. 特殊］という対比は、日本語としてやや違和感があるかもしれませんが、西欧の哲学史では「普遍」と「特殊」（あるいは「個物」）の関係をめぐる議論はスコラ哲学の時代からあります。「普遍論争」があるくらいですから。ヘーゲル哲学でも、普遍と特殊の関係が、弁証法的な図式の中で論じられています。ヘーゲルの場合、もう少し正確に言うと、［個別―特殊―普遍］の三項関係が問題になるわけですが、ここで詳しく話をするとややこしくなりますので、関心がある方は、ヘーゲル論理学の解説本が何冊も出ていますので、そういうものをご覧ください。

ただ、ここでは、その「普遍」と「特殊」の同一性は、「誤った」ものであると主張されているわけですね。「誤れる同一性」という日本語だと、何だか、間違ってくっついているように聞こえますが、原語は〈die falsche Identität〉で、この場合の形容詞の〈falsch〉は、むしろ、「偽り」という意味だと思います。本当の同一性ではなく、見せかけだけの偽の同一性だということですね。文脈からすると、資本主義的都市空間では、都市全体と個人の生活は、まるでマクロコスモスとミクロコスモスのようにきれいに対応しており、後者（特殊）が前者（普遍）に調和的に組み込まれているように見えるけど、それは「偽り」だということですね。

偽りだとすると、実際にはどうなっているのか？　この箇所を読んだだけでは、分かりにくいですが、アドルノたちの他の著作、例えばアドルノの『否定弁証法』（一九六六）などでの議論から類推すると、恐らく、私たちの社会の中で「普遍」として通用しているものは、本当の意味での「普遍」、つまり、様々な「特殊なもの」に共通要素として内在している「普遍」ではなく、無理やり生み出された〝普遍〟だと示唆しているのだと思います。

こういう風に言うと、余計に抽象的で分かりにくくなるかもしれませんので、具体的な例に即して考えてみましょう。個々人の特殊意志に共通している要素から自然と導き出されるのが、人民の普遍意志＝一般意志だとします。しかしながら、特定の政治家やイデオローグが、「これこそが、人民の普遍意志だ！」と宣言して、あるべき〝普遍意志〟を実体化し、各人にそれに合わせるよう圧力をかける、ということがあるかもしれません。その場合でも、「普遍」と「特殊」は一致していると言えないことはないでしょうが、それは「特殊」の抑圧によって、無理やりに生み出された表面的な一致でしかない、ということになるでしょう。そういう風に、個人の願望と、社会全体の普遍的な願望が無理やり一致させられてしまう例はいくらでもあります。ただ、これはあくまで極めて単純化した例ですので、「そういうことなんだ！」、と即断しないで下さい（笑）。アドルノたちは、特定の政治家やイデオローグが、特定の目的を実現するために計画的に行なう、世論操作のようなことだけを問題にしているわけではなく、むしろ、貨幣経済が浸透した社会における、「同一化作用」――同一化作用については、初回と第二回にお話しした通りです――の帰結として不可避的に生じてくる、〝偽りの普遍〟に焦点を当てた議論をしています。

そうだとすると、先ほどの「普遍と特殊の偽りの同一性」という表現は、次のようなことを含意しているのではないかと考えられます。「資本の普遍的な運動と、各人の（特殊な）生活サイクルが、予定調和的に対応しているわけではない。人々の生活圏は、資本によって包囲されており、各人は気付かないうちに、消費財やメディアを通して資本の影響を受けている。各人は、自らの願望に忠実に生活しており、資本に従属しているつもりなど毛頭ないとしても、その〝願望〟自体が、資本によって生み出されたものである」、と。独占資本が、人々の日常生活を、生産と消費の両面から支配し、準・強制的に画一化しているとすれば、都市全体の構造と、個人の生活の間に〝調和〟が生じるのは当然ですが、そのように準・強制的に産出された〝調和〟を、「マクロコスモス」と「ミクロコスモス」の関係と捉えることはできないでしょう。

「もはや指導者たちは、その正体を隠すことに腐心したりすることはまったくない」という場合の「指導者 Lenker」というのは、巨大資本を動かしている経営者、あるいは、資本そのものを指していると考えられます。では、その資本が、「容赦なく力をむき出しにすればするほど、その力は強化される」のは何故か？　その後を読めば大体分かると思いますが、大量生産、大量消費、メディアを動員しての大々的な広告というようなことが当たり前になってくると、「人気がある商品でみんなが買っている」という事実が、そのまま、その商品の魅力になる、という現象が起こってきます。現代日本でよく聞く話ですね。テレビのＣＭで、売上とか業界の順位とかシェアとかをわざわざ宣伝しているのがありますね。映画の予告編でも、「全米ナンバー・ワンの～」とか、「観客動員記録～」とかを売りにしているのが多いですね。本屋さんの人文書コーナーのポップでさえ、「今、売れに売れています」とか、「たちまち大反響～」とか（笑）。人文書コーナーに来るような人って、「みんなが読んでいるポピュラーな本になんか興味ない！」って感じのスノッブな人が多そうな気もするんですが、最近は、全然そんなことないようですね（笑）。つまり、「人気がある」と分かれば、ますますその商品が売れるようになるわけです。ただ、そうやって、

「みんな」に同調することが、全く不合理というわけではない。みんながたくさん買うということは、その商品が素晴らしいからだ、その良さが万人に伝わるからだ、という理屈は成り立ちます。「良い本だからたくさん売れる」、ということになるわけです。

いったん、爆発的に売れ始めると、私のようなひねくれた奴が、「本当にそんなにすごいの？　みんなが買っているから、私も流行に乗り遅れてはいけないと思って、中身なんて考えないで買っているのでは？」、と疑問を呈しても、僻んでいるだけだ、ということになってしまう（笑）。「いや、私は感動したんだ」、という人が続々出てくると、何を言っても空しくなりますね。

あるいは、値段が高いものは、自動的に高級だと思ってしまうような現象もありますね。テレビ東京でやっている『開運！なんでも鑑定団』で、プロの鑑定師によって高い値段が付けられると、「（芸術価値の高い）すごく良い絵なんだろう」と思ってしまいますね。あんなにあっけらかんと、［高値＝芸術的価値が高い］という前提で番組が構成されていると、そういうものだと思わされてしまって、「本当にすごい芸術品の価値をお金ではかっていいのか？」、というベタな疑問が浮かんでこなくなりますね。

そうやって、［美＝金になるはず］という常識が作り出されてしまうと、それまで、あまり商売でやっていることを前面に出していなかった芸術・文化関係の企業が堂々と、金儲けの企業であることを主張するようになります。かつては、美術とか音楽とか文学などは、金儲けをあまり考えない、志のあるパトロンたちに支えられているというイメージがあり、商売人たちは表に出てきませんでしたが、［美＝金になるはず］ということが常識になると、企業の論理が自分の正体を露わにするようになる。お金のことを言った方が得だからです。それが「文化産業」です。

文化産業のテクノロジー

関係者たちは、文化産業を好んでテクノロジーの観点から説明したがる。その言い分によれば、何百万もの視聴者を相手にする以上、文化産業は複製方式をとらざるをえない。そうなれば、無数の場所で同じ需要に応えるためには規格製品を供給するしか道はない、ということになる。製作センターの数は少ないのに受容れ側は至る所に散在するという技術的なアンバランスに対応するためには、経営者は、組織と計画を強化せざるをえないのだ。規格製品とは、もともと消費者の要求によって生れたものだ。だからこそ、それは抵抗なしに受け容れられるのではないか。これが文化産業関係者の言い分である。じっさいのところ、操作する側と、それと連動する視聴者側の要求とは循環しているので、そのサイクルの中で、システムの統一はますます緊密の度を加えていく。この場合、技術が社会に対して支配力を獲得する地盤は、じつは経済的な最強者たちが社会に対して持つ支配力にほかならないのだが、これについてはあまり注意されていない。今日では、技術的合理性とは支配そのものの合理性なのだ。

文化産業のテクノロジーが、「複製方式 Reproduktionsverfahren」によって支えられているという見方は、ベンヤミンの『複製技術時代の芸術作品』からの影響でしょう。ただ、アドルノたちは、文化的な商品の生産に、複製技術を利用している「資本」の戦略に注目しています――ベンヤミンは、この側面にはそれほど関心を向けてはいません。文化産業に関わっている人たちに言わせれば、同じ様な商品を求める人が多いのに対し、工場の規模も労働者数も限りがあるので、「規格製品 Standardgüter」を大量に複製する技術が必要になる。つまり、消費者の側のニーズがあるのだ、というわけです。

アドルノたちは、そうした文化産業の言い分を半ば認めているわけですが、［供給―需要］の循環関係を、［操作する側－操作される側］の関係に置き換えて考えようとしているわけです。つまり、消費者が自然と規格品に対するニーズを抱くようになるわけではなくて、供給サイドからメディアや広告を通して、「あなたたちは、こういうものを欲しがっているんだろ」、という暗示を与えられる。加えて、その商品が市場で大量に出回っていること自体が、それが大衆から求められていることの〝証明〟になる。そういう雰囲気の中で、〝みんな〟と一緒にその商品を購入すると、最初からそれが自分が求めていたものであるかのような気になってくる。結局のところ、文化産業は、自らが駆使する複製技術とメディアを通してのイメージ植え付け戦略によって、新たにニーズを喚起できるので、消費者である諸個人に対する支配力を発揮できるわけです。

少し先、二五四頁の最初の辺りに行きましょう。

> 中央のコントロールからいくらかでも免れうるような欲求は、すでに個人の意識のコントロールから排除されている。電話からラジオへ、という歩みのうちで、個人の果す役割は、はっきり別物となった。電話の場合には、通話者はまだ主体の役割を自由主義的に演じている。それに対してラジオの場合には、すべての人は民主主義的に一律に聴衆と化し、放送局が流す代り映えのしない番組に、有無を言わせず引き渡されることになる。

［大量に生産されている規格品＝売れている商品＝大衆（私たち）の真のニーズに対応している商品］という図式が当たり前に通用するようになり、それが人々の内面に定着すると、各人は、中央＝文化産業の中枢のコントロールから外れるような欲求（Bedürfnis）が自分の内に生じてきても、それを〝自発的〟に抑圧するようになる、というわけです。無自覚的に働く自己規制ですね。言い換えると、個人が――べ

ンヤミンの期待に反して――受動的になっていくわけです。

「電話」と「ラジオ」の話は、メディアの情報伝達の在り方と、それを利用する主体との関係をめぐる考察です。「電話」は双方向的なメディアであり、人々は「電話」を通して、遠くにいる人と自由にかつ――盗聴されない限り――プライベート（私秘的）にコミュニケーションすることができるので、各人の主体性を高めることができると考えられます。それに対して、ラジオは一方向的に、不特定多数の人に情報を伝えるメディアです。みんなが同じ情報を共有できるという意味で〝民主主義的〟ですが、中央からのコントロールを強く受けやすくなります。

消費者である大衆のためのメディアとしてのマス・メディアにはそういうところがありますね。多くの人が同じ情報を共有できるというメリットがある反面、各人が無自覚的にメディアにコントロールされる可能性が強くなる、というデメリットがあります。現代日本では、テレビをめぐってそういう議論がなされることが多いですね――インターネットが登場した当初は、双方向的なメディアだということが随分高く評価されていましたが、現在ではむしろ、双方向性ゆえの弊害の方が話題にされる傾向にありますね。

> 聴衆の自発性の痕跡がないわけではないが、公共放送の枠の中では、いずれもスカウトやコンテストやあらゆる推薦番組によって、プロによる選抜システムに繰り込まれ吸収されてしまう。タレントたちは、企業が彼らを売り出すずっと前から、すでに企業に属している。そうでなければ彼らがあれほど御熱心に自分を合せるわけがない。

この少し前の箇所で、「アマチュア」のラジオ局もあるにはあるけど、統制されて自由にならない、という話が出てきますね。それ以外にも、素人である聴衆をラジオ番組に参加させる仕組みがないわけではなかったけど、その過程で、プロによる選抜システムに組み込まれ、文化産業の側の人間になってしまう。というか、そういう人でないと、メディアに登場できない。これも現代日本でよく聞く話ですね。

因みにここに出てくる「タレント」は、ドイツ語の原文でも〈Talent〉です。日本語では、テレビなどのメディアに出演することそれ自体を仕事にしている、俳優、歌手、芸人、コメンテーター、アイドル、モデル、バラドルなどを、「タレント」という職業に分類しますが、これは和製英語です。英語の辞書を見れば分かりますが、「才能」、あるいは「才能ある人」の意味です。ここでの〈Talent〉は基本的に「才能がある人」の意味ですが、文脈的に、現代日本語の「タレント」と一致しているわけです。日本語の「タレント」も、元々は、「才能があるのでメディアに出ている人」という意味だったはずだけど、いつの間にか、「メディアに出ていること」それ自体が、ある特殊な職業ジャンルになったわけですね。〈Talent〉は語源的には、古代ギリシアの重量及びお金の単位である「タラント」から来ています。

「作品」の芸術史——同一性vs.総合芸術

次に、二五七頁の終わりから二五八頁にかけての箇所を見て下さい。文化産業が作り出す「作品」の芸術史的な意味について述べられています。

> 文化産業がどの作品にどれだけの予算を組む価値があるかを認めるかどうかは、その作品の内容の差、作品の意義とは、そもそも何の関係もない。さまざまの技術的メディアも、飽くことなき画一性へと駆り立てられている。テレビが目ざしているのはラジオと映画の総合であり、それは関係者の間でまだ完全な一致を見ないために引き留められてはいるものの、その無限の可能性は美的素材の貧困化を極点まで推し進めることを約束しており、その結果、巧妙に偽装されているあらゆる文化産業製品の

同一性は、明日にも公然と凱歌を揚げかねまじき勢いにある。これは総合芸術についてのヴァーグナーの夢の嗤うべき達成でなくて何であろうか。言語と映像と音楽との一致は、「トリスタンとイゾルデ」におけるより、はるかに完璧に実現される。

これまで見てきたように、文化産業は人々を大量消費へと誘導するために、各種の技術メディアを通して感性的に働きかけ、その結果、自らの表現技法も、人々の感性も画一化させるように働きかけます。アドルノとホルクハイマーが『啓蒙の弁証法』を執筆していた当時、アメリカでようやく実用化されつつあったテレビ――最初のテレビ放送が行なわれたのは第二次大戦中ですが、本格的な商業テレビ放送が始まったのは戦後です――が、聴覚メディアであるラジオと、基本的に視覚メディアであった映画を「総合Synthese」する性格を持っていることは分かりやすいと思いますが、それが「美的素材の貧困化 die Verarmung der ästhetischen Materialien」を極点にまで推し進めるというのはどういうことでしょうか?

これは、美的＝感性的素材のメディアの中での使われ方が、あるいは、メディアを通しての表象のされ方が画一化し、素材相互の微妙な差異が消され、同じように見えるようになる、ということを言っているのだと思います。現在では、デジタル映像処理の技術がかなり進歩したので、微妙な違いを再現しやすくなっていると言えますが、当時はまだ基本的に白黒で、映像化するための技術も貧弱だったので、細かい違いは再現できない。というより、そもそも、〝かっこいいライフスタイル〟とか〝すてきなデート〟とかについて、人々にステレオタイプなイメージを抱かせ、「消費」へと繋げることが、メディアに期待される役割ですから、視聴者に、同じ様な場面を繰り返し繰り返しなんども見せたりした方がいいわけです。同じ様な設定の番組で、同じ様なセット、同じ様な人物の動き、同じ様な音響を組み合わせて、典型的なパターンを作ってしまえば、制作する側にとっても楽ですし、視聴者も、安心して楽しめます。テレビは、そういう状況を作り出しやすいですね。そのうちに、自らが作り出す文化製品の「同一性 Identität」を、堂々と誇れるようになります。

そうした、文化産業製品の「同一性」と対比されている、ワーグナーの「総合芸術 Gesamtkunstwerk」というのが意味深な感じがしますね。この単語には訳注が付いていますね。「ヴァーグナーが、ギリシャ悲劇を模範にして、彼の楽劇において達成しようとした芸術理念。文学・絵画・音楽の総合をめざす」、と出ていますね。

もう少し詳しく説明しますと、「総合芸術」という言葉は、芸術の各ジャンルを「総合」するという意味の他に、それらのジャンルの総合を通して、視覚と聴覚を始めとする、人間の感性全般を再統合するという意味も含まれています。音楽は聴く芸術ですし、絵画や彫刻は見る芸術ですね。先ほど、近代においては「芸術」が「宗教」などの他の領域から分化して、自己完結した領域になっていったという話をしましたが、芸術の内部でも分化が起こって、人間の感性の異なった部分に対応する様々なジャンルへと細分化したとされています。

そうした細分化された近代芸術に対して、古代ギリシアには、全ての感覚を動員する総合的な芸術があったとされていました。本当にそうだったのか分かりませんが、少なくとも、近代ドイツの知識人や芸術家の多くが、ギリシア芸術幻想のようなものを持っていて、ギリシア的な美を理想化していたのは確かです。先ほど、総合感覚あるいは共通感覚としての〈aisthesis〉のお話をしましたが、ギリシアには〈aisthesis〉的な芸術があったと見なされていたわけです。例えば、ギリシア悲劇は、戯曲という面から見れば文学——台詞は、厳格な韻律の規則に従って書かれています——ですが、独特のヴィジュアルの仮面と衣装で演じられますし、コロス（合唱隊）による歌と舞踏も伴います。コロスの歌に役者が歌で応えることもあるそうです。また演出のために、舞台に仕掛けがあります。例えば、クレーンのようなもので吊り上げて、神を舞台に登場させるとか。そこから、哲学の本によく出てくる「機械仕掛けの神 deus ex machina」という言い方が生まれます。そうした意味で、舞台あるいは劇場それ自体も作品の構成要素と考えることができます。建築あるいは、現代アートで言うところのインスタレーションという要素も入ってくるわけです。更に言えば、そうした劇は、ディオニュソスを祀る祝祭の一環として行なわれるので、ディオニュソスを共に祀る観客も広い意味で、参加者と言えます。コロスは、観客の視点を代表する形で、舞台の上での出来事に介入する存在として位置付けられます。舞台と客席、役者と観衆の「総合」も含意されていると見ることができます。

ワーグナーは、そうした「総合性」を「楽劇 Musikdrama」で再現しようとしました。「音楽」と「演劇」を融合した形態としては、それ以前から「オペラ」がありましたが、「オペラ」での芝居というのは、そんなに本格的なものではありませんね。どちらかというと、歌の背景として物語を付けている感じがしないでもない。ワーグナーの「楽劇」は、徳永さんの注にもあるように、文学としての物語の筋と、音楽、そして舞台演出の一体不可分性が重視されます。当然、役者＝歌手の演技や衣装や、舞踏という要素も重要になります。舞台装置や客席との関係も重要になります。ワーグナーのバイロイトの劇場は、そうしたことまで計算に入れて、祝祭空間として建設されたとされています。そこで演じられる劇のテーマも、〈総合芸術が成立していたと想定される〉古代・中世の神話的世界観を背景にしたものが多いです。ワーグナーは、〈aisthesis〉が生き生きと働いていた世界に回帰するために、総合芸術を目指したと言うことができるでしょう——そういうところで、ナチスから見て利用しやすかったわけですが。現代アートに、音と絵、映像、パフォーマンスを組み合わせたようなものがたくさんありますが、それらも総合芸術を志向していると言えるかもしれません。

ワーグナーは、バイロイトの劇場という閉じられた時空の中で、そうした「総合性」を追求したわけですが、現代においては、複製技術を応用した芸術である映画や、美的要素を取り入れたテレビの登場によって、その理想があっさりと実現されつつある、というのがここでのアドルノたちの主張です。無論、映画やテレビがワーグナーの総合芸術の到達点だ、と本気で言っているわけではなくて、皮肉です。アドルノたちにしてみれば、神話的な世界観・総合性を目指すワーグナーの思想自体がもともと、物象化が進んだ近代社会の中で生じてくる過去回帰願望の一つの現われにすぎません。彼やその弟子たちがいくら頑張っても——彼らが近代市民社会に生きている以上——真の総合性など再現できるわけはない。しかし、映画やテレビの出現によって、図らずも、その願いが——少なくとも表面的には——実現してしまったかのように見える。機械的操作によって、言語と音楽と映像を一致させることが可能になった。そうなってくると、「ワーグナーの総合芸術って、テレビだったのか?」、というアイロニーな見方が可能になりますね。メディアの中で「総合芸術」が〝実現〟されることによって、その滑稽さが露呈してしまうわけです。

　二五九頁の終わりから二六〇頁にかけて、文化産業によって作り出されるメディア空間の中で、(元々文化産業やメディアによって生み出された)ステレオタイプが次第に強化されていくメカニズムが、詳しく論じられています。

バイロイトの劇場

「ベタなもの」、「紋切型 Cliché」

ただたんに流行歌やスターやメロドラマのいくつかの型が、サイクルを描きながらも変ることなき不易の要素として貫流するだけではない。上演される出し物の特殊な内容という一見移り変るように見えるものも、その不易の要素から導き出される。細部《ディテイル》は部品のようにいくらでも取り換えのきくものになる。流行歌では胸にジンと来るような効果を持つ短い音程の連なり、映画やドラマでは、一度は侮辱されても、手頃なスポーツとしてそれを笑って済ますことのできるヒーロー、男性スターのたくましい手で情婦に加えられる愛の答、甘やかされた富豪令嬢に対する主人公のすげなくつれない仕打ち、こういったものは、あらゆる個々の細部と同様、任意にここへもあそこへも適用できるレディメイドの紋切型なのであって、いずれにせよ図式の中でそれらに割り振られている目的によって完全に規定されているのである。寄り集って図式を組み立てることによって図式を追認してみせることが、そういう紋切型の存在理由なのだ。

いわゆる「ベタなもの」、紋切型（Cliché）の話ですね。先ほどもステレオタイプの話をしましたが、ここでは、流行歌、スター、メロドラマの特定のタイプがステレオタイプになっているだけでなく、それぞれの出し物（Spiel）の固有の要素であるように見える「細部」も、実は、そうしたステレオタイプな部分の組み合わせから導き出される、ということが指摘されています。

確かにここで例示されている、「一度は侮辱されても、手頃なスポーツとしてそれを笑って済ますことのできるヒーロー」とか、「男性スターのたくましい手で情婦に加えられる愛の答」、「甘やかされた富豪令嬢に対する主人公のすげなくつれない仕打ち」とかは、いろんな映画やドラマで何度も見ているような気がしますね。そういうお決まりのキャラ、身振りを繰り返し演じることで、個々のスターのイメージが確立しますし、ドラマが視聴者の安定した支持を得られるようになります。同じ人が同じような場面で、同じ様な振る舞いをし、同じような運命に至ることが最初から予想が付くのであれば、飽きてしまいそうな気もしますが、その方が安心して同じリズムで見ていられるということで、熱心なファンになる人もいますね。有名な俳優や女優さんには、毎回同じような場面で同じようなことをやって人気が高まっている人は少なくない。そして、水戸黄門のように毎シーズンというかほぼ毎回、同じようなタイミングで同じようなシーンを見せることで、安定した人気を誇っているドラマがありますね。「レディメードの紋切型」を組み合わせることで、人気ドラマが成立するわけです。

そういう「レディメードの紋切り型」のレパートリーがそろってくると、文化産業は売り込みの戦略を立てやすくなりますね。

世界をリアルに感じる

二六二頁では、文化産業が映画を通して、人々が経験する「世界」をコントロールすることができるという、準・哲学的な話が出てきます。これは、映画を通して、人々の知覚が宗教的・呪術的世界観の呪縛から解放されるというベンヤミンの議論とは、正反対の見方です。

> 全世界が文化産業のフィルターをつうじて統率される。かつては映画館を訪れた者は、外の街並みを今しがた見てきたばかりの活動写真の続きのように実感したものだった。映画自体が日常の実感される世界をそっくり再現しようとしていたからである。そういう古い経験を［人工的に］製造することが、今や映画製作の根本方針になってきた。製作技術がますます緊密かつ遺漏なく日常に経験される諸事物の複製をつくれるようになるにつれて、それだけ今日では外界が映画の中で識った世界のストレートな延長であるかのように錯覚させることは、簡単にできるようになった。

要は、映画が、私たちが日常的に経験する世界をそっくり再現することを目指し、観客にそういう印象を与えることに成功すると、そのうちに「現実」と「複製」の関係が観客の中で逆転し、まるで映画の世界の延長として、現実の世界があるような気になってくる。これは現在、テレビについてよく言われることですね。テレビが「現実」を極めて「リアル」——この場合の「リアル」というのは視聴者の感性にとってリアルということであって、「本当に現実に起こっている出来事通り」、ということではありません——に再現することに成功すると、視聴者はテレビで見たものこそが、〝本物〟であるというような気がしてきて、実物を見ても、それをテレビ的現実の延長で解釈してしまう。例えば、テレビで「常に、笑いを取ろうとする大阪人」の映像を何度も見ていると、実際に、大阪に行った時、それっぽい人があまり街を歩いていないので、「どういうタイミングで、どこに行ったら、本当の大阪人を見ることができるのか？」、などと思ったりする（笑）。たまたま、それっぽい人やシーンを見かけると、「ああ、やっぱり」と思って、何となく安心する（笑）。テレビ的現実が、目の前の現実によって証明されたような気になるわけです。

その手の「現実」と「メディア的複製」の逆転は、私たちの日常でしょっちゅう起こっていますが、それは既に、映画の出現と共に始まっていたということですね。そうなると、映画を通して、大衆を特定の「世界観」へと誘導すること、大衆にとっての「世界の見え方」を調節することさえ可能になってきます。

トーキーの衝撃的な導入以来、機械による現実の複製作業は徹頭徹尾こういうもくろみに仕えることができるようになった。実生活はもはやトーキーと区別できなくなりつつある。トーキーは、かつての幻灯劇場の域をはるかに越えて、観客たちが想像や思考を働かせる余地を奪う。観客たちが、映画の枠内にありながらこまごまとした所与に縛られることなく、大筋を見失わないようにしながら、悠然と楽しみ自由に逍遥することのできるような次元は、もはや残されていない。そうすることによってトーキーは、自分に引き渡されている観客を訓練して、映画の中の出来事と現実の出来事とを同一視するように仕向けるのである。今日では文化消費者たちの想像力や自発性の萎縮の原因を、ことさら心理的メカニズムの故にする必要はない。文化産業の製品、その典型はトーキーだが、その製品そのものが備えている客観的性質によって、想像力や自発性などの能力は麻痺させられる。

メディアがあまりにもリアルに〝現実〟を再現し、それを私たちの知覚が抵抗なく受容するようになると、私たちは次第にメディア的現実に対して受動的になる。つまり、私たちが全く想像力を働かさないでも、向こうからどんどん送られてきて、私たちの意識の中に入ってくる〝現実〟を疑うことなくそのまま受け入れてしまい、それとメディアの外にある「現実」それ自体との差異のことを考えたりしなくなる。最近、本を読まないでテレビやネット画像ばかり見ていると、想像力が貧困になる、という話をよく聞きますが、それと基本的に同じ問題です。活字で物語を読む時、その情景や人物像を自分の頭の中で想像しないと、面白く読んで、その物語に没頭することができません。集中しないといけないし、細かいところについてどうなっているのか辻褄が合うように想像しないといけないので、結構面倒ですが、主体的に物を見る訓練にはなります。しかし、小説を読む代わりに、テレビ、映画、ネットのドラマを見ることが当たり前になると、頭を使わないでぼうっとしていても、〝自然〟と情報が入ってくるようになる。私たちの想像力や感性は能動的に使われないので、だんだん鈍化していく。３Ｄが更に進化したら、二次元から三次元をイメージ的に再構成する必要もなくなるかもしれませんね。そうした想像力と自発性の衰退の徴候が、映画が登場してきた段階で既に見受けられた、という話です。

「型通りの隠語《ジャルゴン》 Jargon」

二六四頁から二六六頁にかけて、文化産業は、自らに固有の「型通りの隠語《ジャルゴン》 Jargon」を確立し、それに合わない言葉を排除するという話が出てきます。「隠語」の一般的意味は、一部の人にだけ通用する特殊な言葉遣いということですが、それは裏を返せば、その言葉遣いをマスターしていない人たちを排除するということです。「隠語」の影響力が強くなると、今度は、それを使用している人たちの思考パターンも支配するようになります。ジョージ・オーウェル（一九〇三―五〇）の『一九八四』（一九四九）に、反体制に通じる余計なことを人々に考えさせないようにするために、極端に語彙を切り詰めた「ニュースピーク Newspeak」という新しい言語のことが出てきますが、文化産業では、そういうものが自然と出来上がって現に通用している、というのがここでの議論です。

〈Jargon〉批判は、フランクフルト学派の思想を理解するうえで、一つのカギになります。初回にお話ししたように、アドルノは一九六四年にハイデガーをはじめとするドイツ哲学の隠語的性格を批判する『本来性という隠語』を出しています。ハイデガーは、議論の要所要所で、「本来的には〜」とか「本来的な〜」という言い方をして、読者を彼にとって〝本来的〜〟である方向に誘導している、「本来的 eigentlich」という何の変哲もない日常語を隠語として使っている、と批判しています。〈eigentlich〉の元々の意味は、「もともと」とか「そもそも」で、取り立てて特別な意味はありません。疑問詞のある疑問文で「これは一体〜?」というような意味で使われることもありますが、この場合も、それほど特別な意味がある言葉とは思えません。ハイデガーは、その何の変哲もない言葉を、魔法の呪文のように使って、そのリズムに人々を呪縛しようとする。それがアドルノの批判のポイントです。

話を戻しますと、文化産業は部門ごとの隠語を発達させ、そこで生産される作品を画一的なものにしてしまいます。

発表されるものには、何であれすべて徹底的に検印が押されていて、結局のところ、あらかじめ決められた隠語《ジャルゴン》の徴しを帯びていないもの、一見してＯＫが出るようなもの以外には、何一つ生れることができない。しょせん花形役者とは、初代であれ、二代目以下であれ、ジャルゴンをぺらぺら、うきうきとしゃべることのできる者なのである。まるでジャルゴンこそ真の言語であるかのように。だがじつは真の言語は、とうの昔にジャルゴンによって口を封じられてしまったものなのである。こういうふうにジャルゴンを自在にしゃべれることが、文化産業の各部局における自然らしさの理想なのだ。

ここで隠語という形で問題にされているのは、直接的には役者とか監督が語っている、業界内でしか通用しない言葉としての隠語ですが、それに加えて、そうした言語に対応する思考法や論理、それに基づく作品、その世界観の構成のされ方のようなことも含意されていると思います。

隠語の文法に従ってドラマの世界が出来上がってしまい、それが当たり前になってしまうと、その文法では表象できないようなものは排除されます。役者たちは、その世界の秩序に合うような言葉しか語れない。というより、隠語の世界の中で生き生きしているように見える語り方をする役者でないと、成功できない。これは、日本のテレビあるいは芸能界でどのようにウケるかについてよく聞く話ですね。業界の中でウケる、生き生きとしているように見えるためのフォーマットが出来上がっていて、それからずれているると認められない。「そんなのは嘘っぽちだ！」、と叫ぼうにも、世界全体が決まった隠語で出来上がっているので、〝真の言語〟がどういうものか分からなくなっている。

では、そうやって業界の隠語で固めた文化産業の世界はダメで、資本主義的な秩序を破壊する前衛芸術のようなものがいいのかと言えば、そういうことでもない。今読み上げたところの少し前の箇所では、前衛芸術も独自の隠語を持っていて、その文法に合わないものは抑圧してしまうと述べられています。

二六八頁で、文化産業の隠語の作用の仕方についてもう少し詳しく説明されています。

スターや監督たちが何をどう言うかは、論理実証主義におけるように、日常語に照らしてコントロールできなければならない。プロデューサーたちはエキスパートである。慣用語法は驚くほどの生産力を要求し、それを吸収しては浪費する。それは真の様式と人工的様式を区別する文化保守主義のやりかたを悪魔的に乗り越えてしまった。作中人物の気持に逆らって外側から押しつけられるような場合には、その様式を人工的なものと呼ぶこともできよう。しかし文化産業においては、素材は、その究極の要素に至るまで、それが繰り込まれるジャルゴンと同じ装置から生れてくるのだ。

言いたいことは大筋では分かると思いますが、アドルノたちの言い方自体も隠語めいた回りくどい言い方になっているので、細かいところが分かりにくいですね。業界分析めいた、あまり高尚とは思えない話に、哲学的次元の話を絡めるような書き方になっているので、そういう文体に慣れてないと難しく感じるのだと思います。そうした卑俗さと、哲学的抽象性が混交しているような書き方が、初期フランクフルト学派の文章の魅力なんだと思いますが、凡人にはついていくのがきついですね（笑）。もう少し真面目な言い方をしますと、異なった次元の間を頻繁に行き来し、異なった系列に属する言葉を、文脈に取り込むことで、狭い分野に閉じこもっている人たちの隠語的閉鎖性を打破することに主眼が置かれているのだと思います。しかし、そういう〝雑然とした文体〟自体が、著者たちが気付かないところで、新たなタイプの隠語的閉鎖性を示しているかもしれない。そう感じて、アドルノたち自身の隠語的体質を批判する人もいます。とにかく少しずつ文意を確認していきましょう。

「論理実証主義」というのは、御承知の人も多いと思いますが、二〇世紀の初頭にあった哲学上の運動で、従来の哲学のように、「存在」とか「無」とか「精神」とか、何を指しているのか分からないような概念を追いかけるのはやめて、科学の基礎付けに徹するべきだ、そのために最小限必要な概念だけに言葉を絞り込むべきだと主張しました。カルナップとかシュリック（一八八二－一九三六）など、ウィーン学団と呼ばれる人たちが中心です。カルナップが「言語の論理的分析による形而上学の克服」（一九三二）で、ハイデガーを無意味な言葉を操る人の代表格として批判し、ハイデガーの方も、ウィーン学団に代表される、論理を、記号の数理的組み合わせに還元しようとする潮流を軽蔑していたのは有名です。アドルノは先ほどもお話ししたように、後にハイデガーの隠語を批判する本を出し、ハイデガー批判の急先鋒になるわけですが、アドルノたちも「論理実証主義」は嫌っているようですね。彼らからしてみれば、ハイデガーも論理実証主義も、身内にしか通じない隠語を使っている点は同じ様なものなのでしょう。

「論理実証主義におけるように、日常語に照らしてコントロールできなければならない」の「日常語に照らして an der Alltagssprache」というところが、意味が取りづらいですね。論理実証主義は、日常語には無駄で冗長な表現が多いので、それらを削って、必要最小限のことだけ表現できる正確な言語を構築しようとしたわけですが、それは、日常語との対比で、そして、日常語で表現されていることを全てカバーすることを目指して、自らの言語を洗練する試みだと見ることができます。日常語からどれだけ離れた新たな文法を確立するかが、論理実証主義の成功の尺度だったわけです。それと同じ意味で、文化産業のスターや監督たちの隠語は、日常語に取って代わるものになることを志向している。そういう意味での「日常語に照らして」だと思います。

そういう業界に特有の特別な言語の体系＝慣用語法（Idiom）がいったん出来上がると、その文法に合うような作品を作り出すべく、相当な生産性が要求され、多くの金と労力が投入されることになる。哲学や芸術でもそうですが、ある領域で特殊な言語の体系ができると、その体系の理想にぴったり適合するような作品を作ろうと努力する人たちがどんどん登場します。プロであるプロデューサーたちは自分で新しい慣用語法を作り、それに合うような作品をどんどん生み出しているわけですね。

「文化的保守主義」が、「真の様式」と「人工的様式」を区別するというのも分かりにくいですね。「文化的保守主義」にとって「真」であるのは、伝統の中で磨きあげられ、洗練されてきたもの、あるいは、人々の生活に根差したものです。彼らは、それを最近になって特定の誰かが勝手に作りだしたものと区別しようとするけれど、文化産業はそうした努力を、悪魔のような思いもよらぬやり方で乗り越えてしまう、という話ですね。

どういうことかと言うと、「真の様式」であることを主張するためには、創作のための素材に〝自然〟なやり方で手を加え、作品へと組み立てることが可能でないといけない。しかし、文化産業においては、作品を構成するために用意される素材自体が、隠語が生み出されているのと同じ（文化産業という）「装置 Apparatur」から生み出されているので、文化保守主義が「真の様式」だと称しているようなものを適用できない。素材の全てが、文化産業によって作り出されているので、それに合ったような、つまり隠語によって創作する方がむしろ〝自然〟である。

こういう風に言うと、抽象的すぎるので、分かりやすい例に即して少し具体的にイメージしてみましょう。例えば、劇場でお芝居するのであれば、芝居独自の様式に従うとはいえ、普通の人間の身振りを自然と再現できているように観客に見せなければなりません。しかし、ディズニー・アニメ――余談ですが、ディズニー映画自体は既に第二次大戦以前からあり、ベンヤミンも『複製技術時代の芸術作品』の中で少し論評しています――のようなものになると、どうみても画面自体が、自然な世界とは違います。キャラクターには、そうした画面に合った、今まではなかったような動きをさせた方が〝自然〟だという感じはありますね。だから、その動きの文法を文化産業自体が、自らの売り込み戦略も計算に入れた上で考案する。文化産業のジャーゴンと、作品の人為性が一致することになるわけです。

実写の映画であれば、アニメーションよりは自然さが残っているような感じがありますし、演劇よりも自然さを追求することもありますが、撮影に際してカメラを始めとする機材とか、撮影クルーとか、モンタージュとか、ＢＧＭとかいろいろ人工的な素材が入り込んでいます。旧来の舞台演劇と同じような、「真の様式」を追求してもしかたない。（資本を背景としている）制作チームの隠語に合わせて、作品世界を構築する論理が必要になる。そういうことを言いたいのだと思います。

「スポンサーと検閲官 Sponsor und Zensor」——物象化された作品

芸術上の専門家たちがスポンサーや検閲官と、あまりにも信じがたいインチキについて係争をおこすことがあるとしても、それは美学内部の対立というよりは、むしろ利害関係の背馳によることが多い。専門家の名声というものは、時として作品自体の自律性の最後の残映が、そこに隠れ場を見出すこともあるものなのだが、それは教会や、文化商品を製造する巨大企業の経営戦略と衝突する。だが作品そのものが、すでにその固有の本質に従って、検閲当局の係争にさえならない前に、流通する商品として物象化されているのだ。

先ほどの内容を踏まえると、ここで言われていることは、比較的分かりやすいですね。文化産業の露骨な商業主義に対して、〝芸術家〟たちは反発することがあるけれど、それは美学的な問題というよりは、利害相反の問題だと言っているわけです。産業本体は、売上を気にするけれど、〝芸術家〟は自分の芸術家の名声を気にする。しかし、アドルノたちに言わせれば、文化産業が作り出す〝作品〟は、先ほどお話ししたように、素材や背景からして文化産業の戦略に合わせて作り出されているわけであり、監督や俳優もその前提に合わせて仕事をしているわけですから、同じ穴の狢だというわけですね。

ここまで言い切ってしまうと、映画ファンの人から異論が出そうな話ですが、アドルノたちの感覚からすれば、文化産業の一翼を担っている以上、利益から独立した美的センスのようなものを主張することはできない、ということでしょう。これは人によって多少感覚は違うと思いますが、舞台演劇よりは映画の方が、映画よりはドラマの方が、ドラマよりはアニメの方が商業的要素によって構成されている度合いが高いというイメージがありますね。アニメに芸術性を認める人でも、バラエティ番組にも芸術性があると言うと、違和感を覚える、というようなことあると思います。アドルノたちは、文化産業がはっきりとした形を取り始めた時代の人なので、線引きがかなり厳しいのだと思います。

「作品自体の自律性の最後の残映 ein letzter Rest von sachlicher Autonomie」という言い方が少し難しそうですが、これは最初にお話しした、近代において、芸術が宗教や政治などから（相対的に）分離し、独立した領域を確立したことに対応しています。その領域で、宗教などに影響を受けない、自律した美の基準を築き上げ、承認されるようになった。〈sachlich〉という形容詞は、正確には「客観的な」とか「即物的な」という意味ですが、徳永さんはそれを、「物としての作品それ自体における～」というような意味に取って、「作品の」と訳されたのでしょう。私も恐らく、その意味に取っていいと思います。「芸術のための芸術」という理念が生きていた――と思われる――時代には、作品を「美」それ自体を尺度にして評価することが可能だったわけです。

しかし文化産業によって様々な芸術分野が接収されるにつれて、自律性らしきものは再び失われるようになった。映画監督などの〝芸術家〟としての名声があることによって、芸術の自律性のことが思い起こされるにすぎない。作品それ自体には、自律性を見ることが難しくなったわけですね。「教会」が出てくるのが唐突な感じがするかもしれませんが、これは、近代以前には、「教会」がスポンサーだったからだと思います。映画『アマデウス』（一九八四）などモーツァルト（一七五六－九一）の生涯についての物語で、実力を認められ芸術家として独自路線を歩み始めたモーツァルトが、ザルツブルクの大司教の怒りを買う話が出てきます、スポンサーである教会としては、有名になった芸術家が勝手に自立するのは困るわけです。一八世紀以降、教会からの影響は小さくなっていきますが、二〇世紀になると、代わって、文化産業がスポンサーとして〝芸術〟を支配するようになるわけです。

細かい語学的なことを言っておくと、「スポンサーや検閲官」というところは、原語では〈Sponsor und Zensor〉で、韻が踏まれています。教会が芸術にとって、ありがたい「スポンサー」であると同時に、いろいろな規則で縛ろうとする「検閲官」でもあったというのは分かりやすいと思います。文化産業もそうですね。文化産業は、教会と違って道徳的権威は持っていませんが、自分たちの戦略に合わない作品を、公序良俗に合わないとか、いろいろな理由を付けて抑圧する力は持っています。

ただ、芸術家自身がいくら〝芸術の自律性〟を主張しても、芸術作品自体が市場で流通する商品として「物象化 verdinglichen」されている以上、その主張は空しいわけです。この場合の「物象化」とは、規格商品化された形で実体化している、ということでしょう。実際、映画やテレビは、みんなが憧れる、美しいイメージ、あるいはワクワクするようなイメージを、売れる商品として実体化して、流通させていますね。

少し穿った見方をすれば、近代初期に、芸術が教会から自立することが可能になったのは、ブルジョワジーを顧客とする芸術市場が成立したおかげであり、その意味では、芸術は元々、市場経済に支えられていた、と言えなくもない。文化産業は、それまで芸術を背後で支えていた資本が、制作の現場にまで露骨にでしゃばってくるようになったものであって、全く新しい現象ではない、と考えられる。アドルノたちは、文化産業論を通して、「芸術の自律性」それ自体を疑問に付しているのだと思います。

市場の論理と自由

二七二頁に行きましょう。文化産業は、芸術家を市場の論理でがんじがらめに支配している反面、芸術家たちの〝自由〟を保障している面もあることが指摘されています。

こうして、あらゆる様式のうちでも、もっとも牢固とした様式を持つ文化産業は、様式の欠如を非難されている他ならぬリベラリズムの目ざす目的なのだということが明らかになる。ただたんに文化産業のいろんなカテゴリーや内容が、リベラルな領域から、オペレッタやレヴューといった飼い馴らされた自然主義から、生じたものだというだけではない。近代の文化コンツェルンは、余所では崩壊に瀕している流通領域の一部が、それに応じた経営者類型とともに、さしあたりまだ生きのびている経済分野なのである。結局そこでは、あまりに脇目もふらずに事態を見つめたりしないで、適当にやることを知っていれば、人はまだ自分の幸福をつくることができる。反抗する者は、ただ相手に組み込まれることによってのみ、生きることを許される。ひとたび文化産業からの差異ということで登録されれば、反抗者も文化産業に所属することになる。

「もっとも牢固とした様式 der unbeugsamste Stil」を持ちながら、「様式」が「欠如」しているというのは、禅問答めいた言い方ですが、何となく分かりますね。芸術と、資本の関係について現在でもよく聞く話です。ここで言われている、二つの「様式」の意味が違っていると考えれば、ぐっと分かりやすくなります。従来の「芸術」で問題になるような「様式」、美を表現するやり方に関するそれぞれの流儀、こだわりのようなものは、「文化産業」にはほとんどない。その意味では、様式に関して「自由」です。しかしながら、顧客を最も引き付けることのできる、つまり売れ行きがよく、利益をもたらしてくれる表現パターンが見つかると、そのパターンを何度も繰り返し用いるようになる。そのパターンにおいて真の美が表現されているかどうかは本当のところ関係ありません。そうしたパターンが隠語を伴って様式化していく。つまり、文化産業の市場に参入する入口のところでは、どんなふざけた様式だろうと原則自由だけど、売れなかったもの、反響のよくなかったものは、業界の中で最終的に淘汰されてしまいます。間口を広くしておいた方が、いろんなやり方を試してみたうえで、一番、売れるものを選ぶことができるので、文化産業自体にとっても有利です。

オペレッタ（軽歌劇）やレビュー（ミュージカル・コメディー的な風刺劇）が、「飼い馴らされた自然主義 der domestizierte Naturalismus」というのは、抽象的な比喩なのでピンと来にくいかもしれませんが、言いたいことは、比較的シンプルだと思います。自然で奔放であるように見えて、実はちゃんと、興行主の利益を損なわない範囲でやっている、ということだと思います。文化産業は歴史的に見てそういうところを出自としているけれど、単にそういう歴史的背景だけの話ではなくて、人々の美的感性を最大限に刺激することによって、有用性のない〝もの〟から利益を生み出す「文化資本」固有の論理に従って、表面上のリベラルさを維持している、ということですね。

「近代の文化コンツェルン」が、「余所では崩壊に瀕している流通領域の一部が、それに応じた経営者類型とともに、さしあたりまだ生きのびている経済分野」というのが分かりにくい言い回しですが、これは恐らく、文化産業というのは、〝一応太っ腹のプロダクション〟のようなものによって運営されているということだと思います。つまり、他の産業分野のように、最初から一番売れそうな商品を企画して、それを工場で大量生産するということではなくて、取りあえずは、いろんなことをやらせて、その成果を市場に出してみる。それで、うまくいったものを伸ばしていく。そういう感じで経営している、ということだと思います。出版業界と著者の関係って、そんな感じがありますね。

文化産業は、そういう風に、多少でこぼこさせながら、いろんな流儀のものを市場に出しているので、文化産業に対する反抗者も、反抗者として文化産業に登録したうえで、市場に出してやることがあります。現代日本ではあまりにもベタですが、「○○の異端児」「△△の掟破り」というキャッチフレーズがありますね（笑）。本屋さんの人文書コーナーのポップにも、「□□の前線で旋風を巻き起こす」、とかいうのがありますね（笑）。最近では、正統派よりもそっち系の方が多い感じですね（笑）。だから、私は、編集の人に対しては、「どうでもいいことでいちいち驚かないで」（笑）と言っているのですが、「異端」とか「変り者」の方が多少売れ行きがいいようですね。

文化産業には、そうやって、わざと自分に敵対する勢力を仕立てて、「差異」を作り出し、売り上げに繋げる、という戦略をしばしば取ります。

「後期資本主義 Spätkapitalismus」Ⅰ――労働と欲望

二八二頁で、娯楽事業（Amüsierbetrieb）としての文化産業が人々の「欲求 Bedürfnis」を常に新たに作り出し、それによって労働力の再生産のサイクルに寄与している、というマルクス主義っぽい話が出てきます。文化産業は、大衆に束の間の夢を見させ、生活の物質的現実から目をそむけさせるという意味でイデオロギー性を帯びています。ただし、イデオロギーといっても、ナチスやファシスト運動、あるいは宗教のように、高らかな理想を掲げて、それを人々に押し付けるようなやり方はしません。文化産業は、上から目線ではありません。むしろ、何度も繰り返し、同じようなステレオタイプのイメージを大衆に見せ

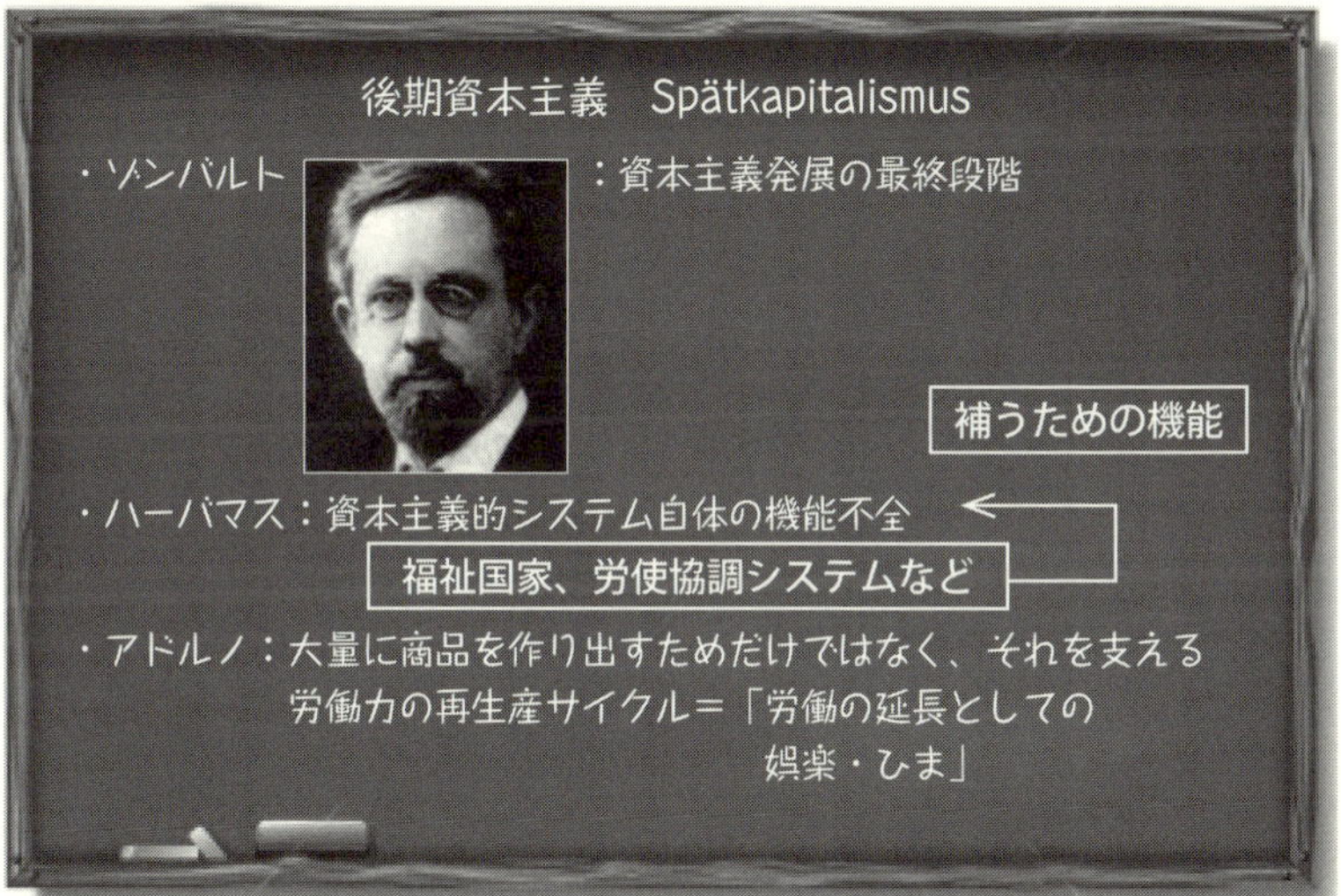
後期資本主義 Spätkapitalismus
・ゾンバルト
：資本主義発展の最終段階
補うための機能
・ハーバマス：資本主義的システム自体の機能不全
福祉国家、労使協調システムなど
・アドルノ：大量に商品を作り出すためだけではなく、それを支える
労働力の再生産サイクル＝「労働の延長としての
娯楽・ひま」

ることで、そのステレオタイプに反応する「欲望」のサイクルを作り出し、それらのイメージが物象化した商品を自主的に買うように仕向ける。

> 彼らのイデオロギーは商売なのだ。そのかぎり、文化産業の強制力は作り出された欲求との統一のうちにあるのであって、欲求との単純な対立のうちにあるのではない、ということは正しい。たとえそれが全能と無能との対立であるとしても。――娯楽とは、後期資本主義下における労働の延長である。娯楽とは、機械化された労働過程を回避しようと思う者が、そういう労働過程に新たに耐えるために、欲しがるものなのだ。

宗教のイデオロギーだと、人々の欲求を抑圧して、生活を厳しく規律するようなイメージがありますが、文化産業のイデオロギーはむしろ、人々の欲求とうまく調和することで、浸透していきます。「全能」と「無能」というのは、文の流れから分かるように、文化産業のイデオロギーと、個人の欲求の対比です。

「娯楽 Amusement」を提供する文化産業は、人々に無理強いしないからこそ、万能なのです。

「後期資本主義 Spätkapitalismus」というのは、元々はゾンバルト（一八六三―一九四一）が資本主義の発展の最終段階を示すために作り出した言葉ですが、その後、いろんな立場の人がいろんな意味で使っています。ハーバマスは、資本主義的システム自体の機能不全を補うための福祉国家とか、労使協調などのシステムを備えるようになった資本主義の意味で使っています。アドルノたちの文化産業論の文脈では、初期の生産中心の資本主義のように労働者をひたすら安い労働力で働かせて、大量の工業製品を作り出すことにのみ力を入れるのではなく、多様な商品によって大衆の購買意欲を作り出し、それを新たな原動力にするようなタイプの資本主義を指していると考えればいいでしょう。ある程度まで経済規模が大きくなり、労働人口がこれ以上あまり増えなくなると、消費重視の路線に転換せざるを得なくなるわけです。

そこで、娯楽としての文化産業が重要な役割を果たすことになります。多くの労働者は、機械の部品のようにひたすら働き続けることにいやけがさしている。できれば、もう働きたくないと思っている。そこで、「娯楽」が出てきます。「娯楽」は気晴らしになります。それに加えて、「娯楽」のために、更に働いて金を稼ごうという気にもなります。そう考えると、「娯楽」は、労働力の再生産のサイクルを構成する重要な営みであり、「労働の延長 Verlängerung der Arbeit」だとさえ言えそうです。

だが同時に機械化は、ひま人とその幸福にも、それと同じような力を及ぼす。それは娯楽商品の工場生産を根本から規定しているので、ひま人といえども、労働行程そのものの模像以外には、もはや何も経験することはできない。表向きの内容は、たんなる色あせた前景にすぎない。つまり深い感銘と見えるものも、じつは規格化された業務が自動的にもたらす一つの帰結にすぎない。工場や事務所での労働過程を回避することができるのは、ひまな時にもその過程に同化することによってだけである。

「ひま人」と訳されていますが、原語は〈Freizeitler〉で、文字通りに訳すと、「余暇 Freizeit」を楽しんでいる人ということです。ずっと暇にしている、ニートのような人のことではないと思います（笑）。機械の部品のように働き続けている労働者は、気晴らしのために「娯楽」を楽しむわけですが、その「娯楽」も機械化された工程の「模像 Nachbild」になっている、というわけですね。

この理屈が分かりにくいですが、ポイントは、消費者は、本当に「娯楽」を自由に楽しんでいるというよりは、作品の構造によって、決まったリズム、決まったタイミングで笑ったり、感動したりするよう条件付けられる、ということだと思います。アニメとか、テレビの連続ドラマだと、どういう場面でどう感じるべきか、最初からプログラムされているのではないかと思われるような作りのものありますよね。ドラエモンとか、水戸黄門とか。ベタで出来上がっているんですね。そういうものだと分かっていても、いつものタイミングで泣いてしまう人が意外といる（笑）。

そういうベタで構成された作品で、プログラムされた通りに、感情を動かして、気分を回復しているのであれば、心身の管理という面で、「労働過程の延長」にいるようなものだというわけです。労働から距離を取るために「娯楽」を楽しんでいるはずなのに、実際には、労働工程に完全に「同化する」ことによって初めて、「娯楽」を享受できるという逆説的な状況になっているわけです。

二九六頁に、文化産業による大衆の欲求の操縦について、まとまった記述が出てきます。

> 文化産業の地位が確固としたものになるにつれて、消費者たちの欲求は文化産業によって一括して処理されるようになる。消費者の欲求を文化産業は作り出し、操縦し、しつけ、娯楽を没収することさえできるようになる。そういう文化的進歩を妨げるものは、そこにはまったく存在しない。

文化産業は、もともとは「文化」に特化した産業分野にすぎなかったはずです。しかし、「労働」の再生産のための仕組みである「娯楽」全般を掌握し、人々を暇な時でも「延長した労働過程」の中に組み込むことを可能にしたことで、私たちの消費欲求をコントロールできるようになった。文化産業は、様々なイメージを作り出して、私たちの欲求をそれに引き付け、都合のいい方に誘導し、消費すべきものを消費させる。それはもはや、「文化」という中途半端な〝商品〟を専門的に扱う、マイナーな産業部門とは言えません。人々の労働への欲求を過不足ないように管理・調整しているという意味では、全ての産業の中核に位置している、とさえ言えるかもしれません。

三一二頁で、文化産業が人々を躾け、お行儀よくさせる、という話が出てきます。映画は、感情の処理の仕方、欲求不満のはけ口を教えてくれます。

悲劇映画はまったくのところ、道徳的教護施設になる。体制の抑圧の下にあってモラルを喪失した大衆は、わずかにひきつって習慣化した態度様式のうちで文明を示すにすぎないのだが、そういう態度を通して至るところに憤懣と反抗とが透けて見える。そういう大衆は、苛酷な生活のシーン、それに打ちひしがれた者たちの模範的な態度のシーンをつうじて、秩序に従うように義務づけられなければならない。野蛮な本能と同じく革命的な本能を抑制するのに、昔から文化は寄与してきた。その残りを産業文化が仕上げる。苛酷な生活をとにかく何とか続けてゆける条件が、産業文化によって教えこまれる。

大衆が抑圧されているうちにモラルを失い、不満や反抗をつのらせ、その感情を体制に向けるようなことになると、資本主義にとってはまずいわけです。その感情のカタルシスが必要になる。悲劇の映画の主人公は、感情を暴走させて、反体制運動に走ったりせず、運命を受け止めようとします。怒った大衆がてんでんばらばらに暴れ出して、革命へと集結するようなストーリーは、娯楽映画としては考えにくいです。喜劇としてなら、アリかもしれませんが。

産業文化〈die Industrialisierte〉
産業化されたもの＝産業化された文化
文化産業＝〈Kulturindustrie〉
文化 ↔ 産業
Kultur　Industrie
※文化は純粋な精神的な意味、人格を陶冶するというニュアンスで“産業”という言葉とはそもそも相容れない

革命を背景としたストーリーにするにしても、何らかの形で、主人公が試練を通過して、人間として成長するような感動的設定にしないといけない。

そうした悲劇の主人公が、大衆にとってモデルとして機能するわけです。野蛮な本能にそのまま身を任せるのではなく、文化的に振る舞うよう仕向ける、克己のモデルです。現代日本のテレビ批判やアニメ批判でも、そういうことはしょっちゅう指摘されますね。無論、ヒーローのモデルはちょっとずつ捻ったものになっていきますが、ヒーローやヒロインが、単純に暴走するのではなく、どこかで自分自身を振り返り、〝大切なもの〟を発見して、退屈な日常へと戻っていくという基本構図は、少なくともメジャーになるような作品に関しては、あまり変わらない。

考えようによっては、文学とか演劇、絵画などは、文化産業が形成される以前から、ずっとそうした役割を果たしてきたわけですが、文化産業は複製技術やメディアを活用することで、その効果を、小説を読まず、美術館や劇場に行く気などない一般大衆にまで拡大したわけです。

「文化産業」と「産業文化」の対は、訳語レベルで見ると、うまく語呂を合わせた感じになっていますが（笑）、原文だと、後者は〈die Industrialisierte〉、つまり「産業化されたもの＝産業化された文化」で、〈Kulturindustrie〉をきれいにひっくり返した形にはなっていませんし、「産業文化」と少しだけニュアンスが違いますね。「産業文化」と言うと、産業自体が文化になっているとか、産業が文化の一翼を担っているようにも聞こえますが、「産業化された文化」の方が、「文化」が「産業」に、ますます適合するようになって、産業を補完するようになる、というニュアンスがはっきりしますね。先ほど見たように、文化産業は、労働過程をモデルにした「娯楽」を提供することで、労働者の生活全般を、労働の延長過程の中に組み込んでしまう。「産業化された文化」は、そうした文化産業を中心に再編された、後期資本主義の「文化」全般を指していると考えられます。それは、過酷な生活条件に耐えることができるよう、労働者たちをメンタル面で導いてくれる文化です。

「後期資本主義 Spätkapitalismus」Ⅱ——絶望した者たちと結社組織《ラケット》

個人は、もうウンザリしている集団的権力に身を捧げるために、そういう何もかも嫌だという気分を原動力として活用しなければならない。日常生活のうちで観客をボロボロにさせている永遠に絶望的な状況は、それを再現するシーンを観ているうちに、いつしか訳もわからぬなりに今後とも生きてゆくことを許される約束になっていく。そのために必要なのは、自分が何の価値もないことに気づき敗北を自認すればいいだけなのであり、またすでにそうなっているのだ。社会とは絶望した者たちの集合であり、したがって結社組織《ラケット》の好餌なのだ。

これはまさにカタルシス効果ですね。永遠に絶望的な状況を再現したような映画でも、決まった時間内に上映すべく撮影された作品である以上、何らかのオチがあります。そのオチを見ることによって、何となく自分を取り巻く状況も象徴的に解決されたかのような気分になる。

そうやって、映画によって癒され、労働を続けるための前提条件が、自分が敗北者であること、つまり、疎外された労働工程に対して反抗することを深いところで諦めてしまった人間であることを、素直に認めてしまうことだ、というわけです。ヘンに頑張らなければ、映画のカタルシス効果に身を委ねられるわけです。

「ラケット Racket」という用語が少し気になりますね。英語の辞書を見ると、ギャングやシンジケートなどによる、非合法のビジネスという意味が出ています。そうした「ラケット」に従事する者たちは、〈racketeer〉と呼ばれます。ホルクハイマーは、これを国家秩序が崩壊しかかっている時に結成される、徒党とか派閥を意味する、社会学的専門用語として用いています。ラケットは、負け犬意識を持っている人たちを引き付けます。ナチスは、元々ラケットですね。現代日本だと、新興宗教とかスピリチュアリズムのようなものがすぐに思い浮かびますが、ネット上の妙なサークルなんかもそうかもしれません。

三一三頁に「ラケット」についての説明があります。

> 誰もがサラリーマンになり、サラリーマン文明の中では、さなきだに怪しくなっている父親の権威は地に堕ちる。会社であれ、職業集団であれ、政党であれ、またそれへの加入の後先を問わず、結社組織《ラケット》に対する個人の態度には、大衆を前にした指導者、恋人を前にした求婚者のジェスチュアと同じく、本来マゾヒズム的な様相が浮んでいる。こういう社会に対する道徳的適合性を繰り返し新しく立証するために、誰しもとらざるをえない態度は、氏族への入会式にあたって祭司に打たれながらも、つく

り笑いを浮べてぐるぐる廻っている子供たちを想い出させる。晩期資本主義においては、生存するということは不断の通過儀礼なのだ。

どういうことか大よそ分かりますね。負け犬なので、誰かに依存したいのだけど、父親などの伝統的な権威は既に地に落ちている。そこで、急ごしらえで結成された、閉鎖的・秘教的で、メンバーに対して忠誠心を示すことを強く求めるような「ラケット」に惹かれる人が出てくる。そこに入会して、メンバーと認められるには、通過儀礼としてきついことをしなければならないけど、それがかえって、安心に繋がる。そういう態度をマゾヒズム的と呼んでいるわけです。私が昔いた新興宗教団体では、入会して間もないメンバーに訪問販売をさせていましたが、文芸評論家を育てる〝道場〟で、文学フリマで同人誌の売り上げを競わせるというのがありましたね（笑）。アイドル・オタクとかアニオタのサークルには、普通の人には到底付いていけないような、きついしきたりや実践が義務になっているところがありますね。そういう話は至るところにありますね。

アドルノたちは、そうした通過儀礼なものは、古代の氏族社会における入会儀式の名残だと見ているわけです。『啓蒙の弁証法』全体を通して彼らが問題にしている、「自然への頽落」の端的な現われかもしれません。

三一五頁で、そうした個人の弱体化に対応して、疑似「個性」が文化産業によって生産されるようになったことが示唆されています。「II　オデュッセウスあるいは啓蒙と神話」では、自然のサイクルから、「個人」が自立する過程の困難や矛盾が叙述されていたわけですが、ここでは、文化産業によって大衆の「欲求」が支配される後期資本主義社会において、「個性」が形だけ維持され、あたかも〝個人〟が健在であるかのような幻想が流通していることが問題視されています。

個性派スターという〝擬似高級感〟

文化産業のうちで個人が幻影と化してしまうのは、たんに文化産業の生産様式が規格化されているせいばかりではない。個人が容認されるのは、一般的なものとあます所なく同一化していることに、疑問の余地がないかぎりである。ジャズにおける規格化された即興演奏から、一目でその人と見分けられるように目の上まで巻毛を垂らしている個性派映画スターに至るまで、擬似個性がはびこっている。個性的なものは、偶然的なものにはそうであることが明示されるように、一つ残らずスタンプを押す一般者の能力へと還元される。その時々に展示される個性が、反抗的にムッツリしていようが、洗練された身ごなしで登場してこようが、それは、ほんのミリ単位の差で揃えられているシリンダー錠のようにシリーズとして製造されている。

文化産業の生産様式の「規格化 Standardisierung」というのは、ここまで見てきたように、労働過程を、娯楽を中心とする日常生活にまで延長させていく、ということだと思います。「個人が容認されるのは、一般的なものとあます所なく同一化している」というのがやや抽象的で分かりにくいですが、これは、社会の標準と一致していることを大前提として、「個性」が認められるということです。それは、「これこそが個性的である」というフォーマットが既に出来上がっていて、それに合わないと、個性的だと認めてもらえない、ということでもあります。

現代社会で、「自分の個性を発揮しましょう」、という話をよく聞きます。学校教育でも、絶えず強調されますし、就職の面接試験のマニュアル本にも書かれていますね。でも、「個性を発揮しなさい」、と言われても、あまりに漠然としていて、具体的にどうしたらいいのか分からないですね。何もしないで、じっと黙りこんで、「これが私の個性です」、という態度を取っても、ダメですね（笑）。「君のような人はたくさんいるよ！」、と言われて終わりですね。どうも、面接官とか先生から、「個性」があると認知されやすい振る舞いのパターンがあるようなのですが、受験する人には、それがなかなか分からない。

評論家とか知識人なんかもそうですね。例えば、宮台真司さん（一九五九－　）とか東浩紀さんが「個性的な知識人」であるというイメージが定着したとします。そういう評価が定まると、それ以降デビューする新人たちは、典型的な「個性人」である彼らとどのように〝似ているか〟で、個性を測られることになります。「個性的な人間」の典型に合わせて、他の人を測るというのは露骨に矛盾した話ですが、実際にはそういうことが横行していますね。芸能人とかアーティストになると、もっと露骨にそういうのがありそうですね。有名芸能人になると、日本全国で、「○○さんのように個性的で、自分らしく生きましょう」、と推奨されたりする。

「個性的なものは、偶然的なものにはそうであることが明示されるように、一つ残らずスタンプを押す一般者の能力へと還元される」というのが、少し分かりにくいですね。ここは、原文を見た方がいいでしょう。〈Das Individuelle reduziert sich auf die Fähigkeit des Allgemeinen, das Zufällige so ohne Rest zu stempeln, daß es als dasselbe festgehalten werden kann.〉となっています。最初のコンマのところまでが、「個性的なものは、～一般者の能力と還元される」に相当します。日本語で「一般者」というと、「一般的で特性のない人間」のようにも聞こえますが、ここで〈das Allgemeine〉と呼ばれているものは抽象名詞なので、「一般的なもの」と訳しておいた方がいいと思います――〈des Allgemeinen〉は、文法上の可能性だけ考えると、男性名詞の〈der Allgemeine〉あるいは中性名詞〈das Allgemeine〉の二格（所有格）ですが、前者だとすると「一般的な男性」という意味になり、文章の流れとしてかなり不自然です。この部分は、「個性的なものは、一般的なものの力に還元される」、としておきましょう。

〈das Zufällige so ohne Rest zu stempeln〉は、〈Fähigkeit(能力、力)〉にかかっています。「偶然的なものに、

あますところなくスタンプを押す力」、ということです。意味としては、「偶然によって、各要素の間にいろいろな変異が生じているはずだが、それにスタンプを押して管理する」という感じでしょう。この中の〈so〉は、英語の〈so〉とほぼ同じ意味です。そして、その後の〈daß ～〉と合わさって、つまり〈so ～ daß ～〉という構文になっています。これは、英語の〈so ～ that ～〉と同じで、「～になるように、～する」あるいは、「あまりに～なので、～になる」という意味になります。ここでは、前者のケースでしょう。

一番問題になるのは、〈daß es als dasselbe festgehalten werden kann〉という部分です。代名詞の〈es〉は言うまでもなく、〈das Zufällige〉を指しています。〈dasselbe〉というのは「同じもの」ということです。〈festgehalten〉は〈festhalten〉という動詞の過去分詞形です。徳永さんはこれを「明示する」と訳されていますが、これはあまりいい訳ではないと思います。〈festhalten〉はむしろ、「しっかり捕まえる」とか、「（記憶などに）留める」という意味です。スタンプを押すことで、「偶然的なものが、それ自体（＝偶然的なもの dasselbe）としてしっかり把握され得る」ようにするわけです。

「スタンプ」と、「偶然的なものが偶然的なものとして把握されること」が分かりにくいですが、恐らく、その後に続く文章から推測すると、製品の製造番号を押しているようなイメージなのだと思います。パソコンなどにシリアル番号というのが付いていますね。製品番号を押されれば、確かに個体識別は可能になりますが、それは同時に、単に形式的に識別しているだけであって、実体はみな「同じもの dasselbe」なので、「同じもの」として扱うことにすると宣言することでもあります。完全に同じ形でなくても、シリンダー錠のように、基本的に同じフォーマットで、ほんの少しずつ溝の位置をずらすことで、個々の錠前を作る場合もありますね。

そういうことを踏まえて、少し補足して訳し直すと、「個性的なものは、偶然的なものにあますところなくスタンプを押すことで、それが偶然的なものであること（、そして『同一であること』）がしっかりと把握されるようにする、一般的なものの有する力に由来する」、となります。逐語的に解説すると、結構ややこしいですが、要は、本当の偶然性ではなくて、「同じもの」にちょっとずつ規則的に差を付けて、「偶然的で個別的なもの」に見せているだけ、ということです。

プログラム的に刻みつけられた差異があるだけで、本当の個性はない。しかし、その疑似個性（Pseudo-individualität）がもてはやされて、人々がそれを追っかけている。それが、「個人」が「幻影化している」、ということです。

三一八頁で、疑似個性がもてはやされる中で、文化産業のスターたちがどのような役割を担っているかが述べられています。本当に輝いていると、スターになれないようです。

ごく普通の者でもヒーローになれるということは、安っぽさの崇拝の一部なのだ。並はずれた収入のあるスターは、知名度の低い商品銘柄の広告ポスターにうってつけである。そういうスターが、しばしばコマーシャル・モデルの、その他大勢の中から選ばれるのも、いわれのないことではない。今日支配的な趣味の理想は、広告や実用美から与えられる。「美は役に立つ」というソクラテスの言葉は、こうしてついに皮肉な形で実現された。映画では、全体としての文化コンツェルンのための宣伝が行われ、ラジオでは、文化財の存在目的たる商品が一つ一つ吹聴される。五〇セント払えば一〇〇万ドル映画も見られるし、一〇セントでチューインガムも手に入るが、その背後には世界のあらゆる富があり、その売行きで富はさらに強化される。

普通の人から〝スター〟が選ばれるというのは、現代日本で本当によく聞く話ですね。そういうコンセプトのアイドル・グループは多い、というか、そうでない方が珍しいくらいの雰囲気になっていますね。

ファッション雑誌の読者モデルとかも、そうですね。とにかく、「みんなと同じ」であることを、その〝スター〟の〝個性〟としてアピールする。

そうした「みんなと同じ」でありながら、並はずれたスターをコマーシャルに登場させることが、商品の売り上げに繋がる。消費者は、スターと同じものを消費することで、疑似高級感を味わえる。それが商品自体の魅力になり、人々を引き付ける。スターは、そういうファンタスマゴリー的な〝美の力〟を発動させる触媒の役割を果たすわけです。

繰り返しになりますが、文化産業が牛耳る商品空間では、人々の購買意欲を感性的にそそるものこそが、「美しい」ものとして通用します。そうすると、「みなと同じ」に見えることを売りにして金を稼ぎ、金を稼いでいるがゆえに更に魅力的に見えるスターが、圧倒的に「美しい」、ということになる。抽象的に表現すると、多少難しく聞こえますが、要は、日本の芸能界について始終言われていることですね。

社会的に有用とはなにか？

三二〇頁で、文化産業に見られる、芸術の商品性について、改めて論じられています。芸術が「商品」であるのは今に始まったことではありません。商品として買ってくれる人がいないと、職業としての芸術は成立しません。問題は、芸術が、自らの商品性に対してどういうスタンスを取るかです。

> 芸術が商品という性格を持つことが新しいことなのではない。それが今さらめかしくわざわざ告白されることが目新しいだけであり、芸術がそれに固有の自律性を捨てることを誓って、誇らしげに消費財の下に自分を組み入れることが、新しさの魅力となっているのである。

既にお話ししたように、文化産業以前の芸術は、少なくとも〝自律性〟を装っていました。自分の作品がいくらで売れるか気にするのは下品なことだし、下品なこととは独立の「美」の固有の基準があると主張していた。しかし、文化産業下の芸術は、開き直って、「どうだ、私はこんなに売れるのだ」、と誇り、それを自らの〝美しさ〟の基準とするようになった。消費財であるということが、大衆に認められている指標になったわけです。評論家やプロダクションは、「これだけのたくさんの人の購買意欲をそそるのだから、万人が認めるすばらしい芸術作品に違いない」、というようなことを何の臆面もなく言ってのける。

独自の領域としての芸術は、昔から市民的なものとしてのみ可能だった。その自由でさえ、市場を支配している社会的合目的性の否定にすぎず、本質的に商品経済という前提に縛られていたのである。自己固有の法則にしたがっていさえすれば、それだけで社会の商品的性格を否定していると称する、いわゆる純粋な芸術作品はいつでも同時にやはり商品だったのだ。つまり一八世紀に至るまで、注文主の庇護が芸術家たちを市場から保護してきたかぎり、彼らは市場の代りに注文主とその目的に従属していたのである。

「市民的 bürgerlich」というのは、マルクス主義的に言えば、ブルジョワ的ということです。ブルジョワジーが台頭してくれたおかげで、「芸術」が相対的に「自由」になったように見えるけれど、その「自由」というのは、「社会的合目的性 die gesellschaftliche Zweckmäßigkeit」の否定という消極的なものにすぎない、というわけです。「社会的合目的性」と言うと難しく聞こえますが、物自体の使用価値とか、貨幣に媒介された交換価値とか、広い意味での社会的有用性のことです。

「社会的合目的性」を否定しながら、「商品経済」という前提に縛られているというのは、一見逆説のようですが、これは分かりますね。（芸術市場を含む）「商品経済」がちゃんと機能しているおかげで、芸術家たちは安心して、「役に立たないものの美」を主張できるわけです。もし、ほとんどの人が、「何が役に立つのか分からない」、と不安に駆られていたら、〝無益なものの美〟を追求する芸術家的なスタンスは無意味になります。要するに、表面的な主張とは逆に、芸術は、商品経済にどっぷりつかっているわけです。これは、資本主義経済のおかげで、活動のための暇と金を獲得できるサヨク、というのと同じような話ですね。サヨクでアーティストというダブルの人もいますね（笑）。

アドルノたちに言わせれば、芸術がいくら頑張っても、根っこが商品経済にあることは変わらない。「市場」が芸術をダメにしたと言う人もいるけれど、「市場」が成立する以前は、特定のパトロンのための制作をやっていた。

> 偉大な近代の芸術作品の無目的性は、市場の匿名性のおかげで生きているのだ。市場の要求は幾重にも媒介されているために、芸術家は特定の要求から免れてはいる。ただもちろん、それはある程度までの話であって、それというのも、市民社会の全歴史をつうじて、芸術家の自律には、たんに容認された自律という非真理の要素がまつわりついており、それが結局は芸術の社会的権威失墜へと展開していったからである。死の床にあったベートーヴェンは、「こいつは金のために書いている」と叫んで、ウォルター・スコットの小説を投げつけながら、それでいて同時に、市場への絶縁状とも言うべき最後のクァルテットを換金するに当っては、なおしたたかで頑固な商売人という面を見せたという。

これは面白い指摘ですね。特定の注文主のために制作しているより、「市場」で取引されている方が、「無目的性 Zwecklosigkeit」を主張しやすいというわけです。ここでの「無目的性」というのはさきほどの

「自由 Freiheit」と同じで、相対的なものです。特定の注文主の目的性から解放されているという意味で、「無目的」と言えなくもない。ただし、市場で芸術作品を買う人も、それぞれ目的を持って、買うわけです。友人への見栄とか、社会的ステータスとか、自分のセンスのよさ、あるいは前衛性の暗示とか。自由な「市場」では、最終的にどういう人が買うか分からず、様々な欲望がまざり合って、特定の芸術家、作品に対するニーズが匿名的に形成されるので、芸術家の方も、それに完全に合わせることはできない。市場が芸術家と顧客の間に入っていて、しかも顧客が匿名化しているおかげで、芸術が「自由」であるかのような外観が生じるわけです。

しかし、そうは言っても、やはり顧客、あるいは、美術館などを熱心に訪れるファンがいて成り立っている商売であり、それらの人たちには一定の傾向があるのは確かです。プロデューサーとか、新聞などの批評を通して、芸術家もそれを知ることができる。知ってしまうと、無関心ではいられなくなる。「大衆芸術」を標榜することで、気にしている自分を正当化することもできる。顧客やファンもある程度分かって付き合っている。そういうのを、「容認された自律」と言っているわけです。

ウォルター・スコット(一七七一－一八三二)というのは、徳永さんの訳注にもあるように、英国の前期ロマン派の小説家で、『アイヴァンホー』(一八一九)の作者として有名です。一二世紀のノルマン化しつつあるイングランドを舞台に、サクソン人の貴族の子孫アイヴァンホーが冒険と恋をする歴史小説です。ベートーヴェン(一七七〇－一八二七)とほぼ同年齢ですね。ベートーヴェンは、スコットが金儲けのために書く俗物だと言っているわりには、自分の曲にいくらの価値があるのか、死の直前まで気にしていたわけです。モーツァルトより少し若いベートーヴェンは、ロマン主義に属するとされています。文学、音楽、美術のロマン主義はちょっとずつ時期が違いますし、英国とドイツの違いもあり、芸術概念も一様ではありませんが、大ざっぱに言って、一八世紀末から一九世紀前半にかけての「ロマン主義」と呼ばれる芸術の潮流があった時代は、芸術市場が形成され始めた時代でもあります。
この少し後の、三二一頁から三二二頁にかけて、芸術作品における使用価値／交換価値の問題が論じられています。

芸術における使用価値／交換価値

完全に需要に適応することによって、芸術作品はそれが果すべき有用性の原理からの解放を前もって人々からだましとっているのだ。文化財の受容において、使用価値と呼ぶことのできるものは、交換価値にとって代られ、深く味わう代りに流行に外れないことが、眼識の代りに通ぶること、恰好をつけることが重んじられるようになる。消費者は娯楽産業のさまざまな制度からは逃れられないのだが、その消費者［に奉仕するように見せかけること］が娯楽産業のイデオロギーになる。

芸術作品は、人々に対して、あたかも「有用性の原理 das Prinzip der Nützlichkeit」から「解放」されるかのような幻想を与えるということです。何故かと言えば、芸術作品には、ハンマーとか椅子とか、机などと違って、「使用価値 Gebrauchswert」がないからです。人は、通常、使用価値があるから商品を買います。従って、使用価値のない芸術作品を高い金を払って購入すると、使用価値によって代表される「有用性の原理」から解放されたような気になるわけです。

しかし、アドルノたちに言わせれば、「有用性」は「使用価値」だけではない。「交換価値 Tauschwert」という側面もあるわけです。芸術作品は、「使用価値」のなさをアピールすることで、「交換価値」を獲得します。使用価値とは関係なく、交換価値だけで流通している。しかも、消費者の幻想を養分にして、その交換価値を増幅させていく、というのは、極めて資本主義的な価値の在り方だと言うことができるでしょう。

しかも芸術の「交換価値」は、購入者に独特な「有用性」をもたらします。それは、「流行から外れていない人間」として「通ぶること Bescheidwissen」あるいは「格好をつけること Prestigegewinn」です。本当に芸術作品それ自体を楽しみ、眼識を磨くのではなく、通であると気取って、いい気になり、それで満足するわけです。社会的体面につながるし、他人から通だと認められていい気になれる、一石二鳥です。本当に感性的に楽しめることが、芸術作品の使用価値だとすると、他人に対して通ぶることが、交換価値だと言えるかもしれません。もっとも、これはかなり微妙なところですね。芸術好きな人で、その作品の良さについて語りたがる人は結構いますね。そういう人にとって、〝使用価値〟と〝交換価値〟のどちらがより大切なのか？

文化産業の場合、これまでの話から分かるように、後者の優位がはっきりした形を取って現われてきます。最新の流行を分かっていることが、映画ファンとしての資格と見なされます。絵画や彫刻の場合、現代アートを理解しない芸術通がいてもそれほどおかしい感じはしないけど、最新の映画のトレンドを知らない、あるいは、理解しない映画通というのは、少し違和感がありますね。最近流行している作品がダメだとしても、少なくとも知っておかないといけないだろう、というような感じがありますね。アニオタになると、最新の流行作品を知っていることが、大前提みたいな感じになっていますね（笑）。因みに私は、最新の流行にも、昔の流行にもそれほど詳しくありません（笑）。

そうやって、「格好をつけてる」ような気分にさせることで、娯楽産業は、消費者を自らの制度の内に取り込んでいきます。「芸術通（＝消費者）として格好をつけること」が大事であるというイデオロギーによって、消費者の欲求をコントロールします。消費者は、「有用性の原理を超えて、流行の最先端を行きたい」、という欲求を満たそうとする限り、文化産業の制度から逃れることはできません。

芸術の使用価値、芸術の存在などは、人々にとって物神とみなされ、そして［本来の］物神、つまり人々が芸術作品の等級《ランク》と誤解している作品の社会的評価が、その作品の使用価値、享受される唯一の質となる。こうして芸術の商品性格は、それが完全に実現されることによって崩壊をとげる。芸術とは、ある商品ジャンルなので、仕上げられ、リストアップされ、産業生産に合せて売却され、交換される。しかし芸術という商品ジャンルは、売られはするが売り物ではないということによって生きてきたのに、もはやたんに意図として売る気もあるというだけでなく、商売が唯一の原理となるや否や、まったく偽善的に、売り物ではないと言われるようになる。

「物神」というのは、この講義の第二回で見たように、呪物であるかのように崇拝される〝もの〟のことで、マルクスは商品が呪物的性格を帯びていることを指摘したわけですが、芸術作品においては、その物神性の本質とも言うべき、「社会的評価」がそのまま、作品の唯一の使用価値になります。「社会的評価」は、市場での交換価値によって表示されます。それは、芸術としての等級とイコールではないはずですが、人々はそう誤認する。というより、その誤認のおかげで、物神性を発揮するわけです。

芸術作品は、文化産業の規格に合わせて生産される、れっきとした商品ですが、商品だと素直に認めることはできない。一応、値段は付いていて、買うことはできるが、「売り物」として作られたわけではない、ということが強調されます。有用性の原理から解放されているわけではなく、むしろ物神化した交換価値の化身であることがバレてしまい、物神性が消えてしまうからです。文化産業は、売れていることを強調しながら、「売り物」ではないと、強調します。

よく考えれば不思議ですが、よく見られる現象です。「この本は、あっと言う間に〇〇万部のベストセラーになった。それが、この作品のすごさの証明だ。そうしたすごさを発揮できるのは、作者の△△先生が、他の人気作家と違って、金儲けとか名声とか考えず、ひたすら本物を書くことに、ストイックに精進してきたからだ。この作品の価値は、定価の□□円を超えたところにある……」この手の話、よく聞きますね。今のかなり縮めて言ったので、いかにもカリカチュア的に聞こえますが、だらだらと引き伸ばして言うと、もっともらしく聞こえます（笑）。

広告の勝利――労働に絡め取られ、個性を失う人間

締め括りとして、この章の最後の部分を読んでおきましょう。三三八頁の最後の方をご覧下さい。商品が物神化されるのと相関的に、人間の方は、ますます労働過程の中にしっかり組み込まれ、個性を失って、文化産業に自在に操られる存在になっていきます。

もはや人間に固有なものという理念は極端に抽象的な形でしか生き残っていない。パーソナリティとは、彼らにとっては、ほとんど白く輝く歯以外の、腋の下の汗や感情《エモーション》の動きからの自由以外の、何ものをも意味しない。これこそ文化産業における広告の勝利であり、同時に［その正体が］透けて見える文化商品に対する、消費者たちの強制されたミメーシスなのだ。

コンパクトにまとまっているので、あまり解説はいらないと思います。細かいことだけ説明しておくと、徳永さんの訳注にもあるように、「パーソナリティ personality」というのは不思議な言葉ですね。元々は、人格、その人の固有の性格を示す言葉ですが、ディスク・ジョッキーとかラジオ・パーソナリティ、テレビ・キャスターなどを指す用語としても使われます。その人の人格が、番組の個性になっているというこ

とから、こういう使い方をするようになったはずですが、実際、メディアでパーソナリティになるような人には、一定の決まった型がありますね。白い歯を見せるとか、腋の下の汗なんか感じさせないような、しなやかですがすがしい身振りなんかも、その外形的な特徴です。

そして、前々回、前回と続けて話題になった「ミメーシス」がここでも出てきます。主体的な模倣ではなく、無意識レベルで強制されるミメーシスです。模倣というよりは、ほぼ、「共感」「同調」してしまって、身体が動いてしまうという感じですね。文化産業が、商品の規格に合うように、大衆の「欲求」を作り出し、その欲求の充足を通して、労働過程に再統合しているのだから、「欲求」に身を委ねてしまえば、当然、そうなります。この場面でも、追放したはずの「ミメーシス」が回帰してくるわけですね。

Q　素朴な質問が二点あります。今回読んだところに、「リベラリズム」と「自由主義」という二つの言葉が出てきますが、私はドイツ語ができないので、元の原語は違うのか、というのが一つです。二点目は、アドルノたちは、なにか規範論的に「こうあるべきだ」ということを考えていたところがあるのか、ということです。アドルノは、古典的な芸術にこだわりがあったということも聞くのですが、彼は、芸術から規範的要素を救い出そうとしたのか、そんなことは考えていなかったのか、あるいは、現代的な視点からアドルノを読むことで、そうした規範的なものを再発見することはできるのか、そうしたことをお聞きしたいと思います。

A　最初のご質問には簡単にお答えできます。同じです。どちらも、最初の「自由主義的に」というところは、副詞の〈liberal〉で、「リベラリズム」というところは、そのまま〈Liberalismus〉です。英語と同じパターンです。「自由」に当たるのは、〈Freiheit〉で、これを形容詞にした〈freiheitlich〉は、「自由主義的」という意味になりますが、こちらの系統には、「自由主義」に当たる名詞がありません。

徳永さんが、「自由主義的」と訳されたのは、恐らく、カタカナで「リベラルに」とすると、日本語として意味が通らないという単純な理由からだと思います。

二番目のご質問も、恐らく、この「リベラリズム」という言葉に関わっているのではないかと思います。ご存じのように、現代アメリカには、「リベラリズム」の思想の系譜があり、ロールズ（一九二一－二〇〇二）などの政治哲学者・倫理学者によって、リベラリズム系の正義論や責任論が展開されています。自由を中心的な価値とする、実体的な規範理論が展開されているわけです。そうした「リベラリズム」は、自由という価値を志向する個人、自らの選択で幸福を追求する個人を前提にしているわけですが、アドルノたちは、その「個人」が幻想だと言い切っているわけですね。だとすると、少なくとも、「自由な個人」をベースにした規範理論は、彼らの議論の枠組みからは出てきようがありません。

今日見てきたことから分かるように、彼らは芸術もまた、商品世界の同一化作用の産物だと見ています。アドルノの美学には、美の否定性に注目し、同一化を攪乱する役割を、一定の否定的形式を備えた芸術作品に期待するような議論もありますが、それを積極的な「規範」へと展開するということはしていないです。アドルノの主著のタイトルが、『否定弁証法』であることに象徴されるように、弁証法の否定的効果に期待するという態度に徹しているところがあります。

ホルクハイマーの場合は、ちょっと微妙です。以前にもご紹介したアレックス・デミロヴィッチの『非体制順応的知識人』の第三分冊では、ホルクハイマーが晩年になって、文化的保守主義の路線を取るようになったことが指摘されています。どういうことかと言うと、彼は、「自由」とか「公正」といった市民社会的な理念の有効性を認めるけれど、現実の市民社会は、自らの理念を裏切っている。そこで、それらの理念の母体になったキリスト教的文明の果たしてきた役割を再考しなければならない、という見解を取るようになった、というわけです。そこは、市民社会的なものに最後まで懐疑的だった、アドルノとは違います。ただ、これはデミロヴィッチの解釈なので、同意しない研究者もいると思います。

次回は主にハーバマスの話をします。ハーバマスは、自分の師匠たちが同一性の論理に抵抗することにこだわり続け、否定的なことしか言えなかったのに嫌気がさし、むしろ英米の自由主義のように、積極的に市民社会の規範を語る路線に転換していくことになります。

［講義］

第5回　フランクフルト第二世代——公共性をめぐる思想

ハーバマス――フランクフルト学派第二世代

「フランクフルト学派」という言葉は、戦後フランクフルトに「社会研究所」を再建したホルクハイマー、アドルノと、彼らの批判理論を継承した人たちを指します。その第二世代として名前が出てくるのはユルゲン・ハーバマスです。というより、彼しか名前が出てこないような感じです。ほぼ同じ世代には、オスカー・ネークト（一九三四－　）、アルブレヒト・ヴェルマー（一九三三－　）、アルフレート・シュミット（一九三一－二〇一二）、ヘルマン・シュヴェッペンホイザー（一九二八－二〇一五）など何人かいるのですが、彼らは海外では、ドイツの社会思想の専門的研究者以外には、あまり関心を持たれていないふしがあります。アドルノともマルクーゼとも違う独自の理論を体系的に展開し、英米のリベラリズム系の正義論やフランスのポスト構造主義系の議論の人たちからも論敵として一目置かれているのは、ハーバマスだけであるとされています。ただホルクハイマー、アドルノによって創始された批判理論の伝統を、ハーバマスが継承したと言えるかについては、少し疑問があります。

ハーバマスは一時期、先生だったホルクハイマーと仲違いし、フランクフルト学派から距離を取っていました。ハーバマスの書いた論文を、ホルクハイマーが危険視し、大幅な書き換えを命じたことが原因だとされています。そのため彼は五九年にフランクフルトの社会研究所を離れ、教授資格論文である『公共性の構造転換』（一九六二）を書き上げ、六一年にハイデルベルク大学の員外教授になりました。六四年にホルクハイマーの後任としてフランクフルト大学に戻ってきますが、七一年にマックス＝プランク研究所という研究機関で仕事をするようになりました。彼を味方だと思っていた左派的な学生運動とぶつかることになり、大学での管理職がいやになったのではないかとされています。その後、八三年にフランクフルトに戻ってきて、九四年に退官しています。ハーバマスは、その著作のいくつかで、アドルノ、ホルクハイマーの批判理論の限界を指摘しています。

アドルノ／ホルクハイマーとハーバマスの差異 I――立場・戦略の違い

ではアドルノ、ホルクハイマーとハーバマスでは、哲学的立場、理論戦略はどう違うのか？　アドルノたちは、第二回から前回まで三回にわたって少しずつ読んだ『啓蒙の弁証法』の議論に典型的に見られるように、近代理性を根底から批判する、あるいは近代理性の自己矛盾を露わにし、その暴走を可能な限り食い止めるという試みを、最後まで続けました。『啓蒙の弁証法』では、「理性」をその語源にまで遡って、〈Ratio〉として捉えようとしました。〈Ratio〉の原義は「計算」です。「理性」の本質は、異なった事物の間の差異を捨象して、数量的に比較可能にすることである、と言えます。その意味で、「理性」とは、「計算的（合）理性」です。人間の新たな可能性を切り開くというより、予め決まった目的を実現する手段に成り下がっているという意味で、「道具的理性 instrumentelle Vernunft」とも呼ばれます――「道具的理性」というのは、ホルクハイマーの用語です。彼らは、理性が諸事物と人間自身を、同一化の論理の中に取り込んでしまうことを強調します。初期マルクスの用語で言うと、「疎外」論的な側面に焦点を当ててるわけです。マルクスと違うのは、アドルノたちの議論の枠組みには、共産主義革命に相当するような、疎外からの出口がないということです。

自然から離脱して、文明を築いて以来、人間は、計算的で道具的な理性によって、自らの母胎である自

然の征服を企てると共に、自分自身を、等価性の原理が支配する交換社会の規範に縛り付けてきました。オデュッセウスのように自分自身を縛り付けないと、自然回帰願望に囚われて、自己を喪失してしまうからです。人間は、自然から離脱して自由になるために、啓蒙のプロセスを歩み始めたはずなのに、実質的にはどんどん自己疎外にはまっていきます。そうした自己疎外を克服しようとして、私たちが自らの理性を働かせ、〝正しい社会〟を建設しようとすると、不可避的に、理性の同一化作用に起因する疎外や物象化を余計に強化することになってしまいます。理性の描くユートピアのイメージ自体が既に、等価性の原理と結び付いた同一化作用によって汚染されているからです。実際、社会が合理的になればなるほど、人々の労働、生活、消費、交通形態は画一化し、人々の自由の余地は狭まっていきます。

では、どうすればいいのか？　『啓蒙の弁証法』が刊行された少し後に、アドルノは単著として、『ミニマ・モラリア』（一九五〇）というアフォリズム（箴言）集を出しています。アフォリズムというのは、人間の生き方についての真理や戒めなどを簡潔な、覚えやすい形にまとめた文章のことで、一七世紀のフランスのモラリストであるラ・ロシュフコー（一六一三－八〇）とか、ラ・ブリュイエール（一六四五－九六）とかが有名です。「ミニマ・モラリア minima moralia」というのは、ラテン語で「道徳的最小限」という意味です。〈minima〉は〈minimum（ミニマム）〉の複数形です。その〈minimum〉の反対語は〈maximum〉で、これは格言とか格率という意味の〈maxim〉と語源的に繋がっています。「汝の意志の格率が常に同時に、普遍的立法の原理として通用するよう行為せよ」、というカントの定式に出てくる「格率」です。最大限の道徳の格率ではなく、最小限の道徳について語るというスタンスを示すタイトルになっています。実際、比較的短くて、皮肉のきいたアフォリズム的な文章を集めた本になっています。

そういう形式になっているのは、どうしてか？　単にアドルノが、アフォリズムが好きなだけのことかもしれないですが、一応それなりの理由を考えることはできます。大きな理論、この世界の全てを一元的に説明し尽くそうとする、体系的な理論は、同一性の論理に絡め取られやすいからです。この世界には単一的な正義の基準しかないという前提に立つ論理は、そこからのちょっとした逸脱も、許そうとしない。近代の理性は、まさにそういう画一化された世界を構築しようとしてきたし、その最終的な帰結として全体主義体制や、アメリカの文化産業のようなものが生み出されてきたわけです。アドルノは、カントの道徳哲学のような普遍性を志向する哲学や、ヘーゲルの弁証法のような体系を志向する哲学は、同一性＝等価性の論理と共犯関係にあるというような見方をします。正統派のマルクス主義の史的唯物論も例外ではありません。

だから、アドルノ自身は、従来の道徳哲学や歴史哲学を「批判」する自らの理論が体系志向になる——日本の諺で言えば、ミイラ取りがミイラになる——のを回避すべく、「断片」とか「アフォリズム」のような形で、「批判」することを好みます。ポストモダン系の議論でもよく指摘されることですが、ヘーゲル哲学のような体系的思考、大きな理論に対抗し、それを打ち破ろうとすると、どうしても、自分の方も大きな理論を構築したくなります。それによって、結局、ヘーゲル的な〝大きな理論〟の必要性、不可避性を〝証明〟することになってしまうわけです。「断片 Fragment」や「アフォリズム」だと、ヘーゲルやマルクスのような壮大な理論は展開しにくいですね。

アドルノの重要な著作には、エッセイ風で、あまり体系的な叙述になっていないものが多いです。彼の文化批判論集として有名な『プリズメン——文化批判と社会』（一九五五）も、エッセイ集です。「アウシユヴィッツの後に詩を書くのは野蛮である」という有名なフレーズが出てくるのは、この本です。収められているエッセイのテーマも、文芸批評的なものが多いです。ただし、エッセイだから分かりやすいというわけではありません。むしろその逆です。いろんな哲学者や思想家、理論家の言説を、アイロニカルに捻ったり、外来語を使って異化効果を出したりしているので、ひどく難解です。すらすら頭に入ってきません。その難解さによって、全てを分かりやすく一貫性をもって説明しようとする同一性の論理に抵抗している、と見ることができるわけです。

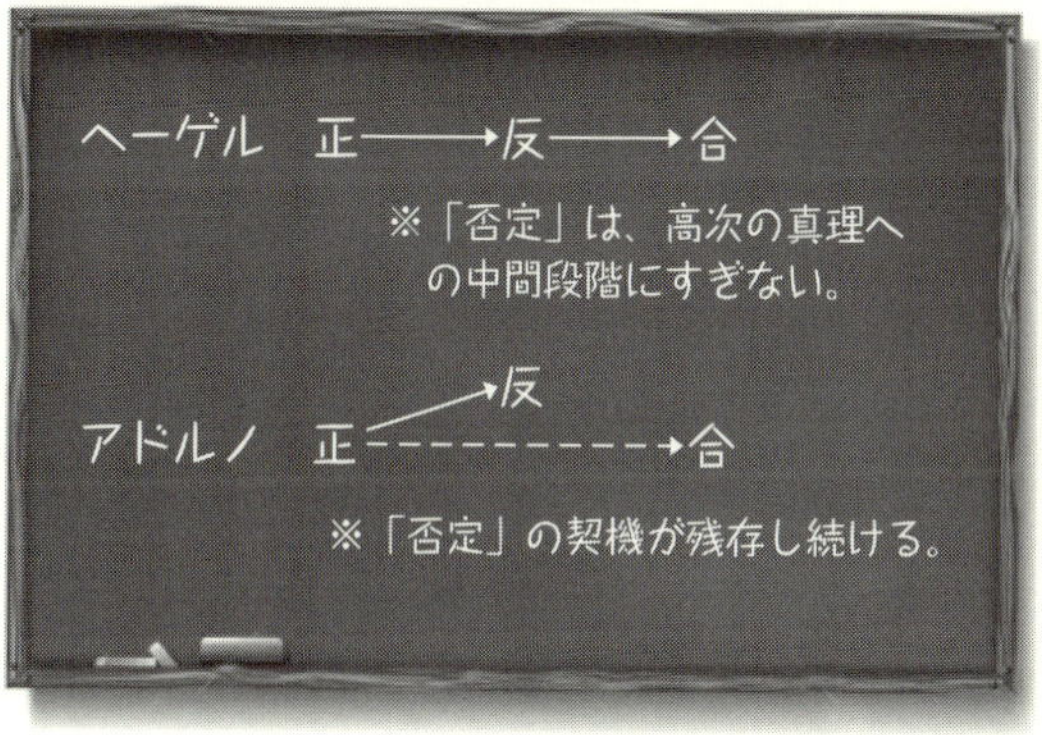

ヘーゲル 正→反→合
※「否定」は、高次の真理への中間段階にすぎない。
アドルノ 正→反
正-----------→合
※「否定」の契機が残存し続ける。

アドルノの主要著作は、一九六六年に出版された『否定弁証法』とされています。このタイトルに、彼の考え方がはっきり出ています。「弁証法」は、一つのテーゼ（正）が定立されれば、必然的にそれを否定するアンチテーゼ（反）が反定立され、両者の間で対立・闘争が起こり、ジュンテーゼ（合）へと止揚されるということを前提とする論理です。「否定」という要素は、必ず入ってきます。では、何故、わざわざ「否定」を強調して、「否定弁証法」という言い方をする必要があるのか？ ヘーゲル研究の専門家は否定するかもしれませんが、ヘーゲル弁証法の一般的なイメージとして、［正→反→合］の「合」において対立している両極の間の「宥和」が成され、対立が解消し、「理性」がより完全に近い形で実現されるという前提で展開します。「否定」は、より高次の真理に至るための中間段階にすぎない。

しかしアドルノは、宥和によって矛盾が解消され、同一性が拡大・強化されるわけではなく、否定性の契機が残存し続けることを強調します。一見すると、「正↓反↓合」によって同一性が拡大・強化され、物事が前進しているように見えるけど、それは仮象＝見せかけであって、同一化作用に取り込まれないもの＝否定性がどこかに残っている。理性に基づく進歩は一面においては真理かもしれないが、その裏には、否定的なものがあるかもしれない。『啓蒙の弁証法』の第一章、第二章に即して見たように、文明への進歩に伴って、野蛮な暴力が暴発するポテンシャルも高まっているわけです。アドルノはそうした論理を、ヘーゲルのテクストに批判的にひねくりを加えて解釈しながら展開しているわけです。ヘーゲルを真っ向から批判するというより、ヘーゲルの弁証法に内在する否定性の契機を再浮上させるのが、アドルノの否定弁証法です。

理性の暴走を理性自体によって完全に抑止することはできないと考えるフランクフルト学派第一世代は、自らが壮大な理論体系を構築して、同一化作用の拡大に貢献することがないよう注意します。同一性の論理に、真っ向勝負を挑めば、ミイラ取りがミイラになってしまう。だから、ヘーゲルやカント、フッサール、ハイデガーなどの哲学的言説に潜んでいる「物象化−同一化」の契機を暴き出し、同一化されないで残存する〝もの〟を示すことを試みるという営みを続けました。ユートピアを積極的に呈示するのではなく、そうやって否定性にこだわり続けるのが彼らにとっての「批判理論」でした。

それに対しハーバマスは、自然＝物質（客体）と理性＝精神（主体）の根源的な対立構図を大前提にしたうえで、物象化や疎外の全面化を回避しようとする第一世代の問題の立て方は不毛だと断じたうえで、別の理論的枠組みを求めるようになりました。では、彼はどういう立場を取るのか？　ホルクハイマーとアドルノは、理性によって理性の同一化作用を止める試みの矛盾に直面して、袋小路に陥ったわけですが、どういう風に考えたら袋小路に陥らないですむのか？　ラディカルな左派なら、私たちが依拠している「理性」自体を徹底的に破壊して、野生の生、野蛮、アナーキーに回帰したらいいではないか、と言いそうですね。穏健な左派、良識派であれば、理性の働きのポジティヴな部分と、ネガティヴな部分を分けたうえで、ポジティヴな方を伸ばしていく、というような発想をしそうですね。ハーバマスは、どちらかというと後者の考え方をします。ただ、理性のネガティヴな働きを暴き出すことに執拗にこだわるということはありません。彼は、初期マルクス（＋ウェーバー）－ルカーチ－アドルノを結ぶ「物象化」の問題を、理性の問題というよりは、後でまたお話しするように、自由なコミュニケーションを阻むシステムの問題として捉え直します。

アドルノ／ホルクハイマーとハーバマスの差異 II――「市民社会」と「公共性」

「市民社会」に対する見方も、第一世代と大きく変わっています。アドルノやホルクハイマーは、通常のマルクス主義者のように、「市民社会を革命によって解体し、社会主義社会を建設する」ということは標榜しないですが、「市民社会」を資本主義社会と見なし、物象化による同一化とか、等価交換の原理の支配などといった視点から批判的に把握しようとする基本姿勢は、マルクス主義と通じています。

この「市民社会」という言葉に関して、少し横道にそれます。「市民社会」を表現するドイツ語固有の表現は、〈die bürgerliche Gesellschaft〉ですが、この〈bürgerlich〉という形容詞は、中立的な「市民の～」という意味の他に、「ブルジョワ的＝資本家階級の」という意味もあり、文脈によってどっちにも取れます。「資本家階級」を意味する、マルクス主義用語に「ブルジョワジー」というのがありますが、〈bourgeoisie〉は「市民層」を意味するフランス語です。「ブルジョワ bourgeois」というのは、個々の市民を指す名詞もしくは、（男性形の）形容詞です。マルクスとエンゲルス（一八二〇－九五）が、階級としての市民層を指す言葉として、〈bourgeoisie〉を使っていた影響で、日本語でも「ブルジョワジー」と言う場合が多いのですが、マルクス自身は、常にフランス語由来の〈bourgeois／bourgeoisie〉を使っていたわけではなく、ドイツ語固有の〈bürgerlich／Bürger／Bürgertum〉も使っています。〈Bürger〉が市民で、〈Bürgertum〉が市民層です。それで余計にややこしくなります。〈die bürgerliche Gesellschaft〉を「市民社会」と訳すべきか、「ブルジョワ社会」と訳すべきか、翻訳者は常に悩みます。「ブルジョワ〜」と訳してしまうと、マルクス主義的なニュアンスが出すぎてしまうし、「市民〜」というと、中立な感じになってしまう。「市民（ブルジョワ）社会」概念の細かいニュアンスの変遷については、植村邦彦さん（一九五二− ）の『市民社会とは何か』（平凡社新書）などで詳しく紹介されています。

ドイツ史に、「教養市民層 Bildungsbürgertum」という言い方があります。ギムナジムや大学で教育を受けて、その「教養」の資格によって、官僚、大学教授、弁護士、教師などとして社会で指導的な役割を果たす階層のことです。英国やフランスの市民革命では、中小の商工業者で、経済活動における自由と平等を求めていたブルジョワジーが中心的役割を果たしたとされています。そうしたブルジョワジーから成る自治の枠組みとしての「市民社会」も、革命前に形成されたとされています。それに対して、国家の統一が遅れ、商工業の発達も遅れていた後進国ドイツには、そういう意味でのブルジョワジーは階級として形成されていなかった。そこで、商工業ブルジョワジーに代わって、「教養」を持っていることによって、社会をリードするような市民たちが、近代化と自由化の担い手になった。

そういう歴史的経緯もあって、ホルクハイマーやアドルノが〈die bürgerliche Gesellschaft〉について語る場合、どういうニュアンスが込められているか結構微妙です。マルクス主義的な「ブルジョワ社会」観と全くイコールではないと思いますが、『啓蒙の弁証法』の議論から類推すると、「等価性」の原理に基づく「交換関係」が支配している社会として理解しているのは確かでしょう。資本家階級が支配しているかどうかは分からないけど、人々の関係性が物象化されていて、理性をポジティヴに働かせるのが困難な社会です。

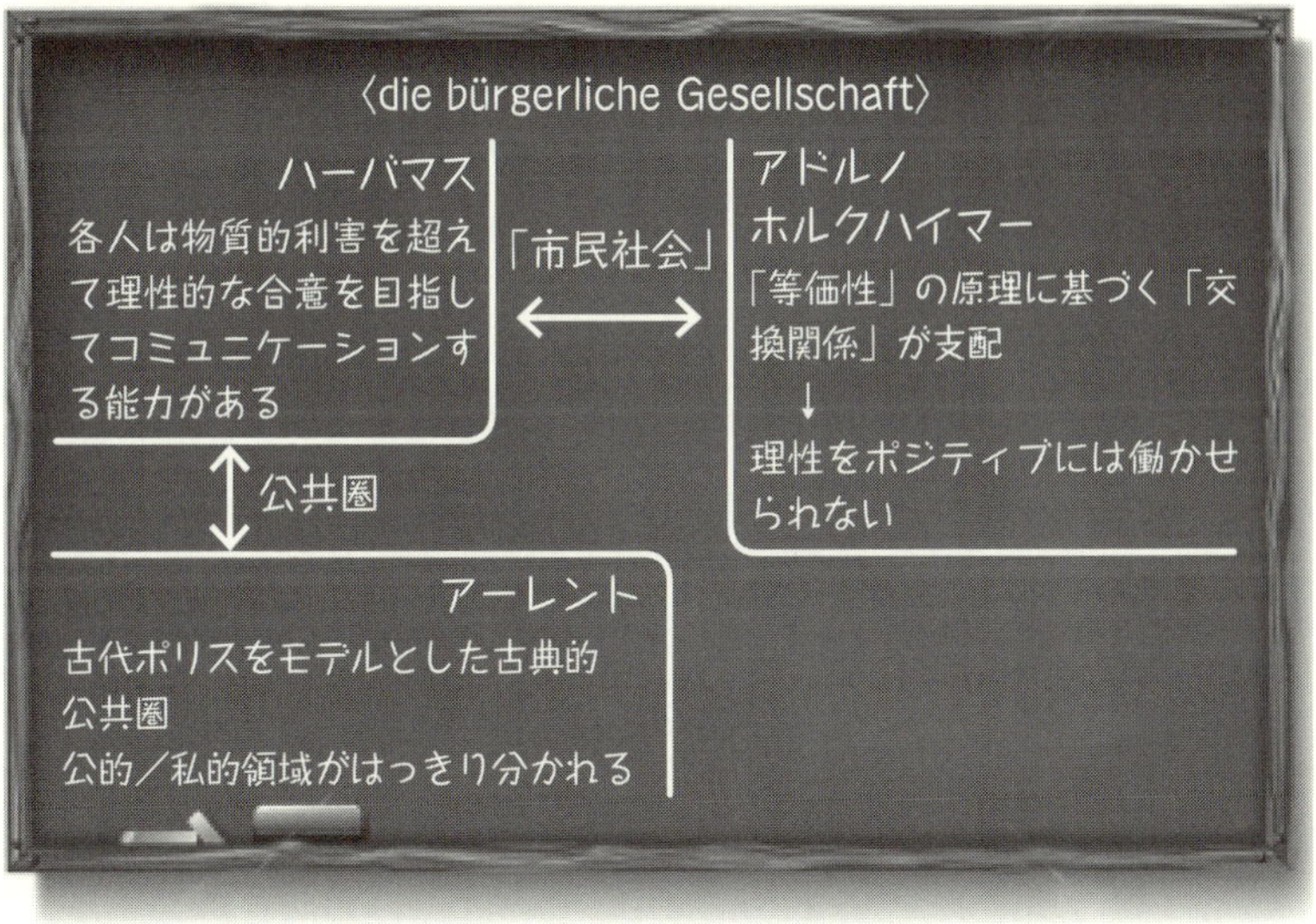
〈die bürgerliche Gesellschaft〉
ハーバマス
各人は物質的利害を超えて理性的な合意を目指してコミュニケーションする能力がある
「市民社会」
アドルノ
ホルクハイマー
「等価性」の原理に基づく「交換関係」が支配
↓
理性をポジティブには働かせられない
公共圏
アーレント
古代ポリスをモデルとした古典的公共圏
公的／私的領域がはっきり分かれる

それに対してハーバマスは、「市民社会」を構成する市民たちには、各人の物質的利害の関係を超えた次元で、理性的な合意を目指してコミュニケーションする能力がある、というところから出発します。等価性原理や物象化から逃れることはできないとする、ホルクハイマーやアドルノとはかなり違います。そうしたハーバマスの出発点になったのが、彼の教授資格論文『公共性の構造転換』（一九六二）です。ドイツの場合、博士論文の後に、教授として教えるための資格を得る論文が、もう一段階上にあるわけです――ただし、あくまでも資格を得るための論文であって、本当に大学の正教授になるには、就職活動が必要です。『公共性の構造転換』は、やはり、コミュニケーションの理論家として知られる政治哲学者ハンナ・アーレントの主著『人間の条件』（一九五八）の四年後に出ています。この著書でアーレントは、有名な公的領域／私的領域の区分論を展開したうえで、公的領域における言論活動を、「人間の条件」として最重視しています。他者に対して――暴力や威嚇を伴わずに――言語と身振りで働きかけ、説得する能力こそ、人間が人間であるための最も重要な条件と考えたわけです。ハーバマスはそうしたアーレントの議論の基本的枠組みを参考にしながら、市民社会の「公共圏」≒公的領域における市民たちの言論活動、「公論」の意義を論じています。そうした意味で、ハーバマスの議論は、（アメリカ的な自由主義に対して好意的な）アーレントの理論の応用と見られがちですが、はっきり違うところもあります。

アーレントの議論は、古代のポリスをモデルにした古典的公共圏論です。ポリスでは、公的領域と私的領域がはっきり分かれていいます。公的領域は、自律した自由な市民たちが——利害関係やしがらみ抜きに——言論活動する「政治」の領域です。様々な立場、考え方の他者たちとコミュニケーションすることを通して市民たちは、多元的に物を見ることができるようになる。私的領域は、市民である家長の生活を支える「家 oikos」の領域です。「家」は生産と生活の基本単位で、家長以外の家族や奴隷がそこに属していますが、彼らは家長に力によって支配されています。家長＝市民は、「家」での「労働」から解放され、自分の生活の糧を心配しないですむおかげで、公的領域で自由に活動できます。「家」が「経済」の単位だったわけです。「経済」を意味する英語〈economy〉の語源であるギリシア語〈oikonomia〉は、家を運営する術という意味です。公的領域／私的領域の明確な区分が、物質的な利害に囚われない自由な活動の前提になっていたわけです。

近代市民社会では、その前提が崩れた。市民には、生活を支えてくれる奴隷はいません。「経済」は家の外で営まれます。市民＝家長も、経済に従事しないと、生きていけない。各人が自らの物質的利害を追求することにのみ一生懸命で、利害抜きの自由な言論活動など不可能です。というより、政治のメインテーマは、社会全体として「経済」をいかに運営するかということになる。そうなると「政治」の場でも、各人が自分の利益を確保するために発言しようとするので、自由な討論が難しくなります。

アーレントは、反ソ連、反マルクス主義の立場ですが、「市民社会」が、人々が物質的利害関係を中心に結び付いていて、人間関係やコミュニケーション形態が物象化されているという見方に関しては、初期マルクス、初期フランクフルト学派と同じです。アーレントはそれに輪をかけて、否定的と言えるかもしれません。市民社会的な「経済」の利害関係が人々を捕らえてしまい、人々の振る舞いが経済を中心に画一化されつつあることで、公的領域／私的領域の境界線の解体が進み、「人間性」が掘り崩されているとさえ主張しているわけですから。

ハーバマスは、『公共性の構造転換』で、市民社会を別の、よりポジティヴな面から捉えています。確かに市民社会に生きる諸個人は、自らの財産を守り、私的利益を追求することに専心しているけれど、だからといって、自由な討論を行うことが不可能というわけではない。西洋近代史がそのことを証明している。自分たちの商売を拡大しようとする市民たちは、経済活動の自由を求めるようになったけど、封建制度や、一部の大商人に独占の特権を与えていた専制君主制が障害になった。そこで、自由を求める市民たちは、国家の公権力に対抗して、自分たちの意見を通すべく、公共的な場で意見・情報交換、討論を行なうようになった。西欧中世においては、君主や公権力が「公」の唯一の担い手になっていたけど、それとは別に、市民たちから成る公共圏、「市民的公共圏」が立ちあがってきた。私的利害の追求の帰結として、自由な討論のための「公共性」の空間が生まれてくる、という弁証法的逆転が起こるわけです。古典的公共圏が、部分的に復活したと見ることもできるでしょう。

こうしたハーバマスの市民的公共性論は、直接的にはアーレントの市民社会観に対するオルターナティヴになっているわけですが、「市民社会」を経済的利害関係のみによる結び付きとして否定的に見ていた初期フランクフルト学派や、マルクス主義に対する批判にもなっているわけです。

では、古代と近代の間、中世においては「公共性」はどうなっていたのか？［公共性＝オープンな

（言論）活動の場」と考えると、中世にはそんなものはほとんどなかったということになりそうですが、「公共性」という概念がなかったわけではない。その場合の「公共性」というのは、その政治的共同体を支配する者たちの地位や職務に関わる事柄というような意味で使われていました。支配者たちが民衆（公衆）の前に登場して、その権威を示すような行為をすれば、それが「公的 öffentlich」と見なされたわけです。こういう言い方をすると、難しく聞こえますが、日本語の「公（おおやけ）」とか「お上」に近い意味だったと考えればいいと思います。古代世界における「公 public／私 private」は、オープン、公開的であるか、それとも、私秘的であるか、という違いだったので、「上位／下位」もしくは「大／小」というニュアンスの強い、日本語の「おおやけ／わたくし」とはかなりズレていたわけですが、（共和制的な政治の理念が衰退した）中世では、日本語の区別にいったん近づいたわけです。

そういう意味で、国王や宮廷貴族が「公共性」を独占していたわけですが、ハーバマスは、それを「具現的公共性 die repräsentative Öffentlichkeit」という言い方をします。ドイツ語の〈repräsentativ〉は、英語の〈representative〉と同様に、「表象＝再現前化」という意味と、「代表」あるいは「代理」という意味がありますが、この場合は、国王や貴族は市民を代表しているわけではないので、「代表」の意味はないと見ていいでしょう。民衆の前で、自分たちが担っている公共性を「表象する」わけです。言い換えれば、彼ら自身が「公共性」であること、公共性を具現していることを示すわけです。その意味で「具現的公共性」と訳しているわけです。

近代に入って、封建的土地支配に縛られない「市民」層が台頭してくると、彼らはそれまで王侯貴族が独占してきた「公共性」に対して、新しい「公共性」を構築するようになります。彼らは、先ほどお話ししたように、所有権の保障と経済活動の自由を求めて、連帯するようになります。『公共性の構造転換』は、そうした「市民的公共性」の生成の歴史を、現実の歴史に即して記述しています。多くの歴史学者が、市民社会のコミュニケーション形態の発展を論じる際に、この本でのハーバマスの議論を基礎理論として参照しています。ハーバマスは歴史的事実を参照する形で、市民社会に公共的な討論のポテンシャルがあったことを証明しようとしたわけです。

ただし、全ての市民が参加して政治的に討論する、本格的な公共圏がいきなり出来上がるわけではありません。ハーバマスは、その前段階として、「文芸的公共圏 die literarische Öffentlichkeit」が形成されたことを指摘します。市民的公共圏が機能するには、前提として識字率がかなり高いこと、しかも単に読めるというレベルではなく、かなり抽象化された議論が理解でき、自分も討論に参加できるだけの教養がある人が一定数いる必要があります。そういう層が拡がる必要があった。しかも、絶対王政の下では、直接的に政治や公権力を批判する議論をするのは困難だった。そこで、読書サークルのような、小さなグループ討論の場が、一定の下準備的な役割を果たすことになります。ある程度経済的余裕と教養のある人たちが、文学作品などを一緒に読む読書サークルを作り、そうした場で、作品の中身に合わせて、政治的なテーマも論じられるようになりました。一八世紀の文学作品には、政治的メッセージが込められたもの、風刺的なものが多々ありましたが、現実政治を直接的に批判する内容でないと、当局もなかなか取り締まれなかったわけです。

フランスの場合、貴族や裕福なブルジョワのサロンで、著者を招いての新作の朗読会や、文学談義が行なわれていましたが、そこに政治的な内容も加わってきました。そうした文化は、ドイツにも伝わりました。また、一七世紀後半以降のチョコレートやコーヒーの普及に伴って、各地で誕生した喫茶店（coffee-house）も、知的討論の場になりました。日本の喫茶店は、知識人が集まって議論するような雰囲気はあまりないですが、ドイツとかフランスとかだと今でも、そういう雰囲気が少し残っています。

それから、一七世紀にはイギリスなどで、政治、特に議会での討議、政党の活動に関するニュースを伝える新聞や雑誌が発行されるようになり、そうしたメディアを媒介に人々の意見が収束し、「世論 public opinion」が形成されるようになりました。〈public〉、つまり「公共的」な「意見 opinion」です。日本語で「世論」と訳してしまうと、「公共性」との繋がりが分かりにくいので、『公共性の構造転換』の邦訳では「公論」と訳しています。「公論」というのは、公共的な、言い換えれば、原則的に全ての市民がアクセスできる開かれた場（＝メディア）で表明、表象される、民衆の意見です。民衆の一人ひとりは、私的な利益を追求していても、「公論」として表明された意見には、「公共性」があると見なされたわけです。

そうやって形成された市民的公共圏が、国王や貴族、宮廷官僚などから権力を徐々に奪い、市民の政治的・経済的自由を保障する、自由民主主義的な国家を形成するようになったわけです。ただ、市民的公共圏がそのままポジティヴに発展し続けたかというと、そうとは言えません。公論を生み出したメディアが大きな力を持つようになると、いろいろ弊害も起こってきます。二〇世紀に入り、巨大化したメディアは、商業主義的な傾向を強めていきます。公共性のある情報伝達を行なうというより、消費者としての公衆がすぐに飛びついてくる、センセーショナルで面白い情報を伝えることに力を入れるようになります。お客様が喜んでくれそうなサービスを提供してくれる娯楽産業になってしまうわけです。アドルノたちが言うところの「文化産業」の問題です。『公共性の構造転換』の結末では、文化産業的なものによって、市民的公共圏が内から掘り崩されていく可能性が示唆されています。また、現代の福祉国家においては、国家が社会や経済の全体を計画的に組織化する必要があるため、官僚組織の影響力が強くなり、実質的なこと

は、公衆の知らないところ、よく分からないところで決定されるようになっており、不透明さが増しているとも指摘しています。ハーバマスは一応左派なので、福祉国家には好意的だと思われがちですが、福祉国家が官僚制を強化する傾向があることに対しては批判的な目を向けています。福祉国家と官僚制を結び付けて批判的に見る議論は、既にウェーバーが提起しています。

マス・メディアの商業主義と、福祉国家化に伴う官僚依存傾向に警鐘を鳴らしているという点で、ハーバマスは最終的にアドルノ／ホルクハイマーのペシミスティックな見通しに近付いているわけですが、その一方で、市民的公共圏が新たなコミュニケーションの回路を見出し、再活性化することに期待を寄せてもいます。

『公共性の構造転換』の約二〇年後に、彼の主著と言っていい『コミュニケイション的行為の理論』（一九八一）を出します。西洋市民社会におけるコミュニケーション形態の歴史的発展過程を問題にした『公共性の構造転換』と違って、ここでは、あらゆる人間にコミュニケーション的理性が備わっている、という前提から議論を始めます。ここからコミュニケーション的行為を人間の普遍的行為類型として一般化したうえで、それを道徳・政治哲学の基礎にしようとする、壮大なプロジェクトが始まります。

「実証主義論争 Positivismusstreit」――フランクフルト学派vs.批判的合理主義

その中身に入る前に、ちょっと寄り道して、その間のハーバマスとフランクフルト学派の歩みを少しだけ概観しておきましょう。一九六一年から六〇年代末にかけて、フランクフルト学派と、「批判的合理主義 Kritischer Rationalismus」と呼ばれる立場の人たちとの間で、ドイツ社会学会を主な舞台として、社会科学の方法論をめぐる「実証主義論争 Positivismusstreit」と呼ばれる論争が起こります。この時はまだ第一世代が健在で、アドルノが学派の代表として論争に参加し、ハーバマスもそれをサポートしています。批判的合理主義の側の論客は、オーストリア生まれの英国の科学哲学者で、科学的理論の評価基準として「反証可能性 falsifiability」の理論を提起したことで有名なカール・ポパー（一九〇二―九四）や、ドイツ生まれの社会学者で、FDP（自由民主党）選出の国会議員になり、後に英国のLSE（ロンドン・スクール・オブ・エコノミクス）の学長にもなったラルフ・ダーレンドルフ（一九二九―二〇〇九）、ドイツの哲学者ハンス・アルバート（一九二一―　）などでした。

「実証主義 Positivismus」というのは、実験や社会調査などの客観的データによって実証されない命題は科学的なものとして認めないという社会科学上の立場です。自然科学では、実証性が最初から大前提になっているので、それを社会科学に導入しようとしたわけです。フランスの社会学者コントが創始者とされています。

アドルノたちは当然、「実証主義」を批判する立場です。アドルノは社会学における経験的研究の重要性は認めるけれど、アンケートや統計などのデータから導き出される〝法則〟を絶対視し、自らの分析の手法に対して批判的省察を加えようとしない実証主義的な傾向を批判します。アドルノにとっては、それは理論の物神化に他なりません。データには、様々な社会的文脈に照らして「解釈」される余地があり、解釈を許さない絶対的なデータなどありません。ハーバマスも基本的に同じスタンスを取っています。

フランクフルト学派側は、ポパーたちも「実証主義」の変種だと見て攻撃しようとしましたが、「批判的合理主義」という名称から分かるように、ポパーたちは科学的な合理性を素朴に信奉するのではなく、合理性の基準自体を常に批判的に吟味すべきだという立場を取ります。完全に「価値自由 wertfrei」な理論は存在しえない、という前提を「批判的合理主義」と、フランクフルト学派の基本的立場である「批判理論 Kritische Theorie」は共有しています。

しかしながら、「批判的合理主義」は、理論から科学者の価値判断を排除できないからこそ、観察可能なデータによって批判的に検証し得るデータを重視すべきことを主張します。特定の価値判断に基づいたまま、理論を真理と見做すことを避けようとするわけです。それに対して「批判理論」は、社会科学は、それがヘーゲルやマルクスなどの哲学から継承した形而上学の遺産から自由になることはできないという前提から出発します。社会科学の理論が形而上学的な想定を含んでいるのは仕方ないと開き直ったうえで、社会を一つの「全体性 Totalität」として把握する視座を持つべきだと主張します。「批判理論」の見方によれば、「社会」という「全体性」の中で（科学者を含む）諸個人の意識が形成され、各人はその「全体性」に呪縛され、虚偽意識から抜け出せない。だからこそ、「全体性」を視野に入れ、「個人」がそこから離脱するための道筋を示す必要があるわけです。

「批判的合理主義」は、「全体性」としての「社会」というような形而上学的な概念は認めません。社会科学は個別の問題の解決の提案をすることはできるけれど、社会を「全体」として変革することは不可能だし、そういう試みは危険だと考えます。ポパーは一つずつ問題を解決しながら前進していく「ピースミール社会工学」の立場を取っていたことが知られています。最初から、話がかみ合っていなかったわけです。

カール・ポパー

当時のドイツの政治情勢について少しだけお話しすると、六八年には、西ドイツで「学生蜂起 Studentenrevolte」と呼ばれる、学生運動の盛り上がりがありました。これを機に、西ドイツの政治文化が、大きく左の方に転換したとされています。六八年は米国、フランス、日本など、西側諸国で新左翼系学生運動が盛り上がった年です。六九年には政権交代があり、保守系のCDU・CSU（キリスト教民主同盟・社会同盟）に代わって、SPDを中心にした中道左派政権が成立します。作家のギュンター・グラス（一九二七－二〇一五）は、SPDの首相になったヴィリー・ブラント（一九一三－九二）と親しい関係にあって、SPD政権樹立のために熱心に運動しました。フランクフルト学派のメンバーは、次第に暴力的になっていった学生運動とは対立しましたが、ドイツ全体として左派優位になったおかげで、影響力を増すことになりました。

六九年にアドルノが亡くなり、その四年後の七三年にホルクハイマーも亡くなります。二人が亡くなった後、市民社会の討議・実践のポテンシャルを高く評価する市民的公共圏論の理論家であるハーバマスが、六〇年代後半から七〇年代にかけて、リベラル左派の代表的論客と目されるようになり、各種の社会運動や、政権政党となったSPDの政策にも影響を与えました。

コミュニケーション理論と「討議倫理 Diskursethik」

六〇年代末から七〇年代初頭にかけて、ハーバマスと社会学者のルーマン（一九二七－九八）の間で論争が起こりました。ルーマンは、システム理論と呼ばれる理論で知られる人です。宮台真司さんがよく引き合いに出している、あのルーマンです。システム理論というのは、ごく簡単に言うと、社会は、経済、法、政治、芸術、宗教などの部分システムに分化（ausdifferenzieren）していて、それぞれにペイする／ペイしない、妥当する／妥当しない……といった固有のコードがあり、自己完結的に作動している、という考え方です。それぞれの部分システムに、コンピューターのプログラムのようなものがあって、それが決まった入力信号にだけ反応して動作し、関係ない情報には反応しない、という感じだと思って下さい。それが自己完結している、ということです。個々の人間の意志は、システムの動作に関係しません。人間は、システムにとって単なる「攪乱要因 Störfaktor」です。

人間的な要素抜きに作動するシステムを描くルーマンに対して、ハーバマスは、システムの制約を超えて、合意を目指してコミュニケーションしようとする主体たちの活動に意義を認めようとします。ルーマンにとって「コミュニケーション」とは、システムの中の情報伝達にすぎないのですが、ハーバマスにとって、そういう主体の自由、合意に向けての努力を実質的に否定するような議論は、受けいれがたかったわけです。この論争を通じてハーバマスは、「システム」と「コミュニケーション」の関係について独自の見解を示し、自らのコミュニケーション理論を練り上げていくことになります。七〇年代のハーバマスは、『コミュニケイション的行為の理論』に繋がるような、コミュニケーションに関する論考をいくつか出しています。

『コミュニケイション的行為の理論』は、ドイツ語の原典で二巻本、日本語訳では未來社から三巻本で出ている大著です。第一巻では、主としてウェーバーの脱呪術化＝合理化論を再検証する形で、近代の哲学や社会学の言説において「合理性」がどのように捉えられてきたか検証するところから話を始めます。

ニクラス・ルーマン

ハーバマスには、ウェーバーの合理性を「目的合理性」として理解しています。「目的合理性 Zweckrationalität」というのは、設定された「目的」を最も効率的・確実に実現できる手段を志向するという意味での合理性です。西欧近代においては、ルーマンなども言っているように、法、科学・技術、経済、芸術などの各領域が、宗教から解放されて、それぞれの「目的」を追求するようになったわけですが、その過程で目的合理的な思考が――神学的な思考に代わって――次第に強くなっていくわけです。特に科学・技術や経済では、目的合理性思考になりやすいですね。ハーバマスは、ウェーバーの合理化論をかなり高く評価しており、自らの議論にもかなり取り込んでいますが、ウェーバーの合理性観が、「目的合理性」になっているのは、その限界だと見ています。

どうして限界なのかというと、目的実現のために人間自身が道具として利用される傾向が生じてくるからです。人間の欲望や自由が抑圧されてしまう。どこかで聞いたような話です。そう、初期マルクス、ルカーチ、初期フランクフルト学派などの疎外論や物象化論と、同じような話ですね。実際、ウェーバーは官僚などが、目的合理的に設定された自分の立場に縛られてしまうことを、「物象化 Versachlichung」と呼んでおり、その議論はルカーチや、アドルノやホルクハイマーにも影響を与えています。

これまでお話ししてきたように、ルカーチ、アドルノ、ホルクハイマーは、近代の合理性を、物象化という側面から批判しました。アドルノたちは、道具的理性とか、計算的合理性とか言っていましたね。これは、目的合理性の一側面だと考えられます。ハーバマスは目的合理性や計算的合理性に起因する疎外、物象化を批判するような議論は、早晩袋小路に陥ってしまうと指摘します。どうしてかというと、計算的合理性を批判する自らの理性も、計算的合理性であることを認めざるを得ないからです。どうやったら計算的合理性によって計算的合理性を制御できるのか、という不毛な話を続けざるを得なくなる。

そこでハーバマスは、目的合理性や道具的理性に代わって、コミュニケーションという視点から理性を捉え直すことを提案します。コミュニケーション的行為というのは当然、基本的に言語行為（Sprechakt）ですが、言語行為にはいくつかの種類があります。どういう種類の言語行為なのかが問題です。

言語行為としてのコミュニケーション行為の特徴付けのためにハーバマスは、英米の言語哲学で、六〇年代から七〇年代にかけて流行った「言語行為論」を援用しています。ジョン・L・オースティン（一九一一―六〇）とジョン・サール（一九三二―　）がこの分野を開拓しました。言語行為論というの

は、言語を、命題を表現するものとしてだけでなく、食べる、歩く、握手するなどと並ぶ行為、特に他者に影響を与える行為として捉える議論です。例えば、「火事だ」と口にする時、その人は火事が起こっているという事実を真理として主張しているというより、その場にいる人に注意を促し、一緒に逃げようとしているわけですね。「バカ！」と言う時は、誰かがバカであることを客観的な事実として陳述したいわけではなくて、自分の怒りや感情を表明して、その相手に働きかけているわけです。命令とかお願いの文は、事実確認の文とは、役割が違いますね。現代思想でしばしば耳にする、「事実確認的 constative」と「遂行的 performative」の区別は、オースティンに由来します。

ハーバマスは、オースティン、サール、何人かの社会言語学者の語用論――語用論（pragmatics）というのは、音声とか文法ではなく、会話などの文脈における言葉の使い方を研究する言語学の分野で、オースティンの議論がそのきっかけになったとされています――をベースにして、言語行為を四つの類型に分けます。

まず、目的論的行為（teleologisches Handeln）。自分の目的を実現するために、他の人に働きかけるということです。その意味で、戦略的、道具的な性質を持っていると言えます。自分の目的が先にあって、そのための道具としてコミュニケーションするわけですから、純粋なコミュニケーション的行為ではありません。第二に、事実確認的言語行為（konstative Handlungen）あるいは会話があります。これはお互いに知識を述べ、それをめぐって会話するという性質のものです。普通の会話では真偽の決着が付かない時、理論的な討議が行なわれるよう

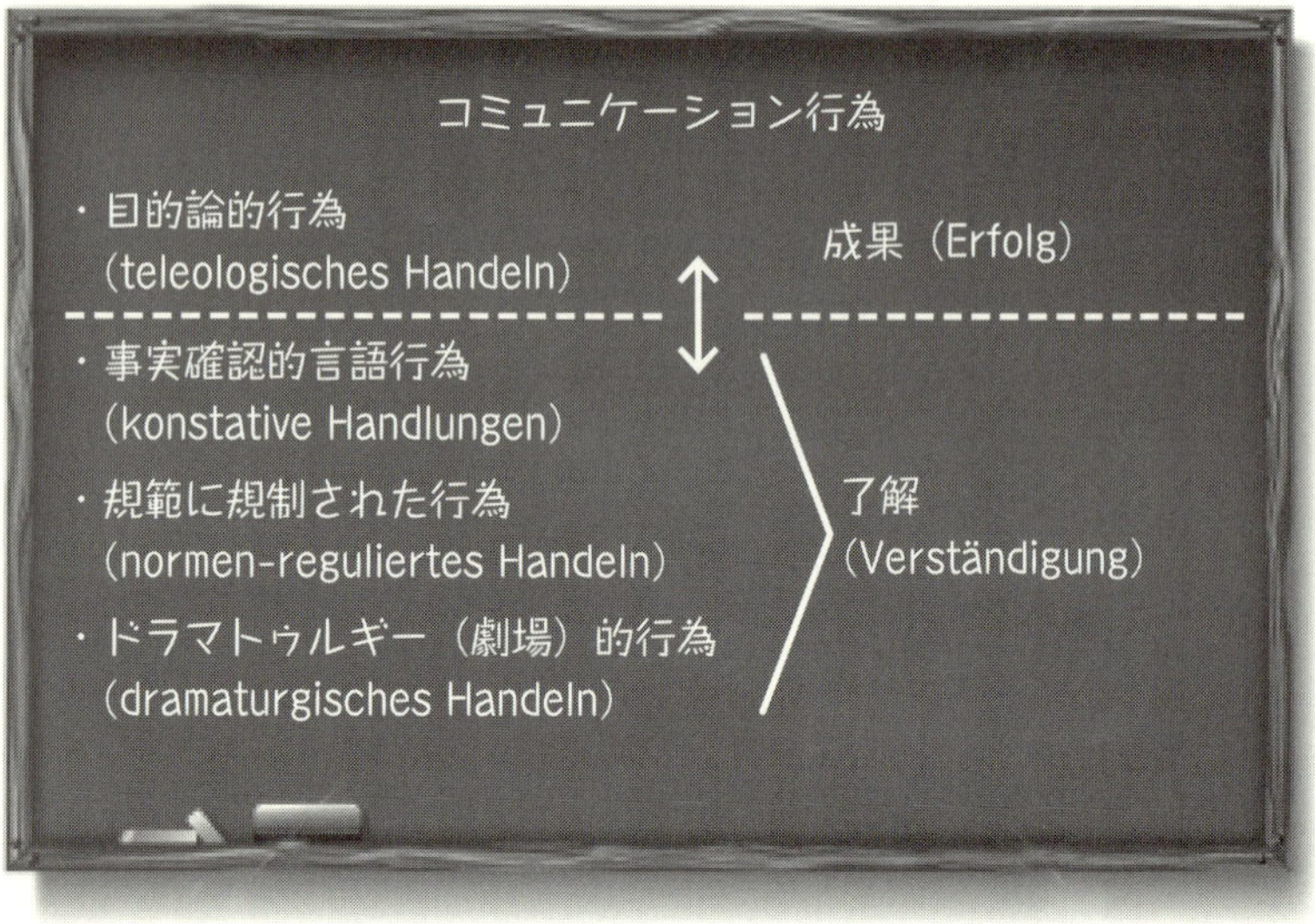

になります。そして、「理論」の形成に繋がります。第三に、規範に規制された行為（normen-reguliertes Handeln）。これは、社会の中で何が正しいのか、規範に適っているのかについての実践的知識をめぐるコミュニケーションです。意見が一致しないと実践的討議が行なわれます。法観念や道徳観念の形成に繋がります。第四に、ドラマトゥルギー（劇場）的行為（dramaturgisches Handeln）。これは、自らの主観とか、価値観を誠実に表明するようなことです。そう言うと分かりにくい感じがすると思いますが、ハーバマスは、それが美的批評に対応しており、芸術作品の創作に繋がる、と述べています。お互いの趣味判断を表明して、批評し合うような感じだと思います。そういうこと、日常会話でも結構やっていますね。

では、この四つの行為類型を分けることに、どういう意味があるのか？　端的に言うと、「目的論的行為」と、それ以外のコミュニケーション的行為を区別することです。目的合理的行為は、自分の目的を実現するために、相手を動かそうとするわけですから、ウェーバーの目的合理性に対応しています。コミュニケーションすることではなく、狙った「成果Erfolg」を出すことが重要です。それに対して、他の三つの言語行為はいずれも、特定の成果を挙げることよりも、お互いの間で「了解 Verständigung」を成立させることに焦点を当てます。「成果志向的 erfolgs-orientiert」な言語行為と、「了解志向的 verständigungsorientiert」な言語行為があるわけです。

我々が他人と〝コミュニケーション〟する時には、その両面が含まれていて、なかなかはっきりと区別できません。区別しにくいこと自体は仕方ないのですが、問題は、一見、「了解志向的」な行為に、「成果志向」が意識的・無意識的に入り込んでいることが多いので、そこから短絡的に、「全ての言語行為は、何らかの形で成果志向であって、コミュニケーションは見せかけにすぎない」、という結論を引き出してしまう人が多いということです。そういう誤解から、合理性とは目的合理性である、とする議論が流布しているわけですが、それとは別に、「了解志向」の言語行為があることを視野に入れれば、話は変ってくる、というわけです。

そういう前提に立って、ハーバマスは、主体間の「了解」を志向するコミュニケーション的行為の基盤となる「コミュニケーション理性」に基礎を置く、新しいタイプの社会理論が必要だと主張します。「コミュニケーション的理性」を軸に考えれば、「道具的理性によって道具的理性を超えられるか」、という不問な問題設定を超えて、討議によって問題を解決していく、新しいパラダイムが得られるはずだ、というわけです。

ハーバマスは、そうしたコミュニケーション論的な社会理論の先駆として、ウェーバーの同時代人であるジョージ・ハーバート・ミード（一八六三―一九六三）と、エミール・デュルケームを挙げています。プラグマティズムの哲学者で、社会心理学者でもあるミードは、記号を媒介としたコミュニケーション的行為を通して各人のアイデンティティが確立されること、それに伴ってお互いに規則や規範に従って振る舞おうとする志向性が形成されることを詳細にわたって論じました。デュルケームは、未開人の宗教的儀礼の中に働いているコミュニケーション契機を分析しました。ハーバマスは、特にミードが、カント的な倫理に代わるものとして、「討議倫理 Diskursethik」を提唱していたことに注目します。

ご承知のように、カントは「汝の意志の格率が常に同時に普遍的立法の原理として妥当し得るように行為せよ」、というフレーズで、純粋な道徳的命題の形式としての「定言命法」を定式化したわけですが、カントの議論をそのまま取れば、「普遍的立法の原理」を立てるのは、各「私」であることになります。各人が、普遍的立法の原理だと常に主張し得るような格率に従って行為することが、その行為が道徳的だと主張し得る条件になるわけです。何かの外的・偶然的な条件、例えば、それをやったら何かの利益が得られるとか、そうした方がいいと思った、ということではなく、常に「正しい」と主張し続けることができるような基準に従っていなければ、純粋な道徳的行為とは言えないというわけです。

確かにそうなのですが、各人が自分だけでそういう〝普遍的立法の原理〟を立てていたら、〝普遍的立法の原理〟同士が衝突して、混乱が続く。衝突しないまでも、各人の〝普遍的立法の原理〟はモノローグ的なものに留まることになる。この点は、従来から、ウェーバー、ルカーチ、アドルノたちの社会理論にまで持ち越されることになったカント倫理学の弱点だとされてきたわけですが、社会心理学者であるミードはコミュニケーション的行為、特に「了解」を志向する討議を通して、普遍的妥当性を主張する倫理が間主観的に形成されることを実証的に明らかにしたわけです。

日本人は「コミュニケーション」という言葉を聞くと、すぐに、腹を割って何でも言いたいことを言うイメージを持ちがちですが、ハーバマスは一貫して、コミュニケーションと規範の関係を考え続けました。ルールに即して相互了解のためのコミュニケーションが成されるし、先ほど言語行為の第三類型として挙げた「規範に規制された行為」がそうであるように、コミュニケーションを通して、社会的に「正しいこと」の内容について了解が成立し、妥当するようになる、という面もあるわけです。当然のことながら、日本的な〝コミュニケーションの原則〟としてよく言われるような、言うだけ言って、適当に妥協するというわけではありません。それだと、成果志向的な諸行為が擦り合わされているだけです。ハーバマスは、利害を超えて、「何が正しいことか?」をめぐるコミュニケーションが行なわれる可能性があると見ているわけです。

システムと「生活世界 Lebenswelt」

ただ、そうは言っても、人間は物質的な世界の中でも生きているわけですから、常に真理とか正義だけを求めているわけではありません。やはり、成果志向的になってしまうのではないかと思えてしまう。そこでハーバマスは、フッサールの現象学や、アルフレート・シュッツ(一八九九-一九五九)の現象学的社会学を援用して、コミュニケーションは「生活世界 Lebenswelt」に根ざしたものであることを明らかにすることを試みます。「生活世界」というのは現象学用語で、主体が経験する、自明で所与のものの総体を意味します。もっと平たく言うと、理論的な概念によって構成される〝以前〟のナマの世界です。シュッツの現象学的社会学では、各人が生き、思考し、行為し、他者と了解し合う日常的世界という意味で使われます。間主観的な文化的な世界でもある生活世界の中で、各人の行為は意味を受け取ります。あらゆる事象は、人々の行為の意味連関(Sinneszusammenhang)と、解釈モデルに従って、生活世界の中に位置付けられます。ハーバマスは、その行為の意味連関を、コミュニケーション的行為の意味連関と読み替え、「生活世界」は、人々のコミュニケーション的行為の連関を通して再生産される、という自らの主張へと繋げていきます。私たちのあらゆる行為は、コミュニケーション的行為を通して連続的に生成する意味の連鎖の中に位置付けることができるわけです。

しかし、私たちは常にいちいちコミュニケーションしながら、行為しているわけではありませんね。会議や相談は大事ですが、それればかりだったら、仕事が進みません。そこで、自動的に行為の方向性を決定するための「システム」が形成されます。経済、法、教育などの各領域がシステム化され、こういう事態になったら、次にどうすべきか、考えたり交渉したりしなくても、自動的に決まってくるからこそ、社会生活は円滑に進む、という面があります。

社会学においてシステム論を本格的に導入したのは、タルコット・パーソンズ（一九〇二―七九）です。パーソンズのシステム論は、行為に照準を当てる行為システム論でしたが、ルーマンはそこから完全に行為主体を放逐して、自己完結的に循環運動を続けるものとしてシステムを描き出します。ハーバマスは、システム論の元祖であるパーソンズの議論の変遷を追っていきながら、彼のシステム論が次第にルーマン的な方向性に発展していった経緯を明らかにします。「生活世界」が近代＝合理化されるにつれて、システムに依存する度合いが次第に大きくなり、主体が自らの行為を自由に意味付ける余地が少なくなります。ハーバマスは、パーソンズがそういう方向に進んでいかざるを得なかったのは、人間の行為を、個別主体の行為と見て、コミュニケーション論的視点を欠いていたからだとして、システムと、コミュニケーション的行為の連関としての生活世界の関係を見直すべきことを提唱します。

パーソンズやルーマンは、「生活世界」について明示的に語っているわけではないのですが、ハーバマスは、パーソンズにも影響を与えたはずのウェーバーやデュルケーム、ミードとの関係から、パーソンズのシステム論は、「システム」の「生活世界」からの分離と、前者による後者の植民地化を暗に前提にしている、という議論をやや強引に再構成します。植民地化というのは、システムの都合で、システムが動作しやすいように「生活世界」が再組織化される、ということです。平板化して言うと、人間の生活を便利にするために構築されたシステムが、人間を機械のように動かすようになる、というよく聞く話です。

疎外論的とも言えます。

ハーバマスは別に、「『システム』が悪いのでぶち壊せ！」、と言っているわけではありません。そういう新左翼っぽいことを彼は言いません。また、もはや阻止しようのないシステムの全面化からいかに逃げ続けるか、というようなアドルノ的なペシミスティックな発想もしません。ハーバマスは「システム」の有用性を認めます。システムがあることによって、私たちはいちいち細かいことまで、相談しなくてすむ。貨幣や権力といった制御メディア（Steuerungsmedien）を介した相互行為のおかげで、私たちは不確実性ゆえのリスクからかなり解放される。問題は、「システム」が母体である「生活世界」を圧迫していることにあります。

『公共性の構造転換』でもそうだったように、ハーバマスは、現代型福祉国家において、国家の市民生活（生活世界）への介入の度合いが高まり、官僚的なシステムへの依存が強まっていて、市民相互のコミュニケーションの余地が狭まっていることに警告を発しています。しかし、決して、システムによって、主体間のコミュニケーションが無意味化するとは考えていません。人間は「生活世界」に生きているからです。彼は当時盛んになりつつあった、反核運動や環境保護運動、同性愛者などマイノリティの権利擁護運動など、新しいタイプの市民運動を、システムによって回収され切ることのない、生活世界的なコミュニケーションを再活性化する可能性があるものとして比較的高く評価しています――結論は、新左翼っぽくなります（笑）。

その後、ハーバマスは、「討議倫理」に重点を置いた仕事をするようになります。ポストモダン的な言説を、ロマン派やハイデガーと関係付けて批判する『近代の哲学的ディスクルス』（一九八五）も比較思想史的には重要なのですが、ハーバマス独自の理論形成という面では、やはり「討議倫理」的な路線がメインになった、と見るべきでしょう。「討議倫理」というのは、先ほどミードに即してお話ししたように、個人の理性に内在するアプリオリな原理によるのではなく、コミュニケーション的理性による討議を通して形成される倫理ということです。

一九八三年に『道徳意識とコミュニケーション行為』、一九九一年に『討議倫理の詳説』を出します。『道徳意識とコミュニケーション行為』では、規範についての了解を志向する実践的討議においては、全ての可能な当事者が討議の参加者として同意を与えるであろうような規範のみが妥当するという「討議倫理の原則 der diskursethische Grundsatz（D原則）」と、その規範に全ての人が従った時に生じる帰結や随伴効果を、全ての当事者が受け入れることができるような規範のみが妥当するという「普遍化可能性原則 Universalisierungsgrundsatz（U原則）」の二つの原則が重要であることが指摘されます。討議において同意するか否かということと、それを実際にルール化した時の結果を受け入れられるか否かということの二段構えで考えるわけです。そして、このことが、分析哲学系のメタ倫理学や、ハーバマスのコミュニケーション理論に近いとされているアーペル（一九二二―二〇一七）のコミュニケーション理論（超越論的語用論）などと対比する形で、論証されています。

『討議倫理の詳説』では、討議倫理を、カントやヘーゲルの倫理と関係付けることが試みられています。先ほどお話ししたように、討議倫理には、カントの倫理をコミュニケーション的に拡張したようなところがありますが、ここでは、そのことを確認したうえで、「カント↓ハーバマス」的な道徳理論を、理性や道徳の歴史的発展を論じたヘーゲルの哲学、特に「人倫」の概念と関連付けることが試みられています。ごく簡単に言うと、ヘーゲルが示した「人倫」の諸形態を、普遍的正義が形成される通過過程と見るわけです。また、各個人の道徳的理性の発展過程の普遍性を論じた、心理学者ローレンス・コールバーグ（一九二七―八七）の議論を引きながら、道徳意識が共同体に限定されることを示唆する、ネオ・アリストテレス主義者――コミュニタリアンとして知られるマッキンタイア（一九二九―　）やサンデルもそれに含まれます――の議論を批判しています。コールバーグは、ケアの倫理の提唱者であるキャロル・ギリガン（一九三六－　）との論争が有名ですね。因みにこの本の邦訳が法政大学出版局から出ていますが、タイトルは「詳説」を取って、『討議倫理』となっています。
コミュニケーション的行為の理論が、次第に道徳意識をめぐる議論や討議倫理学へと発展していく過程については、遠藤克彦さん（一九四四－　）の『コミュニケーションの哲学――ハーバーマスの語用論と討議論』（情況出版、二〇〇七年）で詳しく述べられています。

「歴史家論争 Historikerstreit」――記憶と愛国

また、少し寄り道になりますが、ハーバマスは八六年から八七年にかけて行なわれた、有名な「歴史家論争 Historikerstreit」の一方の旗頭になります。ホロコーストをどのように捉えるべきかをめぐる論争です。論争のきっかけになったのは、歴史学者のエルンスト・ノルテ（一九二三－二〇一六）が、ホロコーストを、同時期にソ連が行なっていた大量粛清や強制収容所への収容と比較して相対化するような議論を行なったことです。それまでドイツの歴史学では、ホロコーストは比較を絶した、一回的な出来事であり、他の国の人権侵害や虐殺などと比較することはできないとされていました。ノルテや彼と共同歩調を取った何人かの保守系の歴史学者たちは、いつまでも過剰にホロコーストに拘っていたら、伝統に根ざした健全なアイデンティティを培うことはできないと主張しました。

ハーバマスは、そうした議論はナチスについてのこれまでの歴史研究の成果を台無しにしてしまう危険な「修正主義」として退けたうえで、戦後のドイツ人のアイデンティティは、戦前からのナショナルな伝統に依拠するべきではなく、ホロコーストの反省の上に立って作られた、普遍主義的な価値を志向する憲法体制（Verfassung）――ドイツは東西分裂していたということもあって、西ドイツでは憲法に当たるも

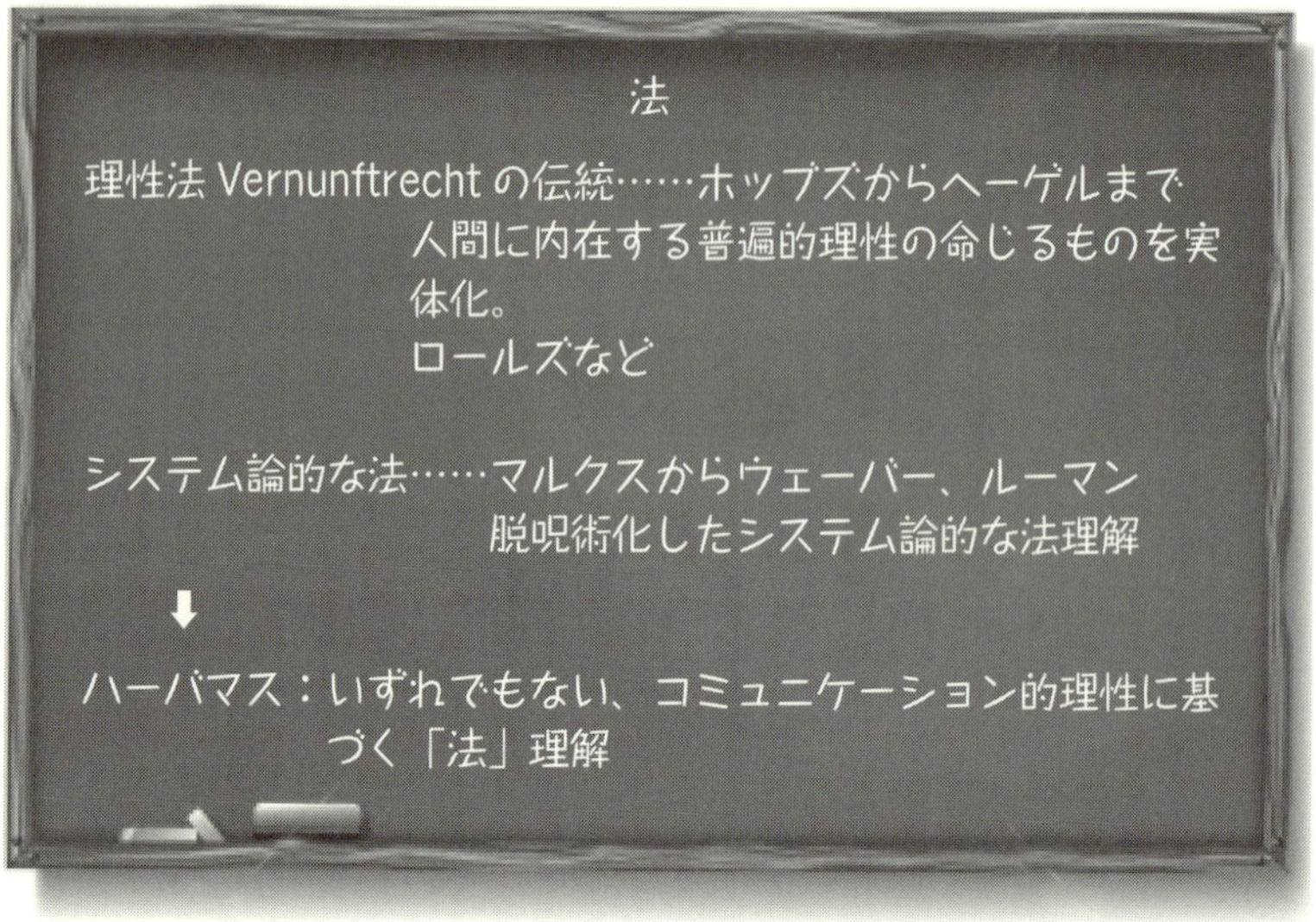
法
理性法 Vernunftrecht の伝統……ホッブズからヘーゲルまで
人間に内在する普遍的理性の命じるものを実体化。
ロールズなど
システム論的な法……マルクスからウェーバー、ルーマン
脱呪術化したシステム論的な法理解
ハーバマス：いずれでもない、コミュニケーション的理性に基づく「法」理解

ののことを、暫定的な憲法という意味合いで「基本法 Grundgesetz」と名付けましたが、統一後もこの名称のままです——に対するコミットメントであるべきだと主張しました。「国民国家」と結び付いた文化的な伝統ではなく、憲法をアイデンティティの基盤にするという考え方を、ハーバマスは「憲法愛国主義 Verfassungspatriotismus」と呼びました。歴史家論争の経緯については、両陣営の代表的な論考を集めた論集が出されていて、その抄訳が『過ぎ去ろうとしない過去』というタイトルで、人文書院から刊行されています。

八九年から九〇年にかけてのドイツ統一の際にも、ナショナル・アイデンティティをめぐる論争がありましたが、この時もハーバマスは、東西統一して国民国家が事実上回復されるとしても、ドイツ市民のアイデンティティの基盤は、「憲法愛国主義」であるべきだとして、憲法の重要性を強調しました。

法

一九九二年には、『事実性と妥当性』という法哲

学の書を出します。「事実性」と「妥当性」というのは、難しそうなタイトルですが、「法」が事実の領域と、価値の妥当性の領域を架橋するものである、というカント以来の伝統的な法哲学の考え方を反映しています。「法」は道徳的規範それ自体ではないけれど、道徳を現実世界において実体化する働きをするわけです。大体想像がつくと思いますが、ハーバマスは、そうした「法」の媒介作用を、コミュニケーション的理性と関連付けて把握することを試みます。

彼は近代の「法」理解には、二つの系譜があると見ます。一つは、ホッブズからヘーゲルに至るまでの哲学的論議のように、人間に内在する普遍的理性の命じるところを実体化したものとして「法」を捉える「理性法 Vernunftrecht」の伝統。少なくともこの本の段階でのハーバマスは、ロールズを、理性法を現代において復活させようとしている時代遅れの人扱いしています。もう一つは、マルクスから、ウェーバーなどを経由してルーマンにまで至る、社会学的に脱呪術化された、システム論的な法理解。ルーマンは、「法」を「妥当する／妥当しない」の二分法コードによって作動する自己完結的なシステムとして描き出しています。

ハーバマス自身は、そのいずれの極端でもないコミュニケーション的理性に基づく「法」理解をしていると主張します。つまり、理性に基づく法原理がアプリオリに与えられているわけでも、機械的に「妥当する／妥当しない」を判定する機械的なシステムしかないわけでもなく、了解を志向するコミュニケーションを通して、みんなが受け入れることのできる「法」が徐々に形成され、社会的統合機能を果たすようになる、ということです。

討議的民主主義――ハーバマスとロールズ、サンデル

彼はこのことを、主として私法によって保護される主観的な権利と、民主主義的な統治のための法治国

家的な諸原理との相関関係に即して考えます。自由主義と民主主義の関係をめぐる通常の議論では、個人の自由と、民主主義的な統治がしばしば原理的に衝突することが指摘されます。民主主義的統治のためには、個人の基本的な権利を制限、否定しなければならないこともあるからです。

ハーバマスに言わせれば、個人の「権利」は理性法のようなものによって最初から確定されているわけではなく、公共圏での民主的な討論を通して形成される。そのためには、民主的に討論し、立法するための制度的枠組みと、政治に参加する権利が確立されている必要があります。逆に、民主的な討論が行なわれるためには、市民の権利が保障される必要があります。ハーバマスはそうした相互依存関係を、人民主権と人権の共属性、あるいは「私的自律 private Autonomie」と「政治的自律 politische Autonomie」の等根源性という言い方で表現しています。個人の自律と、人民主権という形での集団的自己統治が支え合っているというのは、自由民主主義の大前提ですが、どうしてそう言えるのかというのは必ずしもクリアではありません。ハーバマスは、コミュニケーション的理性に基づく討議という視点を取ることによって初めて、両者の関係を明確にできると主張します。

そうした前提で、ドイツやアメリカの立法や裁判制度、特に憲法裁判について考察を加えています。

この本の終わりの方の章では、最近少し流行っている「討議（熟議）的民主主義 deliberative democracy」論も展開しています。「討議的民主主義」というのは、最終的に多数決などで決定を行なう前に、徹底して議論する。単にそれぞれが言いたいことを言いっぱなしにしたり、裏で談合したりしないで、公共圏で一般的に受け入れられ、妥当し得るような論拠を挙げる。そして、少数派、特にエスニック・アイデンティティやジェンダー・アイデンティティなどのために立場が違う人たちの意見をよく聴き、彼らがあくまで反対しても、理解することはできるような論拠を示す。議会での討議に重点が置かれることが多いですが、議会の外、市民が自発的に形成したフォーラムや、メディアでの議論も、連動していないといけない。

この本では、「討議的政治 deliberative Politik」という言い方をしています。ハーバマスは、ロールズと並んで討議的民主主義論の先駆者の一人です。

それから、一九九六年には、『他者の受容』というタイトルの論文集が刊行されます。ここには、西欧的な国民国家の今後をめぐる論考に加えて、ロールズに対する応答が掲載されています。一九九三年にロールズは、『正義論』（一九七一）に続く第二の大著『政治的リベラリズム』を出したのですが、この本で彼は、自らの言う「公正としての正義」には全ての理性的な人が同意することができるという、かつてのベタに普遍主義的、ハーバマスの言い方だと理性法的な主張を若干修正して、自由民主主義とは異なる世界観・価値観の人たちとの間で、できるところでだけ合意を成立させ、その範囲を徐々に拡大していく「重なり合う合意 overlapping consensus」の戦略を示しています。ただし無節操に妥協するのではなく、「公共的理由」を示しながら、中身を詰めねばならない。哲学的に「正しい」答えに最初から固執するのではなく、政治的な交渉のプロセスを重視するという意味で、「政治的リベラリズム」というわけです。『正義論』から『政治的リベラリズム』への転換については、『集中講義！ アメリカ現代思想』（ＮＨＫブックス）で紹介しましたので、関心があったら、読んでみて下さい。

価値観が異なる人たちとの間での合意形成を重視するロールズの新しい戦略は、『事実性と妥当性』でハーバマスが展開した、コミュニケーション的理性に根ざした法の制度化、討議的政治をめぐる議論にかなり近いと多くの人が思いました。ハーバマス自身そのことを認め

たうえで、自分たちの立場は、論証の順序が少し違うだけであると指摘しています。ハーバマスの方が、最初に具体的な中身を規定せず、手続きを通して正義の中身が決まってくる手続き主義的な議論であるのに対し、ロールズは合意されるべき一定の実体的な正義を最初に呈示している点が違う、ということです。その応答論文と、これに関連したテーマの論文が何本か収められています。

ハーバマスは、市民的公共性をめぐる議論から出発し、市民社会のいいところを伸ばしていこうとするリベラル左派的な立場を取っていたわけですから、市民的理性を信用しないアドルノたちとは違って、元々ロールズとかなり近かったわけですが、それぞれの思想史・哲学的背景や、用語が違うので、なかなかその類似性が認識されなかったわけです。九〇年代に入って、多文化社会における民主主義という共通のテーマが設定されたことで、両者の近さがはっきりしたわけです。

次回は、『他者の受容』でハーバマスも問題にしていた多文化主義社会における「承認 Anerkennung」の問題にこだわる形で、ハーバマスの理論を継承したアクセル・ホーネット（一九四九－　）を中心に、ポスト・ハーバマスの状況についてお話ししたいと思います。

■質疑応答

Q 先ほどの公共圏のお話は、市民たちが国家権力に対抗して、自分たちの共通の利益を追求している、ということですよね。だとすると、結局、最大多数の最大幸福ということになりますよね。それだと、ヘーゲルとかマルクスとかアーレントとかの、市民社会を物質的利害関係中心に理解する見方とあまり違わないのでは？ 市民たちの利害関係に基づいているのだとすると、後期のハーバマスが強調している普遍性というのも怪しくないですか？ つまり、結果的に言えば、資本主義自体を超えることはないと理解していいですか？

A 「市民社会」を資本主義と結び付けたうえで、資本主義社会である市民社会は特定の利益関係に囚われていると考えていらっしゃるように聞こえますが、それだと、ベタなマルクス主義のように、資本主義社会をどうにかしないと埒があかない、ということになってしまいます。私はそういう前提で考えるのは不毛だし、ハーバマスもロールズもそういう前提に立っていません。最大多数の最大幸福というのは、ベンサム型の功利主義の話でしょう。ベンサム型の功利主義は、個人の権利とか正義とかに関係なく、諸個人の快楽の総和を計算するわけで、そこには話し合い、コミュニケーションの必要性なんかありません。おっしゃりたいのは恐らく、各人が自分の利益を追求していたら、最大多数の最大幸福に落ち着くということだと思いますが、『コミュニケイション的行為の理論』では、そうした成果志向的な行為とは別の次元での了解志向的な行為はあり得る、ということを主張したわけです。了解志向的な行為を認めなかったら、おっしゃったイメージに近づくかもしれませんが、それは、『コミュニケイション的行為の理論』などをじっくり読んで、論証が成功しているか判断して頂くしかありません。

Q　封建領主に対して市民層が全体的にまとまって対抗するところから市民的公共圏が始まるわけですよね。それが、市民の利益をまとめあげるというところから、市民的公共性が形成されるわけですね。だとすると、やはり物質的利害関係がベースになっているのでは？

A　おっしゃっていることは分かりますが、『コミュニケイション的行為の理論』以降のハーバマスのコミュニケーション論、討議倫理学は、必ずしも、市民社会の歴史的現実をモデルにしているわけではありません。むしろ、現実の市民社会には存在しないような、「理想的発話状況 ideale Sprechsituation」、つまり利害関係によって討議が歪められることのない状況において初めて全面的に発動する、コミュニケーション的理性を前提に議論を進めているわけです。

Q　その理性が普遍的なわけでありますね。

A　本当に普遍的だかどうかは、先ほど言ったように、熟読して頂くしかないですが、ハーバマスは、「コミュニケーション的理性がある！」、と一方的に断言して終わりにするのではなくて、社会学、社会心理学、コールバーグの発達心理学などの議論を取り込んで、一定の実証性を持たせようとしています。純粋な「理想的発話状況」は実在しないけれど、人間の様々な行為を、その志向性に従って分類していくと、「理想的発話状況」になったら、どうなるかを推測しようとするわけです。自然科学でも、純粋な形では実在しない状態を、経験的データから分かる傾向性から類推し、そこでどのような作用が起こるかを論理的に考えるわけでしょう。自然科学と同じようにきれいに論証することはできませんが、それと同じ様なことを試みているわけです。

［講義］

第6回　ポストモダン以降

前回は、ハーバマスの理論が『公共性の構造転換』での市民的公共圏論から始まって、コミュニケーション的理性の働きを論証しようとした『コミュニケイション的行為の理論』を経由して、法哲学の書である『事実性と妥当性』に至り、ロールズのリベラリズムに接近するという話をしました。最終回である今回は、ハーバマスの後継者とされ、フランクフルト学派第三世代の代表であるアクセル・ホーネットの理論と、ポストモダン系の論客たちの動向について紹介したいと思います。

アクセル・ホーネット――「承認 Anerkennung = recognition」論

ホーネットは一九四九年生まれで、六八年の学生蜂起、日本で言うところの全共闘世代に当たります。彼が八三年に書いた「フーコーと批判理論」という博士論文があります。これは後に『権力の批判』というタイトルの書籍になって出版されています。邦訳は法政大学出版局から出ています。元々の博士論文のタイトルが「フーコーと批判理論」となっていることからも分かるように、フランスのいわゆるポストモダン系思想家の代表で、その中でも左派であると見なされているミシェル・フーコー（一九二六－八四）と、初期の批判理論の代表であるアドルノやホルクハイマー、そしてハーバマスの三者を、「権力」に対する批判という観点から比較して論じたものです。

初期批判理論に関しては、主体／客体、自然と理性の二分法にはまってしまって、理性による理性批判の可能性を延々と追求し続けることに終始することになった、と批判しています。前回お話ししたハーバマスによる批判とほぼ同趣旨です。フーコーの言説分析を通しての権力批判については、「権力」と「言説」の結び付きという新しい問題を提起したことは認めるけれど、メンバーの合意によって各人の行為を規制する社会的組織と、命令によって各人を強制する全体的な制度を区別していないため、主体が不可避的にシステムに従属することにならざるを得ないかのような、システム論的な記述になっており、結局、アドルノとあまり違わないところに帰着している、としています。システム論であるというのは、ルーマンと同じような議論をしている、ということです。ハーバマスのコミュニケーション的行為の理論を、システムを動かしている目的合理性とは違う合理性の在り方を示し、規範的なもの――フーコーの場合、「規範 norme」は、その社会にとっての「正常性 normalité」とほぼ等値され、あまりポジティヴな役割は与えられません――を示したという点で三者の中で最も高く評価しています。ただし、そのコミュニケーション的行為の理論を、物質的再生産の領域、分かりやすく言うと、経済、労働の領域に応用し、それを再編成する可能性を示し得ていないのが、残念だ、という感じで少しだけ批判しています。三者の理論の特徴を結構細かく分析・評価しているのですが、最後は、いかにも優等生っぽい結論に落ち着いていますす(笑)。

初期批判理論について少し復習しておきましょう。アドルノとホルクハイマーは『啓蒙の弁証法』で理性と自然の分離の問題を論じました。理性は自然から分離し、自己を主体として確立したうえで、自然を自らの客体として支配しようとしますが、完全に掌握し切ることはできない。完全に掌握しようと思っても、人間自身の身体は、自然に属しているので、身体的欲求を完全にコントロールすることはできないという矛盾があるわけです。ヘーゲルやマルクスの歴史哲学では、この主体と客体の間のギャップは、絶対精神の自己顕現、現前化という形で、最終的に主体と客体の同一化が実現するはずになるのですが、『啓蒙の弁証法』には、そういう明るい「終わり」はありません。私たちは、自分自身の理性の暴走を警戒し続けるしかない。

フーコーの社会理論の特徴は、先ほど言ったように、「言説」の分析にあります。現代思想関係でよく耳にする「言説 discours」という言葉には、いろんな意味があります。言語学的には、いくつかの文から成る「談話」を指します。特定の分野での言語実践のタイプを意味することもあります。法的言説とか心理学的言説とか。「論証」とか「討議」という意味もあって、ハーバマスの討議倫理学の「討議」は、この言葉のドイツ語形である〈Diskurs〉です。フーコーの問題にする「言説」は、社会的に通用していて、人々の行為を拘束しているような、制度化された言葉です。「言説分析」においては、「誰がどういう意図でその言葉を語っているのか？」、つまり「主体の意図」は基本的に問題にされません。誰が語った言葉が力を持つのかというよりは、むしろ言説自体が、人々の「生」の様式に一定の方向性を与え、権力を構成する、という見方をします。従来のマルクス主義の権力批判では、単なる言葉は重視されませんし、イデオロギー批判の一環として政府や大資本の言説を分析するにしても、ブルジョワジーの支配の維持という目的があるという前提で分析するわけですから、言説それ自体の構造とか作用の仕方はさほど重要ではありません。ブルジョワジーという権力主体の言葉であ

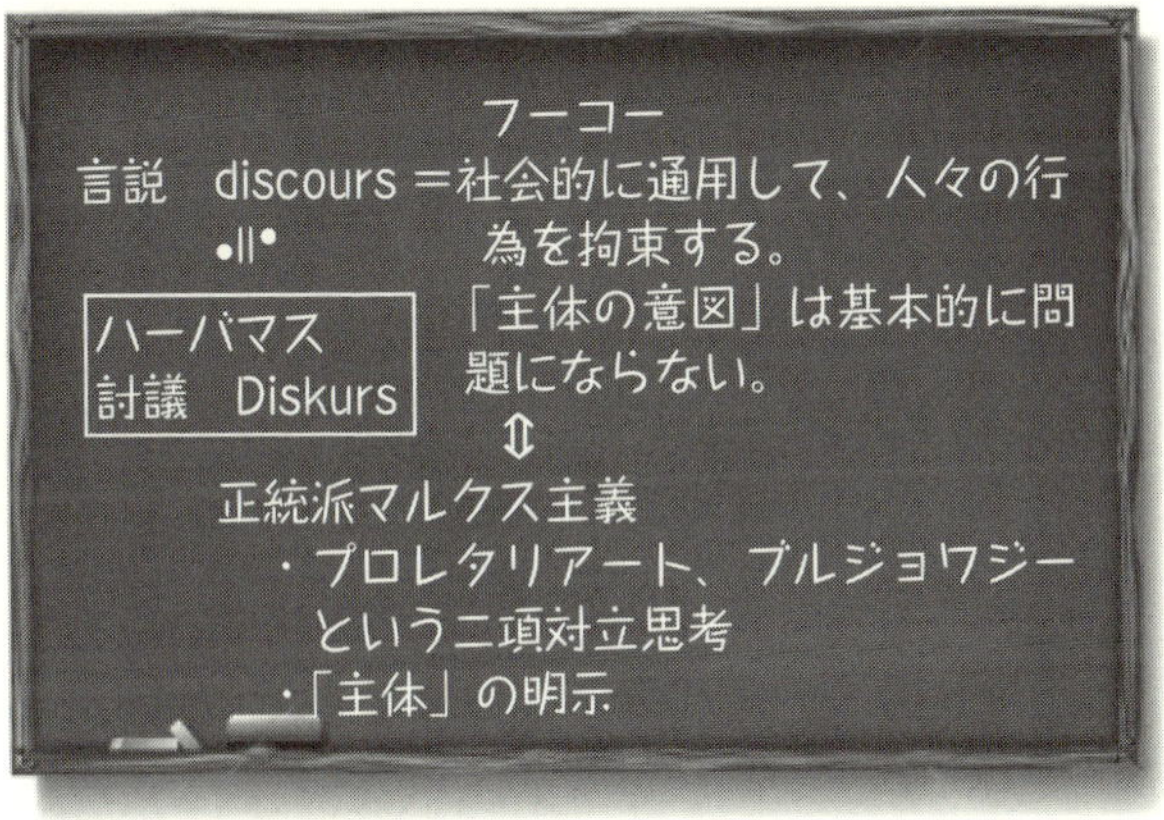
フーコー
言説 discours ＝社会的に通用して、人々の行為を拘束する。
「主体の意図」は基本的に問題にならない。
ハーバマス
討議 Diskurs
正統派マルクス主義
・プロレタリアート、ブルジョワジーという二項対立思考
・「主体」の明示

ることに焦点を当てることになります。フーコーの言説分析では、語る主体が誰であるかという問題を括弧に入れて、「言説」が社会的にどのように影響力を発揮するか、社会の中で真理と見なされているものを生み出すうえでどのような働きをするか、言説同士はどういう風に相互作用するか、といった観点から分析を進めていきます。

いわゆるフランスのポストモダン系の思想家と見なされている人たちの中で、フーコーは、同世代のデリダ（一九三〇－二〇〇四）やドゥルーズなどと比べて、比較的分かりやすい形で権力批判をする人です。ブルジョワジーとプロレタリアートの二項対立で考える正統派マルクス主義に比べると、結構難解な感じがしますが、臨床医学、監獄、精神医学、人口政策、セクシュアリティなどの具体的な歴史を素材に分析するので、彼が何を言わんとしているのかは分からなくても、少なくとも何がテーマであるかは分かります。英米やドイツ、日本の社会学とか歴史学の論文でもしばしば引用されます。しかしながら、マルクス主義やフランクフルト学派などが主流を形成してきたドイツの左派思想伝統の中にいる人たちにとっては、主体なき言説分析は、気持ち悪い、もしくは物足りないと感じられるようです――日本のサヨクのおじいさんにとってもそう感じられるようですが（笑）。そういう人たちは大抵、「それは誰が、どういう意図で語っている言葉なんだ」「誰を批判したらいいのか分からないじゃないか」、とクレームを付けます。ホーネットはそれほど単純なことを言っていませんが、それでも、フーコーが主体抜きの言説分析をしているせいで、誰をどう批判し、誰に期待していいのかはっきりしないことにいら立っているような感じは否めません。

ホーネット自身の立場は、一九九〇年代に「承認 Anerkennung ＝ recognition」の問題に焦点を当てるようになると、次第にはっきりした輪郭を取るようになります。しかしその前に、フランス系のポストモダン思想が、それまでフランクフルト学派が知的ヘゲモニーを握っていた八〇年代以降のドイツの思想地図の中でどのように受容されたか、紹介しておきたいと思います。

非合理主義的な系譜とポストモダン――「危ないもの」への評価

戦後のドイツでフランクフルト学派が影響力を持ってきた背景として、従来のドイツ的な知の伝統の中のナチスに繋がる部分をラディカルに批判し続けたということがあります。ハーバマスが中心になった「歴史家論争」は、まさにナチス的な過去との決別をめぐる論争です。第二次大戦後のドイツのリベラルな知識人の間では、ドイツの伝統文化の中の良き部分と悪しき部分を分け、後者を切り離そうとする傾向が強まります。カント、フィヒテ、ヘーゲル、新カント学派などが合理主義的な近代哲学を切り開き、発展させたのに対し、その反作用として、非合理主義・耽美主義的な思想の系譜が形成され、それがドイツの政治文化に深く根ざしていて、ナチスを生み出す土壌になったというようなことがよく言われます。非合理主義的な系譜の代表としてよく引き合いに出されるのが、ワーグナー、ニーチェ、ハイデガーなどです。彼らに加えて、第一次大戦を可能にした近代の技術を美学的な視点から称賛した作家のユンガーとか、決断主義で知られる法学者のカール・シュミット（一八八八－一九八五）とかが挙げられることもあります。

軍服のユンガー【左】とシュミット【右】

ドイツのリベラル左派系の思想業界では長い間、そういう〝危ない人たち〟をどう評価するかが、その思想家自身の健全さのリトマス試験紙とされてきたふしがあります。フランスのポストモダン系の思想家の代表として最も知られているのは多分デリダですが、デリダはハイデガーに関して全面的に支持とは言わないまでも、かなり好意的な態度をとっていて、自分の著作の中で何度も参照しています。一九八七年にヴィクトル・ファリアス（一九四〇－　）というチリ人の歴史家が『ハイデガーとナチズム』という、ハイデガーのナチ党員としての活動を記述する本を出して、ハイデガー哲学とナチズムの関係をめぐる論争が起こった際、デリダは他のポストモダン系の思想家たちと共に、ハイデガーがかつてナチスに強く共鳴しており、その痕跡が彼の哲学の中に刻印されているとしても、ハイデガーを読むことは現代哲学にとって重要な意義があることを強調しました。また、フーコー、デリダ、ドゥルーズはいずれも、ニーチェを重要な思想家としてしばしば参照し、自分自身の思考のモデルにしているふしがあります。フランスのポストモダン思想は、ニーチェやハイデガーによって切り開かれた脱近代の思想の流れを現代において継承しているとさえ言っていいかもしれません。ドイツの左派が克服したい過去の思想を、フランスのポストモダニストたちが評価しているわけですから、両者は当然対立します。

ドイツにおける非合理主義的な系譜は、ドイツ・ロマン派にまで遡るとされています。ドイツ・ロマン派に代表される非合理主義・耽美主義的な思想は、人々の理性や主体性を麻痺させ、民族という「全体」への同化を促した、というような見方が、第二次大戦後、ドイツの知識人の間で拡がりました。アメリカに亡命中だった作家のトーマス・マンが終戦直後に行なった講演「ドイツとドイツ人」（一九四五）が、そうした「ロマン主義＝悪の権現」論の基本型になったとされています。講演の中でマンは、ロマン派の思想は、地底の世界に通じるような非合理的で悪魔的な生命力に憧れるドイツ的な陶酔を凝縮している、というようなことを主張しています。そのロマン派の思想も、フランスのポストモダニストたちから、脱近代あるいは〝もう一つの近代〟の可能性を示すものとしてかなり肯定的に評価されています。デリダに近いと目されているラクー＝ラバルト（一九四〇－二〇〇七）とナンシー（一九四〇－　）は、自分たちにも強い影響を与えたドイツ・ロマン派の脱近代的な側面を評価するため、ロマン派の代表的テクストを集めた論集『文学の絶対的なもの――ドイツ・ロマン派の文学理論』（一九七八）を出しています。

それに対してフランクフルト学派、特にハーバマスは、ドイツの中の非合理的なものと闘い、合理主義的な近代を守る、という立場を鮮明にしてきました。ホーネットの『権力の批判』の二年後に出された『近代の哲学的ディスクルス』（一九八五）でハーバマスは、ドイツ思想の中の非合理的な部分とフランスの現代思想とのつながりを示しました。ロマン派にはじまりワーグナー、ニーチェ、ハイデガーへと至るような非合理主義的な近代の系譜、つまり理性、合理性ではなく、感性的＝美的なものを中心に世界を把握しようとする思想の系譜が、フランスにおいて無批判的に受容されていることを指摘し、デリダやフーコーの非合理主義的な問題の立て方を批判しています。

日本の思想・評論業界では、デリダやドゥルーズなど、フランス系のかっこよさそうな思想が好きな人のことを「おフランスだ」と揶揄する風潮がありますが（笑）、ドイツでも少し似たような風潮があります。「フランス・マフィア」とか言います。ちょっと違うのは、特にフランス好きであると否とに関わらず、英語を話せる日本人の学生よりもずっと多い数のドイツ人の学生がフランス語を流暢に話せますし、距離的にも近いのでフランスの文化・思想状況はかなり知られています。フランス思想や文学からの参照が多いというだけで、「おフランス」だということになれば、ドイツの知識人、文系の学生の大半がそうなってしまいます。もっと中身的なことが問題にされます。ドイツ哲学が築いてきた理性中心主義的な思考法や文体よりも、デリダとかドゥルーズのそれのような、文学だか哲学だかよく分からない、曖昧模糊としたレトリックだらけの文章を好むような人が、フランスに影響されすぎ、ということで批判されるわけです。フランス好きだけですむならまだいいけど、フランス経由でニーチェやハイデガーを無批判的に、流行りもののつもりで受け入れると、いつのまにか、ロマン主義に代表される、非合理主義的な思考に感染する恐れがある、ということが言われるわけです。日本でも、ポストモダン思想について、「言葉を飾り立てているだけで、表面的だ」、などと言う人はいますが、ドイツの場合、単にそれだけの話ではすみません。自分たちの負の遺産がそこに投影されていると見て、危険視するわけです。

フランス現代思想とドイツ

ドイツの中で、フランスの構造主義／ポスト構造主義を積極的に受容していく傾向が出てきたのは八〇年代です。ハーバマスが『近代の哲学的ディスクルス』を書いた背景として、八〇年代に、日本でフランス現代思想ブームが起こったのとほぼ同じ頃、ドイツでもブームが起こったということがあります。このブームに関しては、ドイツと日本は傾向がやや似ており、純粋に哲学を研究している人たちよりは、比較文学や文芸批評、美術批評の人たちが受容の中心で、デリダとかドゥルーズなどの何を言っているのかよく分からない文体が好まれます。純粋哲学からは嫌われます。よく知られている紹介者に、『理解の臨界』（一九八八）を書いたマンフレート・フランク（一九四五－　）がいます。『理解の臨界』は、フランクフルト学派の代表であるハーバマスと、フランスの哲学者で『ポストモダンの条件』（一九七九）の著者で、［歴史＝大きな物語］という定式で知られるリオタール（一九二四－九八）がもし対話したらどのようになるか、という本です。リオタールを比較の対象として取り上げたのは、リオタールが、異なったタイプの――主体ではなく――「言説 discours」同士の間の抗争という視点から、社会や歴史を分析しようとしているので、合意を志向するコミュニケーション行為という視点から社会を分析し、「討議倫理 Diskurs」の倫理学を提唱するハーバマスと対照的に見えるからです。それぞれの発言の対比しやすいところを取り上げて、「仮想の対話」を考えた作りになっています。どっちかというと、ハーバマス寄りの終わり方になっています。三元社から翻訳が出ています。フランクは、それほど特徴のある思想家ではないのですが、フランスのポストモダン系の議論が、ドイツ観念論やロマン派の影響をどのように受けているかとか、ア

ドルノやハーバマスなどの議論とどう違うのかといったことを図式的に説明するのがうまいです。

それから、文芸批評家のカール＝ハインツ・ボーラー（一九三二―　）がいます。彼は、『ロマン派の批判』（一九八九）で、ロマン主義を、非合理主義で退行的と見なす言説が、ドイツの思想史の中でどのように生まれてきたのか、ヘーゲルからトーマス・マンに至るまでのロマン主義批判の系譜を辿る一方で、ロマン派の言説のポスト近代的な側面が、二〇世紀に入ってベンヤミンやシュールレアリストによって再発見され、モーリス・ブランショ（一九〇七―二〇〇三）などを経由して、フランス現代思想のデリダなどに強い影響を与えていることを指摘しています。近代の自我中心的な哲学を内側から解体していく思考、脱構築的な思考の萌芽が、初期ロマン派にあったことを、ベンヤミンに即して紹介しています。彼は、ドイツ統一の際、国民国家としてのナショナル・アイデンティティの復活をめぐって、ハーバマスと論争しています。

そして、比較文学者のヴィンフリート・メニングハウス（一九五二―　）という人がいます。彼には、初期ロマン派の現代的意義について論じた『無限の二重化』（一九八七）という著作があります。初期ロマン派の批評（Kritik）の方法、作品の内に埋め込まれている――作者自身も把握していなかった――無意識的なもの＝他者性を発見して描き出し、それがどこに向かって自己産出の運動をしているかを、他の様々なジャンルのテクストとの連関を視野に入れながら明らかにしていく方法が、デリダの「脱構築」の先駆になっていると主張しています。初期ロマン派の代表的理論家であるフリードリヒ・シュレーゲル（一七七二―一八二九）の「無限の二重化」論を主要な参照項にしています。「私の存在について反省する私の存在について反省する私の存在について反省する私の存在について反省する私の存在について……」という形で、「私」の反省的自己意識が無限に連鎖していくので、「私」の存在の究極の根拠は確定できない、という話です。これは私の修論のテーマでもありますので、関心があったら、それを本にした『モデルネの葛藤』（御茶の水書房、二〇〇一）をご覧ください。

それから、私がドイツ留学時にお世話になった比較文学者のヨッヘン・ヘーリッシュ（一九五一―　）がいます。彼は、ゲーテ――厳密には古典主義なのですが――を含む広い意味でのロマン派の作品の中に、「脱構築」的な契機を探り、それを記号論的・メディア論的な視点から再考する仕事をしています。ヘーリッシュは、デリダの『声と現象』（一九六七）のドイツ語訳をした人です。自らが訳したドイツ語版『声と現象』に対するかなり長い序文「記号の存在と存在の記号」（一九七九）で、デリダの音声中心主義批判を応用する形で、ゲーテの小説『親和力』（一八〇九）を記号論的に読み解くことを試みています。この序文論文の私による訳が、『デリダを読む』（情況出版、二〇〇〇）に収められています。

ノルベルト・ボルツ（一九五三―　）は、ルーマンのシステム理論を応用する形で、主体主導ではなく、メディア主導のコミュニケーション理論を展開しています。彼はメディア論の視点から、ワーグナー、ニーチェ、ベンヤミンなどを再読することを試みています。メディアの変化と連動する人間の知覚様式やライフスタイル、社会構造の変化が、彼らのテクストの隠れたモチーフと見るわけです。テクストをメディア論的な視角から分析するやり方は、ヘーリッシュと共通していますが、ヘーリッシュが文学・美術系のテクスト中心に仕事をしていて、その意味で伝統的な文学の枠に留まっているのに対して、ボルツは、インターネットやサイバースペースの分析に重点を移していて、メディア政策の提言のようなこともやっています。彼は、元々アドルノやベンヤミンを専門的に研究していたので、フランクフルト学派を妙に理性中心・主体中心主義にしてしまったハーバマスに対して批判的なスタンスを取っています。ただし、彼

ヨッヘン・ヘーリッシュ

カール＝ハインツ・ボーラー

マンフレート・フランク

自身はフランクフルト社会研究所の出身ではないので、学派の非主流派というわけではありません――日本の社会学者に、ボルツたちをフランクフルト学派の「第四世代」と呼んでいる人もいますが、あれは人脈的にも年代的にも正確ではないので、比喩的な言い方だと理解した方がいいと思います。学派の外から、ベンヤミンを復権させようとしている感じです。

ちょっと毛色は変わりますが、メディア美学者として、キトラー（一九四三―二〇一一）も有名です。『グラモフォン・フィルム・タイプライター』（一九八六）と『ドラキュラの遺言』（一九九三）の二冊が日本語訳されています。特に、後者のタイトルは印象的ですね（笑）。ブラム・ストーカー（一八四七―一九一二）の『ドラキュラ』（一八九七）を、電報とかタイプライターなどのニュー・メディアを駆使して、オーストリア＝ハンガリーだったトランシルヴァニアから出てきた古い世界の怪物を追いつめるストーリーとして読んでいます。彼は、メディア技術によってその時代や社会における存在や認識の「アプリオリ」が構成されているという視点に立って、人文主義的なテクストや文学作品を読み解くことを試みています。その点はボルツやヘーリッシュと似ているのですが、キトラーの方がもっと即物的で、手紙だとか活字とか、タイプライター、蓄音機、写真などにこだわります。彼は、データを入手し、蓄積し、処理する「書き留めシステム Aufschreibesystem」の発展を重視

フリードリッヒ・キトラー

ヴィンフリート・メニングハウス

ノルベルト・ボルツ

します。

フランク、ボーラー、メニングハウス、ヘーリッシュ、ボルツに共通するのが、ベンヤミンの再評価をし、それを更にロマン派再評価と、フランス現代思想の受容へと展開していくやり方です。何度かお話ししたように、ベンヤミンは初期フランクフルト学派のアドルノに強い影響を与えただけでなく、都市表象分析や脱構築的批評の先駆けになるような仕事をした人です。彼は、「主体」や「理性」を普遍的で不動のものと見るのではなく、歴史的・記号論的な視点から相対化するような議論を展開した人で、西欧の理性中心主義、主体中心主義の最後のハーバマスとは対極的な所にいます。ベンヤミンは、『ドイツ・ロマン派における芸術批評の概念』（一九一九）や『ゲーテの「親和力」について』（一九二二）などで、初期ロマン派やゲーテのテクストを、脱主体中心主義的・記号論的に読解することを試みています。

八〇年代にポストモダン思想ブームが起こるまでは、ベンヤミンはアドルノの先輩格という位置付けで、準フランクフルト学派扱いでした。ズーアカンプ社から出されているベンヤミン全集の編集は、アドルノ関係の編集や研究もやっている、フランクフルト学派のシュヴェッペンホイザーとロルフ・ティーデマン（一九三二―二〇一八）が担当しています。そのため、彼のマルクス主義的・左翼的な側面が強調される傾向がありました。九〇年代に入るまでの日本でのベンヤミン受容にもそういう傾向がありました。ボルツやヘーリッシュ、メニングハウスたちは、ベンヤミンの思想をフランス現代思想風に展開し、面白く理解することを試みているわけです。

更には、それと連動する形で、アドルノのテクストも、記号論・メディア論的に読むことが試みられています。ヘルダリンの詩の統語法の特徴を論じた「パラタクシス」（一九六三）は、ヘーゲル＝ハイデガー的な「存在」論を脱構築し、詩的言語の他者性を露わにするテクストとして――ラクー＝ラバルトなどの議論を経由する形で――注目を集めるようになりました。日本でも一時期話題になりました。「パラタクシス」は、ハイデガーのヘルダリン論以上に難解で、ヘルダリンの専門家や、アドルノの専門家が読んでも、何を言っているのかよく分からないところが多いですが、それがいいのでしょう（笑）。初回にお話ししたように、みすず書房から翻訳が出ているので、どの程度分からないのか興味があれば、そちらをご覧ください。

「承認」とコミュニタリアニズム

ポストモダンの浸透によって、フランクフルト学派が長年かけて築いてきた批判的知の地盤が掘り崩され、ベンヤミンだけでなく、アドルノまで〝向こう〟に奪われかねない状況が進行していく中で、ハーバマスは、『近代の哲学的ディスクルス』を書いて、予防線を張ったわけです。

ホーネットが博士論文を書いた八三年は、ドイツ国内にポストモダン派が形成されつつある時期でした。そうした時期にアドルノ、ハーバマスとフーコーを比較するような論文を書いたわけですから、当初は、フランクフルト学派とポストモダンを融合して調和させるような仕事をしようとしている人ではないか、というようなイメージがありました。四九年生まれの彼は、四五年生まれのフランクや、五一年生まれのヘーリッシュとだいたい同世代です。後で話題にするスローターダイクも四七年生まれです。この学生運動年代以降の人たちは、戦後の西ドイツで育った人なので、ロマン派、ニーチェ、ハイデガーなどのいわゆる、ドイツ的な思想の系譜をワンパッケージとしてナチスに結び付けて批判するような発想は、ハーバマスやギュンター・グラスなどの二〇年代後半から三〇年代にかけて生まれた戦中世代ほど、強くないようです。

九〇年代初頭くらいまでは、ホーネットにそれほどの独自性があるというイメージはありませんでした。コミュニケーションを通して普遍的合意に到達できる可能性を信じ続けるハーバマスの路線に行きづまり感があるので、弟子のホーネットが、ポストモダン系の話を少し取り入れて、新しさを出そうとしているのではないか、くらいにしか思われていなかったきらいがあります。

その評価がポジティヴに変わるきっかけになったのが、一九九二年に刊行された、『承認をめぐる闘争』です。日本でも最近少し知られるようになってきた「承認 recognition = Anerkennung」論です。ホーネットとほぼ同じ頃、カナダのコミュニタリアン（共同体主義者）として知られるチャールズ・テイラー（一九三一― ）も「承認」の問題を論じるようになり、アメリカの政治哲学で、「承認」が重要なテーマになりました。ホーネットはある意味、世界的トレンドにのることができたわけです。

余談になりますが、『承認をめぐる闘争』はホーネットの教授資格論文です。ドイツでは博士論文（Dissertation）の上に教授資格論文があります。多くの場合、博士号を取ってから任期付きの助手になって、そのポストにいる間に教授資格論文を書いて、「教授」になることのできる資格を取ります。ただ、それはあくまで資格であって、資格があるからといって自動的にどこかの教授になれるわけではありません。公募に応じ、採用されて初めて「教授」になれます。「教授」といっても、一つの講座の主で、（教授資格を持っている）大学講師、助手、副手、秘書などが下にいる「正教授 Ordentlicher Professor」と、講座もそれに伴う予算も持たない「准教授 Außerordentlicher Professor」――元々は教授の部下であった日本の助教授（准教授）とは違います――ではかなり待遇が違います。「正教授」と「准教授」は、州の終身雇用の公務員ですが、それ以外に、公務員としての身分がなく、非正規に雇用されている「員外教授 Außer-planmäßiger Professor」と呼ばれる人たちもいます。ドイツは日本に比べてそもそも大学の数がかなり少ないうえに、近代ドイツ文学とか中世ドイツ文学、フランス文学、近代哲学といった各講座ごとに一人の正教授しかいないのが原則ですから、「正教授」になれる人はごく一握りです。教授資格を持ちながら、バイトをして食いつないでいる人も少なくないようです。

話を元に戻します。日本では、二〇一〇年秋のサンデル・ブームの影響で、［コミュニタリアン＝サンデル」というイメージになってしまいましたが、「コミュニタリアニズム」にはいくつかの潮流があって、サンデルが全体を代表しているわけではありません。四人の代表的コミュニタリアン、日本風に言うと、コミュニタリアンの四天王がいるとされていて、サンデルはその一人で、一番若手です。サンデルは、ロールズ批判の急先鋒だったので、［リベラル vs. コミュニタリアン」の対決が話題になる時は、サンデルの名前が出てくることが多かったわけですが。

最初にコミュニタリアンとして認知されたのは、アラスデア・マッキンタイアです。彼はその主著『美徳なき時代』（一九八一）で、個人のアトム化を推進した近代啓蒙主義を批判し、アリストテレスにまで遡って、人々の生に共通の目的を与えてくれる政治的共同体の重要性を説きました。

それから、マイケル・ウォルツァー（一九三五－　）がいます。ウォルツァーは自分では、開かれた平等主義を標榜していますが、共同体を重視する議論をしているので、コミュニタリアン左派と見なされています。彼がコミュニタリアンとして知られるきっかけになったのは、『正義の領分』（一九八三）という著作です。ロールズの正義論が、弱者に焦点を当てた再配分を志向していることには基本的には賛成しているけれど、「正義」をもっと多元的に捉える必要があるとしています。ロールズ自身は、人々の幸福追求のための基本財をどのように配分するのかあまり具体的に述べていませんが、普通に考えると、お金で配ることになるのではないか、ということになりそうです。現物支給だと、個人の価値観や生き方によって、評価が異なってくるので、平等な分け方が難しい。お金だと、すっきりしますね。

ウォルツァーは、私たちの生活には、安全、福祉、公職、教育、メンバーシップ、自由時間、政治的権力など様々な側面があり、それぞれの領域に合った、配分的正義があると指摘します。例えば、お金を配分すれば、経済的平等は達成できるかもしれませんが、それでは、お金をもらった貧しい人が施しを受けている人間として、社会的に蔑視されるかもしれない。お金をもらっても、十分な教育を受け、周りの人から認められる生活を送れるとは限らない。「領域」ごとに、異なった「正義」があり、領域的な諸正義が複雑に絡み合っている。そして、その絡み合い方には、文化圏ごとの伝統や特性がある。「正義」を適切に実現するには、領域ごと、文化ごとの違いを考慮する必要があるわけです。

「9・11」の後、アメリカが対アフガニスタン戦争に突入した際、六〇人の著名な知識人が、「我々は何のために戦っているのか」(二〇〇二年二月)という共同声明を出し、戦争を支持しました。コミュニタリアンの社会学者のエツィオーニ(一九二九－　)とかフランシス・フクヤマ(一九五二－　)、『文明の衝突』(一九九六)で有名なサミュエル・ハンチントン(一九二七－二〇〇八)などが名前を連ねています。そこに、それまで左派と目されていたウォルツァーも入っていて、左派仲間から転向だと批判されました。ただし、イラク戦争の時は、戦争反対の立場を表明しています。

テイラーはカナダのケベック州出身です。ケベックは、カナダのフランス語地域で、独立運動などもあることはご存知ですね。テイラーは、「多文化主義 multiculturalism」の理論家として知られています。カナダは一九八二年に憲法を改正し、英語系住民とフランス語系の住民の平等な扱いについてかなり細かく規定すると共に、イヌイットやネイティヴ・アメリカンなどの少数民族に対して、それぞれの言語文化を

保持していくための権利を付与しています。テイラーは、そうした多文化主義をコミュニタリアン的な視点から根拠付けることを試みています。文化を保持する権利を、個人の権利ではなく、共同体の権利と考えるわけです――リベラルな多文化主義者であれば、第一義的には、個人の選択権の問題だと考えます。コミュニタリアンは、個々の「共同体」に属する人たちにとっての共通の価値、幸福の体系としての「共通善 common good」を重視する思想ですから、文化が異なっていれば、「共通善」も異なってくるので、それに対応する政治体制が必要になるわけです。テイラーは、カナダの経験を踏まえて、「多文化主義的なコミュニタリアニズム」を提唱しているとされます。彼は、文化的アイデンティティに関係する問題を解決するためのカギとして「承認」の問題を提起しました。

「承認」とは、簡単に言うと、相手から自分の人格やアイデンティティを認めてもらうことです。先ほど、ウォルツァーに関連してお話ししたように、ロールズの正義論に代表される、リベラル左派的の平等論は、財の再配分に重点を置いていました。文化やアイデンティティが違う人を受け入れるよう強制するのは、価値観の押し付けになってしまうので、そこには触れないで、取りあえず、財の配分の面で平等にしようとするわけです。それに対して、テイラーやホーネットは、人格的に認められることが、財の配分に劣らないくらい重要だと主張するわけです。

「承認」と「再配分」のバランスをどのように取るのかというのは、社会哲学に結構難しいテーマです。両方やれば、いいように思うかもしれませんが、「再配分」にはお金がかかりますし、「承認」を達成するには、マジョリティである相手方の価値観を転換させる必要があります。しかも、「再配分」のための政策と「承認」のための政策が相互にマイナスに干渉することがあります。この点について、ホーネットとの共著もある、アメリカのフェミニストの社会哲学者ナンシー・フレイザー（一九四七－　）が『中断された正義』（一九九七）という本で詳しく分析を加えています。黒人の若いシングルマザーの女性がいる。小さい子供が何人もいるので、いい仕事が見つからず、生活が苦しいので、政府が経済的援助をしたとする。しかし、そうすると、未婚の若い黒人の女性は自分で職を見つけようともしないで男と寝て子供を作って生活しているというイメージ、偏見がかえって強まる可能性がある。文化的弱者が貧しいせいで、余計に差別されるということは多いですが、再配分の問題だけ解決しようとすると、承認の問題の方で余計にこじれる可能性があるということです。余計にこじれるとは言わないまでも、再配分面での改善が、承認の面での改善に繋がらない可能性はあります。ウォールストリートで成功した黒人のビジネスマンが、夕方になると、タクシーを拾えないというようなこともあります。

ホーネットに話を戻します。ホーネットの承認論は、多文化主義にはさほど重点を置いていません——ドイツにも、トルコなどイスラム圏からの労働移民の問題があるのですが、ホーネットはそれについては具体的に論じていません。『承認をめぐる闘争』では、普遍的な合意の可能性を追求するハーバマスのコミュニケーション理論の有効性を認めたうえで、コミュニケーションを成立させるための前提として、主体たちがお互いを主体として認め合い、共同体的関係を築くことが不可欠であることを示唆しました。コミュニケーションの前提としての相互承認を打ち出し、ハーバマスを補強する立場に立ったわけです。

テイラーもホーネットも、承認論の起源としてヘーゲルの議論を参照しています。ヘーゲルの承認論は、『精神現象学』（一八〇七）のいわゆる「主／僕の弁証法」の形で知られています。ヘーゲル研究者の岡本裕一朗さん（一九五四－　）は、『ヘーゲルと現代思想の臨界』（二〇〇九）で、主／僕の弁証法は、コジ

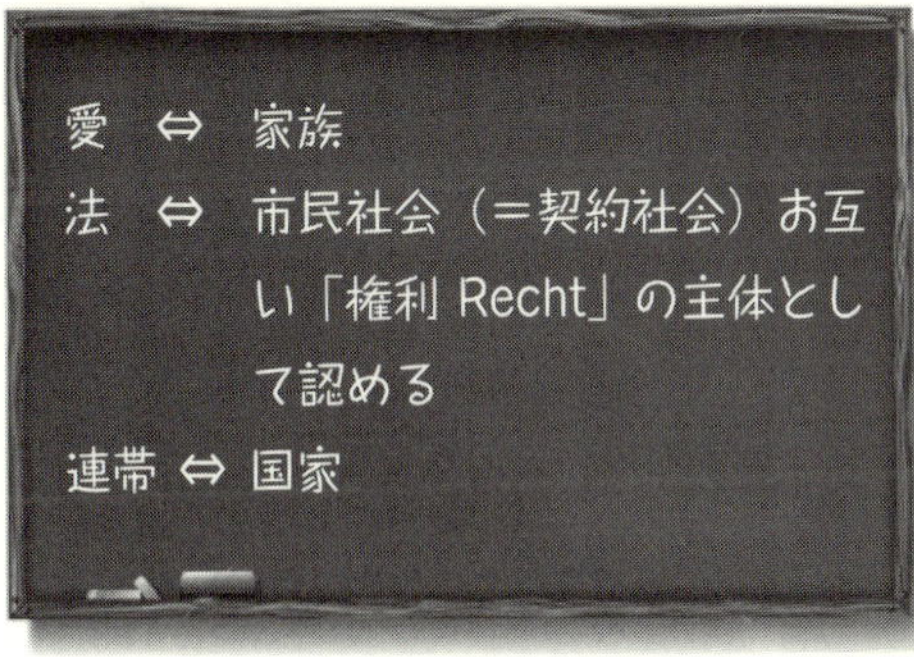

エーヴ（一九〇二－六八）が広めたもので、ヘーゲル自身はそれほど特別な意味で言っていないと指摘されていますが、「承認」に関しては、主／僕の弁証法に即して説明した方が、分かりやすいので、そうさせてもらいます。

人間は、他者から認められることを求める存在であり、そのために葛藤します。みんなできれば、主になろうとします。しかし、主が主であるためには、当人が強いとか能力があるだけでなく、僕から主として認められねばなりません。その意味で、主は僕に依存していると言えます。特に主が、僕の労働に依存して生きているとすると、僕がいないと生きていけません。僕の方は労働しているうちに、労働する能力が高まっていきます。そこで、どこかで実体的に、主と僕の逆転が起こる。その逆転が、マルクス主義の革命論に繋がっていくわけです。それが、コジェーヴ流の「主／僕」の弁証法の普通の理解です。

ただ、主／僕関係を、「承認」の本質が、人格としての承認であるということに注目すると、もっと別の展開を考えることもできます。主は、僕から認められることによって、主としての自己のアイデンティティを確立したいと思うけれど、誰でもいいから認められたらいい、というわけではない。どうでもいい奴から認められても、全然嬉しくありません。自分から見て、まともな人間、ちゃんとした人格を持った人間から認められないと、認められた、という気になれない。自分の人格を認められるには、先ず相手の人格を認める必要があるということが分かってきます。その前提で、お互いに認められるために、いろいろな努力をするようになります。努力の中で、人格を認め合う以上、その相手は恐らく、もはや単なる僕ではない。同等の人格的存在です。相手からの承認を得ようとする努力の中で、各人は、自分がどういう存在なのか、次第に認識するようになる。

最初は、みんな相手に自分を認めさせようとして争うかもしれないけれど、次第に相互承認し合ったうえで、協働して、自分たちのアイデンティティの基盤となる共同体を築くべく努力するようになる、と考えられます。その共同体の中で各人の「自己」が形成されるわけです。そうした共同体のことをヘーゲル用語で、「人倫 Sittlichkeit」と言います。高校の教科書にも出てくる割に、今一つ分かりにくい訳語ですが、元になっている〈Sitte〉というドイツ語の名詞には、習慣とか風習といった意味と、道徳や倫理の意味があります。事実として存在する慣習であると同時に、それに規範性が備わっていることを示すのに都合のいい言葉です。その〈Sitte〉をいったん形容詞化したうえで、日本語の「〜性」に当たる〈-keit〉という語尾を付けて、再名詞化したのが〈Sittlichkeit〉です。〈Sitte〉よりも、抽象的な感じになります。ヘーゲルは、事実として成立している人間の共同的関係が道徳性を帯びている状態を「人倫」と呼んでいるわけです。

『承認をめぐる闘争』でホーネットは、初期ヘーゲルが、特に『人倫の体系』（一八〇二）という論文で、人倫の発展の三段階と、それに対応する三つの様式の承認の在り方について詳しく論じていることに注目しています。「愛」という承認様式に基づく「家族」「法」という承認様式に基づく「市民社会」「連帯」という承認様式に基づく「国家」の三つです。「家族」と「愛」の関係は分かりやすいと思います。「市民社会」を支える「法 Recht」というのは、具体的には契約関係のことです。市民社会は契約社会だというのは、よく言われることですね。契約に際して、お互いを「権利 Recht」の主体として認めたうえで、「合意」したことを守り、それに反することをしないよう、「法」によって制約を受けます。ドイツ語の〈Recht〉は、「法」と共に「権利」を意味します。ちょっと距離を置いた感じの合理的な関係ですね。「連帯」というのは、それぞれが自らの属する政治共同体のために積極的に活動しているという前提の下で、その意味での同士としてお互いを認め合う関係です。感情的なものが再び入ってくるわけです。「家族」の「愛」のように直接的な感情ではなく、合理的な感情に基づく承認関係です。

ホーネットは、こうした初期ヘーゲルの承認論は、ミードの社会心理学によるアイデンティティ形成論を経由して、コミュニタリアンの議論にまで繋がっていると指摘します。ただし、ヘーゲル自身はその後、「人倫」の基礎としての「承認」を更に掘り下げて論じる方向に進んでおらず、『精神現象学』では、「承認」の役割がかなり小さくなっているとしています。「主」と「僕」の関係から、どうやって相互承認に基づく「人倫」の諸形態へと発展するのかきちんと論じていない、ということです。

『無規定性での苦しみ Leiden an Unbestimmtheit』（二〇〇一）という短めの本で、ヘーゲルが「人倫」について本格的な議論を展開している『法哲学』（一八二一）に即して、「人倫」論における「承認」の位置付けについてもう一度論じています。この本は、古典的な作家や思想家の短めの作品を集めているレクラーム文庫の一冊として刊行されています。邦訳は二〇〇九年に未來社から出ていて、タイトルは『自由であることの苦しみ』になっています。「無規定性」だと分かりにくいので、「自由」にしたのだと思いますが、『自由であることの苦しみ』だと、まるでフロムの『自由からの逃走』みたいに聞こえますね。そういう話ではありません。ヘーゲルの弁証法には、無規定の「存在」は空虚で、「規定 bestimmen」されることによって、具体的な内実を獲得していくという前提がありますが、それを人間に当てはめると、何者でもないただのヒト、固有のアイデンティティを持っていないヒトがいるとすれば、そのヒトは社会の中での他者との関係でどのように振る舞っていいか分からず、その意味で不自由である、どういう立場の人間なのか、○○の市民で、△△の地位に就いていて、□□の法的権利と××の義務があるという規定を受けることによって、その立場における「自由」を獲得できる、ということになります。「限定を受けていないこと Unbestimmtheit」こそが「自由」だという見方もありますが、それは動物とかが単に生きているという意味での〝自由〟であって、人間にとっての「自由」ではありません。

英米の政治哲学や倫理学では、「規定」を受けてこそ「自由」だとか、自らの「自由意志」によって何らかの「道徳法則」に自発的に従うことが自由＝自律である、とかいった、カント－ヘーゲル的な議論はほとんどしません。コミュニタリアニズムとか、集団的自己統治や政治参加を重視する共和主義（republicanism）でその手の話が多少出てきますが、「規定されていること」と「自由」について哲学的に掘り下げて議論することはほとんどありません。その辺の話がしたいので、ヘーゲルの『法哲学』について検討しようとしたのでしょう。

ヘーゲルの『法哲学』は、ドイツ語の〈Recht〉という概念の歴史的発展過程を分析した著作です。先ほど〈Recht〉には、この他に「権利」と「法」という意味があるとお話ししましたが、「正義」とか「公正」「言い分」といった意味もあります。「言い分」だと極めて主観的ですが、「権利」だと少なくとも相手に認められる必要があるし、実定的な「法」としての「法律 das Gesetz」になると、国家のような政治的共同体によって、「制定 setzen」される必要があります――〈Gesetz〉は語の作りからして、〈setzen（措定）〉されたものということです。〈Recht〉が、主観的なものから客観的なものへと次第に「規定」され、それに伴って、〈Recht〉の主体としての人間がより「自由」になっていく過程が描かれているわけです。

その〈Recht〉の発展と対応させる形で、［家族→市民社会→国家］という人倫の発展が論じられています。これらの「人倫」の諸形態の中で、各人の自己が形成される仕組みを、ヘーゲルは〈Bildung〉という言葉で表わしています。〈Bildung〉は発音と字面から分かるように、英語の〈building〉と語源が同じで、「形成 bilden」されたもの、あるいは「形成する」こと一般を意味します。人間に関して使われる時には、「人格形成＝教養」という意味になります。日本語で「教養」と言うと、何か知識を習得する話のように聞こえますが、教育的な意味での〈Bildung〉は、古典的なテクストを読むことを通して、そこに描かれた人間性のモデルに合わせて「自己形成」するということです――このあたりのことは、『教養主義復権論』で論じましたので、関心があればこちらをご覧ください。

ヘーゲルは、「家族」「市民社会」「国家」といった人倫の諸形態が歴史的に「形成」され、その中に人間関係を調整する様々な制度的な仕組みが備わっていることと、それらの中で各人が人格形成され、その人倫＝共同体に属する者としてのアイデンティティを獲得することが表裏一体にあると見て、それを〈Bildung〉という言葉で表現しています。ヘーゲルの翻訳では、「教養」と訳されることが多いのですが、それだと、人倫を構成している種々の歴史的形成物という側面が見えなくなり、分かりにくくなるので難しいところです。『自由であることの苦しみ』では、「教養形成」と訳されています。ホーネットは、「人倫」の中で、個人の自己実現（Selbstverwirklichung）、相互承認（reziproke Anerkennung）、教養形成の三つが行なわれている、という見方を示しています。この三つが不可分に絡み合っているわけです。個人は、単純に自己の願望を実現しているだけではなくて、同時に、他者とお互いの人格を承認し合い、かつ、歴史的に形成されたその共同体に適合するような形で自己形成しているわけです。

先ほどお話ししたように、英米の政治哲学や倫理学の「自由」をめぐる議論では、自己自身が抱く価値、目的を実現する、ということにだけ焦点が当てられますが、どうやって各人は自らの価値観を形成し、目的意識を持つようになるのかについては、突っ込んだ話はしません。コミュニタリアンは、共同体の中で培われる共通の価値、共通善が重要だという話をしますが、どういう風に共通の価値が形成されるかについては、あまり掘り下げません。掘り下げようとしてみても、特定の心理学の流派の見解を丸のみするか、ドイツ観念論のような形而上学的な次元の話になってしまうかのいずれかになるのが、目に見えているし、下手をすると、このような価値観を持つのは、自己形成過程に歪みがあるからだ、とかいうような妙な話になりかねないからです——日本の論壇知識人やネット知識人には、生半可な心理学の知識で、他人の人格形成の歪みを安易に指摘したがる人がいますね。ヘンな話にならないように、自己形成過程がどうなっているかはブラックボックスにしておいて、とにかくヒトは大人になったら、「自律した主体」になり、自分で価値判断できるようになる、ということにしておくわけです。

ホーネットから見たヘーゲルの〈Bildung〉論の現代的意義は、ヒトは自動的に自律した主体になるのではなく、「人倫」の具体的な関係性の中で、お互いに人格を認め合い、共同体に適合した教養形成のプロセスを経て、主体になるのだ、というストーリーをそこから読みとれる、ということにあります。「家族」「市民社会」「国家」のそれぞれのレベルでの承認、教養形成を経て、人間は「自律した主体」になっていくわけです。

そこから逆に考えると、「規定されていないことの苦しみ」という表題の意味することがはっきりしてきます。様々なレベルでの「教養形成」を通しての「規定」を受けていないと、人格として自律するためのアイデンティティ的基盤がないということになる。相互承認や教養形成がうまくいかなくて、社会の中で自分らしく振る舞えないことが、無規定であることの苦しみなのです。

ヘーゲルの『法哲学』では、「家族」のレベルで解決できない問題があるので、より高次の人倫の形態としての「市民社会」が形成され、そこでも解決できない問題があるので、より高次の人倫の形態である

「国家」が形成される、という形で弁証法的に展開していきます。［正↓反↓合］ですね。その上昇図式を受け入れると、国家至上主義的な感じになるので、ホーネットは、三者の間に序列関係があるというよりは、三つのレベルで異なった承認や教養形成があるということが重要だと強調して、ヘーゲルを現代的に読み替えることを試みています。国家という大きな共同体に包摂されることで、個人の問題が解決されるという話ではなくて、個人の自律のためには、「共同体」的な人格形成が重要だという話に転換しようとしているわけです。そのように理解したヘーゲルは、現代の自由主義と根本的に異質であるわけではなく、これまで自由主義の死角になっていたところを補う役割を果たし得る、ということになるでしょう。

英米の政治哲学でヘーゲルの影響が皆無というわけではありません。テイラーは元々ヘーゲル研究者で、ヘーゲルに関する大著もあります。その翻訳も出ています。ただし、彼は自らの多文化主義論を、承認論とそれほど密接に絡めて展開しているわけではありません。英米の社会哲学者には、脱構築派フェミニストのジュディス・バトラー（一九五六―　）とか、広範な文化批評で知られるスラヴォイ・ジジェク（一九四九―　）とかヘーゲルの影響を受けている人は結構いるのですが、この人たちは、ポストモダン左派的な立場を取っていて、固定的な「規範」を起点にするような議論は拒絶しているので、ロールズの正義論を中心とするリベラルな政治哲学のフィールドには入って来ません。ホーネットは、コミュニタリアニズム経由で、ヘーゲル的な「承認」及び「教養」論を、政治哲学のメインストリームの土俵にのせようとしているのかもしれません。

一九九〇年代

ホーネットのもう一つの重要な著作として、『他者に対する正義』（二〇〇〇）という論文集があります。承認の問題の重要性を、アリストテレスやデューイ（一八五九―一九四二）、バーリン（一九〇九―九七）、レヴィナス（一九〇六―九五）など、様々な哲学的論議に即して明らかにすることを試みた論文が集められています。

そうやって、ホーネットは何とか新機軸を出そうとしているし、ハーバマスもロールズとの論争とか、バイオテクノロジーの将来をめぐる論争とか、あまり評判はよくなかったですがＮＡＴＯ軍のコソボ空爆を国際的正義の視点から間接的に支持する声明を出すとか、デリダと一緒にイラク戦争に反対し、アメリカの専横を抑えるためにもヨーロッパの統一的外交政策を打ち立てるべきとの共同声明を出すとか、いろいろ活躍していますが、九〇年代に入ってから、ドイツの思想論壇内でのフランクフルト学派の退潮傾向が目立ってきました。

先ほども言いましたが、メディア論的なコミュニケーション論が有力になっていきます。コミュニケーションはハーバマスの十八番のはずですが、ハーバマスの理論は、コミュニケーション的理性を前提にした主体間の合意をめぐる理論です。それに対し、ボルツやキトラーなどのコミュニケーション論は、メディアが主役のコミュニケーション理論です。その時代や社会の主導的なメディアによって、コミュニケーションの基本的形態が規定され、その枠内で〝主体〟たちが関係を結んでいる。メディアの中で、主体の知覚や認識、思考の様式が形成される、と見るわけです。主体の自由なコミュニケーションを通して、政治や社会、法を変容させる新たな可能性が開かれてくる、と主張するハーバマスとは対照的です。メディアによって、主体が規定されるという言い方をすると、抽象的でピンと来にくいかもしれませんが、日本で、ファックス、ワープロ、携帯電話、ネット、スマートフォン、そしてネットの中でも、２ちゃんねる、ブログ、ミクシー、ツイッター……と、新しいメディアが登場するたびに、私たちのコミュニケーションの仕方、それに伴って仕事や勉強の仕方、生活パターンが急速に変ってきたことを思い起こせば、メディア環境によって主体が規定される、というのもあながち空論ではないことが分かると思います。

ボルツやキトラーのメディア論の哲学的基礎を提供したのは、六九年代末から七〇年代初頭にかけてハーバマスと論争したニクラス・ルーマンのシステム理論です。システム論では、各部分システムにおけるコミュニケーション（情報伝達）を制御している主要なメディアとして権力、貨幣、法、愛、真理、芸術（性）などを挙げています。権力が政治システム、貨幣が経済システム、法が法システム、愛が家族システム、真理が科学システム、作品の芸術性が芸術システムというようにそれぞれ対応していて、二分法コードで作用します。二分法コードというのは、0か1か、イエスかノーかのいずれかの情報に分解した形で、情報伝達するということです。経済のメディアである貨幣であれば、ペイするかしないか、法であれば、合法か不法か、政治のメディアである権力であれば、～する力があるか否か、科学のメディアである真理であれば、真か偽か、というような形で、情報を処理するわけです。そうしたシステムの中にあって、人間の主体性はいかなる役割も果たさない。そうやって、主体性を徹底的に排して、メディアの情報伝達機能に置き換えたルーマンの議論を、ボルツたちは、狭義の――ただし通常よりは拡大された意味での――「メディア」に関する議論に応用したわけです。

ちなみに、ハーバマスも「メディア」の役割を認めていないわけではありません。『コミュニケイション的行為の理論』では、パーソンズに即して、システムの中での人々の振る舞いを制御するメディアについて論じています。当然それはあくまで、個々のシステムの中での振る舞いを制御するということであって、生活世界レベルでは依然として、相互了解を目指して自由にコミュニケーションできる余地があると考えるわけです。

なぜ九〇年代になってメディア論が突出してきたかと言うと、先ほど日本に即して言ったように、コンピューターやインターネットの発達ということがあるでしょう。コンピューターが人間の思考能力のかなりの部分を再現したり、補強したりできること、インターネットによって、これまで個人が名人芸的にやっていた情報収集・記録の作業が、簡単な機械操作によって可能になったことで、我々がこれまで「人間の精神」として半ば神聖視してきたものは、何だったのか、という疑問が生じてきます。認知科学・脳科学の発達によって、人間の脳の物理的な働き方が分かってきたことも、「精神」の相対化に寄与しました。ハーバマスのように、メディアの限界を超えて、自由にコミュニケーションする理性の働きを前提にする議論の旗色は悪くなります。

加えて、知覚情報の面でもメディアの精度が上がり、コンピューター上で「ヴァーチャル・リアリティ」を作り出す技術も発達しました。人間のナマの身体の知覚に対応する現実こそ真の現実だと見なす、人間中心主義的な認識論・存在論が崩れていきます。そうなってくると、ベンヤミンが『複製技術時代の芸術作品』で言っていたような、新しいメディアの登場に伴って、我々の知覚の様式が変容するという話が説得力を持つわけです。ベンヤミンによれば、写真、レコード、映画などの複製技術を応用した芸術作品は、様々な操作を加えた形で「現実」を再現することによって、無意識的に構成されている部分も含めて「現実」の様々な側面を浮かび上がらせ、我々の「現実」に対する関わり方を大きく変容させることができます。しかし、改めて考えてみれば、それは複製技術に限らず、絵画や彫刻も実は、人間の知覚能力や記憶能力を補強し、一定の方向に誘導するメディアとしての働きも持っていたのかもしれない。我々は有史以来、様々な、知覚の様式を規定する各種のメディアを作り出し、それによって無自覚的に拘束を受けてきたのかもしれない。新しいメディアはそうした我々とメディアとの関係性を明らかにし、再創造する契機を与えてくれていると考えられます。

ワーグナーに有名な「総合芸術作品 Gesamtkunstwerk」という概念があります。近代の芸術は、視覚芸術である絵画や彫刻と、聴覚芸術である音楽が別々の領域として発達してきました。各ジャンルがそれぞれ別個のやり方で、人間の知覚に働きかける。ワーグナーは、バイロイトの劇場という特定の空間で、音楽と舞踏、演劇、舞台装置などをフルに活用した「楽劇」を行なうことで、全ての知覚を動員する「総合芸術作品」の理想を実現しようとしました。それはある意味、神話的世界の再現です。古代ギリシアやローマは、五感の作用を統一して対象の認識を可能にすると共に、人々の美的感性を共有化させる「共通感覚 sensus communis」と呼ばれるものがあると考えられていました。カントも『判断力批判』（一七九〇）の中で、「共通感覚」についてそれなりに詳細に論じています。

ワーグナーは、共通感覚に対応する「総合芸術作品」を実現するために、祝祭空間としてのバイロイトの劇場を作ったわけですが、その効果は当然、劇場の中、しかも音楽祭をやっている間だけに限定されます。ボルツ等のメディア論によれば、コンピューターやインターネットと連動した各種メディアの急速な発展によって、私たちの身体の知覚機能がメディア的に拡張され、「総合芸術作品」的な空間を、この世界の至る所に現われさせることが可能になった、というわけです。

先ほどもお話ししたように、ワーグナーは、ドイツ思想史では取扱い注意人物の一人です。ワーグナーが自らの芸術を通じて実現しようとした神話的な世界は、第一世代寄りであれ第二世代寄りであれフランクフルト学派的な立場を取る人にとっては、非常に危険です。ワーグナーの音楽がナチスによって利用されたことに象徴されるように、主体と対象が渾然一体化する神話的世界を志向する芸術は、理性を麻痺させ、人々を民族的な全体に同化するよう誘う。そういう議論が当たっているのか考えすぎなのか分かりませんが、とにかく、フランクフルト学派はそういうことを、『啓蒙の弁証法』以来、言い続けました。ドイツの左派知識人は、学派の理論を本格的に勉強していなくても、そうした道徳的禁欲主義、反審美主義的な態度を取ることが多いです。

そうやって、ドイツ的な潔癖主義の権化のようになっているフランクフルト学派的なものに対する、若い世代の反発をテコにして、ポストモダン思想やメディア論は台頭してきたわけです。学派は、「それは戦前思想の過ちを繰り返しかねない危険な兆候だ」、と言って抵抗してきたわけですが、思想家たちが何を言うかに関係なく、メディア的な現実は、どんどん進行していき、我々が主体性を発揮する余地はどんどん少なくなっていくように見える。メディアやシステムによる制約を超えた、普遍的な「人間らしさ」を信じるフランクフルト学派的な人たちは、時代から取り残されたような感じになっています。

スローターダイク

一九九八年に、反ハーバマスの急先鋒とも言うべきスローターダイクの『「人間園」の規則』が出版され、この本の挑発的な内容が物議を呼びました——これは、私が、関連した他の人の論文と合わせて編訳し、御茶の水書房から出ています。文芸批評と哲学の中間領域で、日本のニュー・アカデミズムのような仕事をしていたスローターダイクは、一九八三年に出した『シニカル理性批判』という大著が、一〇万部以上売れるベストセラーになり、一般的に知られるようになりました。ドイツは哲学の国というイメージがありますが、哲学書はそんなに売れません。日本語訳はミネルヴァ書房から出ています。八一年に『コミュニケイション的行為の理論』、八三年に『道徳意識とコミュニケーション行為』が出たことからも分かるように、八〇年代前半はハーバマスの全盛期でした。八三年にハーバマスはフランクフルト大学に戻って来ています。その時期にスローターダイクは、フランクフルト学派が代表する批判理論、ひいては、啓蒙主義の歴史全般を批判する本を出して、一気に台頭したわけです。

因みに、七〇年代末から八〇年代初頭のドイツでは、アメリカの中距離核兵器の配備に反対する反核・平和デモや、環境運動が盛り上がる一方で、経済運営がうまくいかなくて、SPDを中心とする中道左派連立政権への支持が低下する時期です。八二年一〇月に、CDU／CSU中心の中道右派連立政権への政権交代があり、八三年の総選挙で、新政権が国民からの信任を得ましたが、その時の総選挙で、緑の党が初めて連邦議会に進出しました。

『シニカル理性批判』は当然、カントの『純粋理性批判』をもじったタイトルです。「シニカル理性」というのは、自分自身をシニカルに見つめる理性ということです。ごく大雑把に要約すると、こんな感じになります。近代の啓蒙的理性は、人間の無知を意味する闇を許さず、理性にとって透明ではないもの、曖昧なもの、非合理的なものを除去しようとしてきた。その啓蒙の作業を徹底させていくうちに、最終的に、自己自身の内にある闇、無意識の領域を除去しようとした。しかし、そうやって自己自身の非合理性を除去しようとしているうちに、自分自身を突き動かしているのが、無意識の領域にある非合理的なものであることに気付いてしまい、愕然とする。そうなったら、後は、自分自身をシニカルに冷めた目で見つめることしかできなくなる。やる気がなくなります。

理性が根底において、非合理的なものによって動かされているというのは、ポストモダン系の「理性」批判の議論でよく聞く話です。理性は、様々な対象に関心を持ち、それらを客観的に認識し把握しようとするわけですが、では、どうして特定の対象に関心を集中させるのか？　対象ごとにいろいろな理由を挙げることができますが、では、理性はどうしてその理由に従って作動したのか、という風に遡っていくと、最後は、もはや理性の意識的な制御に属さない、無意識の領域に入っていきます。何かの目標を目指して行動を起こす場合もそうです。自分や他者を批判的に見つめようとする理性の運動の根本的な動機自体も、常に無意識の中にあるわけです。英米の分析哲学系の議論は、認識や行為へと動機付ける欲求自体は、合理的に説明できないと割り切って、そこで止まることが多いですが、観念論以来のドイツ系の哲学のように、理性の限界を超えた無意識の次元にまで切り込んでいこうとすると、『私』自身が非合理的なのではないか？」、という疑問にぶち当たって、挫折することになります。

スローターダイクは、啓蒙的理性が、そうした自己の終焉に到達し、消滅しつつあるということを、哲学史だけでなく、社会史・文学史・美術史などの知識を動員して総合的に明らかにすることを試みています。この講義の一回目から四回目にかけてお話ししたように、アドルノたち学派第一世代も、ある意味、そうした理性の自己解体を執拗に問題にし続けました。アドルノは、ユートピア的なゴールを表象することなく、理性によって理性を批判し続ける「否定弁証法」に徹することで、理性の暴走を阻止しようとしましたが、スローターダイクに言わせれば、それは結局、自分自身の足元を掘り崩すことにしかならなかった。学派の後継者であるハーバマスは、コミュニケーション的理性を持ち出すことで、啓蒙的理性の最後の砦を提供しようとしているが、シニカル理性のこれまでの歴史的発展の経緯から見ると、敗北は既に明らかだ、というわけです。『シニカル理性批判』の末尾では、神話であることが露呈しつつあるコミュニケーション的理性の振る舞いが、シニカルに皮肉られています。

スローターダイクの文章は、デリダやアドルノほど難解ではありませんが、哲学・文学・美学史的な知識を前提にしたあてこすりやパロディが多いので、前提となる知識がないと、何をひねっているのか分かりません。日本ではそんなにウケないと思います。思想史的な知識は豊富だけど、伝統的な硬い文体で書かれた「オーソドックスな哲学」に反発して、ひねくれたことを言いたくてしかたない、ドイツのポストモダン系哲学少年には好かれそうな文体です。

八三年は、先ほどお話ししたように、ポストモダン系思想が急速に浸透し、ロマン派が復権され始めた時期です。無意識とか、神話的世界観とか、総合芸術作品、力への意志とかに深入りしすぎるのは危険だ、と強調する学派の堅苦しさが、哲学好きの若者たちに飽きられ始めた時期でもあります。あるのかないのか分からない理性の名の下に、非合理的なものを非難し続けるだけでは、面白い議論はできない。そのしらけた雰囲気をうまく利用する形で、スローターダイクが出てきたわけです。学派の最盛期が、アンチ学派の諸勢力が一気に台頭してくる時期でもあった、と言うことができます。

その一五年後、学派の中心がハーバマスからホーネットに代替わりしつつある時期に、『「人間園」の規則』が刊行されます。これは講演を元にした短い論文ですが、西洋の知の世界をこれまで支配してきた〈humanitas〉の理念が消滅しつつあることを、思想史的にコンパクトかつシニカルにまとめたものです。『シニカル理性批判』での主張を、エリート教育の制度面から展開し直したものと見ることができます。

〈humanitas〉というラテン語は、文字通りに取ると、「人間性」あるいは「人間らしさ」ですが、古代ローマでは、「市民」たちにとっての「人としての嗜み」というような意味で使われていました。具体的には、雄弁術とか文法、修辞学、論理学など、「政治」の場に参加して、他者を説得するための言語的な技法を指していました。これが、古代末期から中世にかけて、知の基礎訓練のための教養科目（自由七科）として体系化されました。近代になると、古典的テクストを読むことを通して、そこに描かれた「人間性」のモデルを学ぶと共に、言語的な理解力を鍛える、という意味での「教養＝人格形成 Bildung」の理念へと発展していきます——これについても詳しくは、『教養主義復権論』をご覧下さい。ヴィルヘルム・フンボルト（一七六七—一八三五）がプロイセンの文部大臣として進めた教育改革の中心的理念になった「教養」、ヘーゲルの「教養＝形成」も、元を辿れば、〈humanitas〉に起源があるわけです。

スローターダイクに言わせれば、そうした教養理念史はきれいごとで、〈humanitas〉は実際には、「人を飼いならす技術」でした。凶暴で欲望むき出しの動物であった人間に、文字を教え、難しいテクストを読ませることを通して、あたかも崇高な精神の世界がどこかにあるかのように思わせるわけです。その世界の住人になるべく言語能力を鍛え、エネルギーをそちらに集中させるわけです。〈humanitas〉の幻影によって、民衆の「動物性」を抑え込み、「人間園」ともいうべきヴァーチャルな檻の中に囲い込んでしまうわけです。

古代・中世では、「文字」を司るのは、神官とか祭司、学者などのエリートだったわけですが、彼らは文字をコントロールすることを通して、どういうのが「人間らしい」振る舞いか指し示し、コントロールすることができました。「文字」は、人間を「飼育＝育種する züchten」ためのメディアだったわけです。日本語で、「人間を育種する」とか言っても、単なる比喩にしか聞こえませんが、ドイツ語で〈Menschenzüchtung（人間の品種改良）〉と言うと、ナチスの優生学のように聞こえるので、非常に挑発的です。スローターダイクはわざとそうした言葉遣いをし、プラトンの『政治家』や、ニーチェの『ツァラトゥストラはかく語りき』（一八八三－八五）から、人間の育種＝飼育的な記述を引き合いに出し、自分の「フマニタス＝人間の育種」説を〝裏付け〟ています。

文字を通しての人間の飼育は、近代においては出版文化と密接に関わっています。市民社会における「人間性＝教養」のお手本である「知識人」は、活字を通じて自らの「人間らしい思想」を広めます。活字へアクセスし、自分の思想を開陳できる、活字の達人（マスター）であることが、「知識人」としてのステータスの証明でした。彼らは、活字に媒介される自らの「教養」的な権威によって、素晴らしい精神世界を演出しながら、人々の行動を社会規範に順応させ、秩序を維持することに寄与します。それが、啓蒙主義的な理性の大事さを説く「知識人」の正体だというわけです。

しかし、今やそうした「啓蒙する知識人」の活字に支えられた権威は凋落し、「教養」の理念は色あせつつある。人々が、啓蒙的な知識人の本を読まなくなったからです。ここでもやはり、インターネットの問題が出てきます。双方向性の強いインターネットが中心的なメディアになると、活字の権威は急速に低下します。誰でも公共の場に向かって——良し悪しはともかく——自分の言葉を自由に発信できるとなると、特権的な地位にある「知識人」の精神＝すばらしい人間性をモデルにして、「自己形成」しようと思う人は、ますます少なくなります。

余談になりますが、ドイツの思想系活字文化においては、日本の岩波書店とイメージが近い――つまり、リベラル左派的なムードを基調にしていて、権威主義っぽいということです――ズーアカンプ社が圧倒的なシェアを占めています。カント、シェリング、ヘーゲル、ブロッホ、アドルノ、ベンヤミン、ハーバマス、ルーマン、ホーネットなど、ドイツの重要な思想家の主要著作はここから出ています。特に、岩波文庫と岩波新書を合わせたような性格を持っている、〈Taschenbuch〉――ポケットブックという意味で、ソフトカバーの簡易な装丁で廉価になっています――の一冊として本を出すことが、ドイツの思想界における、正統な「知識人」としてのステータスと見なされていたふしがあります。そのステータスも、人文系の出版業界の衰退とインターネット文化の浸透によって、大きく揺らいでいます。

ハーバマスの本のほとんどはズーアカンプ・タッシェンブッフに入っていて、彼こそがズーアカンプ知識人の代表格のような感じがあったので、『「人間園」の規則』は、最終的には、最後の啓蒙知識人であるハーバマスを皮肉る書と見ることもできます。本の中でも、近代における人間化技術の主要なメディアである活字によるフマニタス的なコミュニケーションが機能不全に陥りつつあることを強調していることからも、ハーバマスを意識していると見ることができます。ところが、その『「人間園」の規則』も、批判されている人たちの牙城であるズーアカンプからタッシェンブッフとして刊行されています。『シニカル理性批判』も、実はズーアカンプから出ています。スローターダイクは、まじめな哲学を皮肉るような書き方をするので、従来のズーアカンプのイメージには合わないような感じもしますが、ズーアカンプ自体が結構前から路線がぶれていて、『「人間園」の規則』を出した頃には、少々ナチスっぽいと思われてもいいから、とにかくポピュラーなテーマを取り上げざるを得ない、というところまで追い込まれていたのかもしれません――こう言うと、本当に岩波みたいですね（笑）。スローターダイクは、二〇〇二年からＺＤＦ（ドイツ第二テレビ）の『哲学カルテット』という番組の司会を務めています。また、一九九五年からディードリッヒという出版社から刊行された、『今こそ！哲学を Philosophie jetzt!』という、プラトンからフーコーまでの主要な哲学者の伝記と主要著作からの抜粋を集めた、二〇巻の入門書シリーズを責任編集しています。一般読者に対する影響力の面では、ハーバマスを上回っているかもしれません。

『「人間園」の規則』には、極めて比喩的にですが、クローンなどの生殖技術の話が少し出てきます。「フマニタス」は、すばらしい「人間性」を体現する知識人が、それを、文字を通じて不特定多数の弟子に伝授し、「人間性」の理念を伝授していく技法です。人文主義的エクリチュール（書かれたもの＝書く行為）の中に書き込まれた「フマニタス」というコードで、「人間」を管理するわけです。しかし、DNA解析技術によって、DNAの中に書き込まれている遺伝情報を操作することで、もっと根源的なレベルから「人間」の「存在」を管理できるようになった。そういう話をスローターダイクは、プラトンやニーチェの品種改良の話と関連付けながら示唆したので、DNA解析技術による新優生学を称揚しているように見えたわけです。

それに対して、ハーバマスの影響を受けたリベラル左派っぽい人たちが、スローターダイクの議論は優生学に傾いていて危険だと批判し始めました――比喩的な表現を真に受けて、あるいは、真に受けたふりをして騒ぐのは、いかにもドイツっぽいですね。スローターダイクは彼らの背後にハーバマスがいると見て、ハーバマスと批判理論をターゲットにした本格的な反論を開始します。公共性の理論家でありながら、裏で反スローターダイク・キャンペーンをやっている、それが彼らの正体だ、という感じで。ハーバマス対スローターダイクという思想界のヘゲモニー対決に、クローン技術の話が加わったので、いろんな人が参入して大きな論争になりました。もっとも、どちらが焦点か分からなくなってしまったわけですが。アメリカの法哲学者で、ロールズと並ぶリベラル派の巨頭であるロナルド・ドゥウォーキン（一九三一―　）も、生命倫理の方で参戦しています。

ハーバマスは二〇〇一年に、『人間の将来とバイオエシックス』という短めの本を出していて、その中で優生学の問題を扱っています。遺伝子関連技術を使って、ある人間が別の人間がどのような生を生きるかに影響を与えることができ、更に、道具的に利用することができるということになれば、同等な人格として道徳的共同体を形成すること、対等な立場でリベラルな社会の政治に参加することが困難になるという視点から、優生学的な技術の応用に慎重な姿勢を示しています。因みに、サンデルも、人格の同等性が損なわれるという視点から、非医療分野での遺伝子技術の応用に反対しています。

二〇〇九年六月にまたちょっとした論争がありました。『フランクフルター・アルゲマイネ』紙上の、様々な文化人が寄稿した「資本主義の将来」というシリーズで、スローターダイクは、私有財産性を敵視してきたマルクス主義の〝根本的過ち〟を指摘したうえで、現代のドイツのような社会国家は、貧しい者のために豊かな者を搾取するシステムになっていると主張します。ケインズ主義的な財政政策によって累積した赤字を、将来の世代に負担させないためには、税を撤廃すべきだというリバタリアンのような議論をしています。それに対して、今度はホーネットが、スローターダイクのマルクス主義観と経済観の誤りを指摘したうえで、『シニカル理性批判』以来の彼の評論家としての歩みの過ちを指摘しています。この件でも、数か月にわたって論争が続きました。

あまりにも今更という感じの論争ですが、今のドイツの思想論壇を代表しているのが、六八年世代で、批判理論も反批判理論側もネタ切れぎみになっていることを象徴しているような気がします。

Q　チャールズ・テイラーの場合、カナダのようにもともと多文化主義的な国家の話なので、承認論が具体的にどのような政策に結び付くのか分かりやすいけれど、ドイツの場合は、国自体がはっきり多文化主義的な制度を取っているわけではないので、どのような含意を持っているのか分かりにくいです。

A　その通りだと思います。アメリカも、多文化主義的な問題を抱えているので、マイノリティの権利を、集団の権利として考えるべきか、個人の権利と考えるべきかという問題や、文化集団間の関係をどう考えるのか、という問題は極めてアクチュアルです。トルコ人の労働移民の権利の問題はありますが、多文化主義の枠で論じられることはあまりないし、ホーネットもそっちの方に議論を持っていこうとしているようには見えません。ヘーゲルに遡って、「愛」「法」「連帯」の三つの承認の意義を確認することにこだわるのは、よく言えば、基礎理論的に掘り下げようとする理論志向の表われなんでしょうが、穿った見方をすれば、アクチュアルな社会問題に繋げにくい、ということでしょう。

アクチュアルな議論として展開しにくい理由が分からないわけではありません。ドイツで「共同体」の中での承認や人格形成が重要だと、具体的な政治問題と関連付けて語り出すと、すぐに国民国家の復活だとか、ドイツのアイデンティティだとかの話と結び付けられ、ハーバマスの憲法愛国主義との整合性はどうなっているのか、と問い詰められるのは目に見えていますから。そういうのを避けて、基礎理論志向で行こうとしているのかもしれませんが、そこが今いち面白くない。

Q　正義に関して少しお伺いしたいのですが、ハーバマスが言っているような普遍的正義を掲げるような思想が、ドイツではだんだんと後退してきたということですが、井上達夫さん（一九五四－　）のように、実現可能かどうかは別にしてあくまで普遍的正義を掲げ続けることが重要だという立場もありますね。それを批判するサンデルのような立場もある。普遍的な正義は、もはや可能ではないのではないか、正義は常に文化的負荷を負っているのか？　そのことはホーネットの承認論やドイツの現状から見てどのように言えるのでしょうか。

Ａ　現代においては、日本においても世界でも、ハーバマスやロールズが言っているような普遍的な正義を掲げることは、難しくなっていると思います。「正義」と語った瞬間に、「それは西欧諸国の正義ではないのか？　イスラム諸国や東アジア諸国で受け入れられるのか？」、という疑問を投げかけられます。［普遍的正義≒西欧的正義］と思っている人に、「正義」を共有させようとすると、押し付けになってしまう。ロールズ自身、九三年の『政治的リベラリズム』や『万民の法』（一九九九）では、先ずは話し合うことのできる相手との間での「重なり合う合意」の形成を目指す、という漸進的な戦略に切り替えています。そうしたロールズの後退を批判し、普遍的正義の可能性を信じ続けるという井上さんの立場が分からないわけではありませんが、私から見ると、井上さんたちのやっておられることは、コミュニタリアンとかポストモダン左派とか、私のようなの（笑）からの批判・疑問の類に対して、「リベラルな正義論は、それくらいのことはちゃんと考えている。もっと勉強しなさい」、というお説教にしかなっていないような気がします。ロールズ以上に説得力のある形で、普遍的「正義」の中身を具体的に語るのは、難しいのだと思います。

普遍的に語るのが難しい以上、どうしても、共同体内での人格的相互承認とか、他者に支えられたアイデンティティ形成、共同体内での連帯や再配分など、〝身近なところ〟から始めよう、ということにならざるを得ない。そうなると、どうしても、コミュニタリアンや、ロールズ理論の「アメリカ的な文脈」への依存性を指摘するローティ（一九三一－二〇〇七）のような、ローカル志向の路線が有利になる。先ほどはホーネットについて少しネガティヴな言い方をしましたが、ヘーゲル主義に代表される、普遍主義的哲学の成立が困難になっている今だからこそ、ヘーゲルの原点に遡り、〝もう一つのヘーゲル的正義論〟の可能性を地道に探究することには意味がある、と言えるかもしれません。

後書きに代えて――現代ドイツ思想史の〝魅力〟

マイノング、ナートルプ、ジンメル、ゾンバルト、ウェーバー、テンニース、リッケルト、フロイト、フッサール、マイネッケ、トーマス・マン、カッシーラー、ブーバー、ニコライ・ハルトマン、シェーラー、カフカ、シュペングラー、ヤスパース、マンハイム、ローゼンツヴァイク、ルカーチ、ブロッホ、ブレヒト、カール・シュミット、ハイデガー、ヴィトゲンシュタイン、ノイラート、カルナップ、シュリック、ベンヤミン、ショーレム、ユンガー……と、多くのスターを輩出した二〇世紀前半のドイツの思想界と比べると、二〇世紀後半以降のドイツ語圏はぱっとしない。フランクフルト学派の始祖の二人と第二世代のハーバマス、システム理論のルーマンくらいしか、ドイツ語圏を超えて広く影響を及ぼした思想家は思い浮かばない。

ぱっとしなくなった理由ははっきりしている。第一に、ナチス期に、ユダヤ系を中心に多くの知識人が国外亡命もしくは移住し、大戦後も（西）ドイツやオーストリアには帰国せず、アメリカなど英語圏で活動を続けたということがある。英語圏に拠点を移したドイツ系の主だった思想家として、政治哲学者のハンナ・アーレント、旧フランクフルト学派のフロムとマルクーゼ、精神分析のエリクソンやライヒ、科学哲学者のカルナップとポパー、知識社会学者のマンハイム、アメリカの新保守主義に影響を与えた政治哲学者のレオ・シュトラウス、経済学者・社会哲学者のミーゼスとハイエク、数理哲学者のゲーデル、現象学的社会学者のアルフレート・シュッツなどを挙げることができる。単に人材流出しただけでなく、それらの人材の移動に伴って、彼らがドイツで展開していた研究や議論の拠点も移動することになり、ドイツは哲学・思想の中心地としてのステータスを失うことになった。

第二に、ナチス時代に対する反省が強調されすぎたあまり、ナチスを連想させる思想一般、ロマン主義、保守主義、非合理主義、耽美主義、ナショナリズムなどに分類されそうな思想——ニーチェ、ハイデガー、シュミット、ユンガーなどはこの範疇に含まれる——が危険視され、〝真っ当な思想家〟は、合理主義・啓蒙主義・民主主義的なスタンスを示さねばならならない、という風潮が強まった、ということがある。しかし、合理主義・啓蒙主義・民主主義のスタンスを示すといっても、そちらに走り過ぎれば、ホルクハイマーとアドルノが『啓蒙の弁証法』で示唆したように、かえって、社会全体を合理的に管理しようとする全体主義の論理に帰着する恐れがある。〝非合理的なもの〟を批判しながら、批判する自らの〝理性〟にも内在しているかもしれない〝非合理的なもの〟にも警戒する、という微妙な姿勢を見せねばならない。暗黙の内にいくつかの思想的なタブーが形成され、ドイツ的な伝統を自由に活用することができなくなった。

第三に、社会主義国である東ドイツ（ドイツ民主共和国）と西ドイツ（ドイツ連邦共和国）の対決状態が長年にわたって続いたため、東側で思想の自由な展開が阻害されたのは当然のこととして、西側の左派も、ソ連型マルクス主義との違いを示さねばならない、という意味でのプレッシャーを受けるようになった。近代ドイツ思想史の重要な遺産である「マルクス」について、政治的な立場の違いを超えて自由な議論を展開することは困難であった。

様々な制約を課されたドイツ現代思想は、フランスのポスト構造主義のように、理性的主体の限界を見つめ、主体化される〝以前〟の記号や言説の戯れの連鎖を探求する方向を取ることはできず、かといって、英米系の分析哲学や正義論のように、分析し、語る「主体」としての〝私〟を括弧に入れたまま厳密な論理的体系を構築することもできないまま、悶々と〝自らの過去との闘い〟を続けてきた。純粋な哲学・思想好きにとっては、それほど魅力的ではなかった。

ただ、本文中でも触れたように、九〇年の東西統一の前後に、戦後ドイツを規定していた制約のいくつかが弱まり、〝ドイツ的な伝統〟を積極的に再評価する動きが、ドイツの内外から起こって来て、ドイツ現代思想が少しずつ地味に——つまり、きちんと難しい本を読む気がなくて、とにかく御祭り騒ぎがしたいだけの毒者を喜ばせるほどではないものの——再活性化しつつある兆しも見受けられる。

先ず、ドイツ的非合理主義・耽美主義の権化、〝精神的な引きこもり〟のように言われてきたドイツ・ロマン派、特にカント—フィヒテ系譜の自我哲学を、ヘーゲルとは別の形で受容・展開した初期ロマン派の「批評」理論が、二〇世紀前半にそれを既に再発見していたベンヤミンの再評価とリンクして、本格的に再評価されるようになったことが挙げられる。

理論的な明晰さや体系性という点から見ると、何を主題としているか自体が曖昧で、自分自身の認識についての反省の反省の反省の……という無限の観念の運動に身を委ねるフリードリヒ・シュレーゲルやノヴァーリスの文体は、悪いドイツ語の見本にしか見えないし、「著者」の意図とは何の関係もなさそうな、独自の記号神学的な分析を展開するベンヤミンの批評も混乱の極みでしかないように見えてしまう。しかし、デリダの脱構築やフーコーの言説分析、クリステヴァの記号論などをいったん経由することで、それまでの合理主義的な読解では見えてこなかった、ロマン派の脱主体的・脱中心的なエクリチュールの思想史的意義が少しずつ見えてきた。狭義のロマン派だけでなく、ゲーテ、シラー、ヘルダリン、クライストなども含めて、フランス革命・ナポレオン時代に〝ロマン主義的な思考と文体〟の実験を試みた代表的な作家たちの脱構築的読み直しが試みられるようになった。

それに加えて、［著者（主体）―作品（対象）］関係を軸とする近代的な視点からはなかなか見えてこなかった、芸術・文学作品のメディア的な側面についての研究も、やはりベンヤミンの再評価と連動する形で、キトラー、スローターダイク、ボルツ、ヘーリッシュなどによって開拓されるようになった。「主体」と「作品＝制作行為 Werk」の関係を規定しているメディア環境――少し大げさな言い方をすれば、メディア化された「存在」の地平――について記号論的、技術的、社会学的、歴史的な考察が加えられるようになったことで、「作品」概念は大幅に拡張、変容しつつある。また、それに伴って、メディア美学が、（必ずしも狭義の「芸術」には関与していない）「メディア」一般の美＝感性的な効果についての研究とリンクするようになってきた。

スローターダイクの代表的著作である『球体 Sphären』三部作（一九九八、一九九九、二〇〇四）は、拡大された芸術・メディア論を、新しい存在論の域にまで高めようとする、ポスト・ハイデガー的な試みと見ることができる。『「人間園」の規則』で彼が示唆した、ハイデガーに対する〈humanitas〉論的なアプローチを更に掘り下げていくと、これまでになかったハイデガー解釈の可能性に繋がりそうな気がする。

また、ロマン派再評価の文脈では「ロマン派」像を捻じ曲げた元凶としてやり玉に挙げられているヘーゲルについても、政治哲学的な文脈での再評価が進みそうである。従来のヘーゲル研究では、ヘーゲルの「歴史哲学」や「弁証法」を前提にして、個々の著作を読解するのが定石だった。そのため、その前提を共有できない、リベラリズム系の政治哲学や倫理学とは相性が悪かった。しかし本文中で紹介したように、コミュニタリアン的な「承認」論を探求するホーネットは、「歴史哲学」的な前提を括弧に入れたうえで、初期のヘーゲルの［「人倫」→「教養＝形成」］論に組み込まれている［「承認」→アイデンティティ形成］のメカニズムに焦点を当てたヘーゲル読解を試みている。この視点から『法哲学』を読み直せば、［国家―市民社会―家族］の三者関係をめぐるヘーゲルの一見極めて形而上学的な議論を、現代の「リベラル

vs. コミュニタリアン」論争や、正義論、公私二分論めぐる論争に絡めて理解できる可能性も開けてくる。『自由であることの苦しみ』は、小著ながら、そうした可能性の端緒を示した著作である。

〝ドイツ的伝統〟の再評価のもう一つのトレンドとして、シュミット再評価を挙げることができよう。ナチス政権を法理論的に正当化した法学者であったシュミットは、(哲学者にすぎない)ハイデガーや(作家にすぎない)ユンガーに比べて、特別な意味でタブー視されてきた。しかし、その反面、戦後ドイツの有力な法学者たちや、(保守主義者であるシュミットとはある意味対極に位置する)新左翼の理論家たちの中にはシュミットの影響を受けている者が少なくないとされており、シュミットの影響は水面下では様々な形で広がっていた。ハーバマスも、「公共性」論や福祉国家の機能分析などの面で間接的にシュミットの影響を受けているとの指摘もある。

九〇年代に入ってからのポスト冷戦期の国際情勢において、シュミットのキー概念である「例外状態」や「友/敵」闘争、「大地のラウム秩序」の解体を暗示するような現象が頻出するようになり、表でのシュミット再評価が進むことになった。また、デリダやムフなどポストモダン左派系の文脈で、自由民主主義的な中立性に回収されない、構成的「外部」としての「政治的なもの das Politische」に注目し、理論化することを試みたシュミットの議論が比較的ポジティヴに参照されるようになったこともあり、従来のシュミット研究の枠を超えた受容が広がりつつある。

シュミットの著作が非常に多岐にわたっており、時期によって彼の考え方が変動していることもあって、〝新たなシュミット〟像はなかなか定まらないが、それこそがシュミット研究の魅力になっているかもしれない。私見では、「決断」と「具体的秩序」をめぐるシュミットの議論を、ハイデガー哲学、特に『存在と時間』における「覚悟性」の概念や、ヘルダリン講義における「祖国的なものの樹立」の問題と結び付けて論じると、面白い展開になりそうな気がする。両者とも現代ドイツ思想における最も難解な思想家であり、ちゃんと理解するにはかなりの予備知識がいるうえ、それぞれ、うるさ型の専門家がたくさんついているので、両者をがっちりとクロスさせた研究を本格的に展開するにはかなりの勇気と根気がいりそうだが。

少しだけ早目の宣伝しておくと、私は現在シュミットの代表的な三つのテクストを読む連続講座（「著者紹介」に講座風景の写真掲載）を行っており、その記録をいずれ公刊する予定である［作品社『カール・シュミット入門講義』、二〇一三年に刊行］——念のために言っておくと、本格的なシュミット研究ではなく、シュミットへのとっかかりを作るための講座である。

もう一点、やや我田引水的な紹介をしておくと、アドルノやベンヤミンと親しい関係にあった、社会学者アルフレート・ゾーン＝レーテルの貨幣存在論も興味深い。「貨幣」の存在論かつ認識論な機能を分析したゾーン＝レーテルの議論は、『啓蒙の弁証法』などで展開されるアドルノ／ホルクハイマーの「物象化論」や「同一化作用」論に影響を与えたとされるが、彼自身が戦後アカデミックな活動の場をなかなか得られなかったこともあり、彼の戦前の仕事は長い間半ば埋もれた状態にあった。一九八五年に、（私のドイツ留学時代の指導教官である）ヘーリッシュの序文付きで、ゾーン＝レーテルの最も重要な理論的著作になるはずだったものの草稿が刊行されたことで、彼の貨幣存在論がポストモダン系の文脈で再評価されるようになった。これについては、拙著『貨幣空間』（情況出版）でやや詳しく論じた。

以上述べたように、地道に哲学を勉強したい人にとっては、「現代ドイツ思想」はいま、〝それなりに〟魅力的である。

二〇一一年十一月
金沢市角間町の金沢大学角間キャンパスにて

現代ドイツ思想をもう少しだけ真面目に勉強したいという
やや奇特な人のためのブックガイド

シュネーデルバッハ
『ドイツ哲学史
一八三一―一九三三』
（法政大学出版局）

ヘーゲルの死によってドイツ観念論が崩壊したとされる一八三一年から、ナチスが政権を取る一九三三年までのドイツの哲学史。「歴史」「科学」「理解」「生」「価値」「存在」「人間」の七つのテーマ群に分けて、ドイツの哲学史上最も変動が大きかったこの時代の潮流を特徴付けることを試みている。ブルクハルトやドロイゼンなどの歴史理論とヘーゲル主義との関係、シュライアーマッハーからディルタイ、リッケルトを経てハイデガーへと繋がる解釈学の流れ、価値哲学の三つの系譜など、近年日本ではあまり注目・紹介されていない事項が詳細に論じられている。大学・教育制度についての記述もあり、ドイツ現代哲学の歴史的背景を知るうえで非常に便利。

徳永恂
『社会哲学の復権』
（講談社学術文庫）

二〇世紀初頭から一九六〇年代の実証主義論争の前後までのドイツの社会哲学が何を問題にしてきたか総合的に論じた論文集。ウェーバーの提起した合理化、脱呪術化、価値自由などの問題が、ルカーチやマンハイムを経由して、『啓蒙の弁証法』における「啓蒙と神話」の相関関係、実証主義論争の焦点になった「全体性」の問題などに繋がっていることが見通しよく解説されている。ヘーゲル哲学やフッサール現象学と、アドルノとの接点をめぐる論考も含まれており、フランクフルト学派の問題意識を理解するうえでのいくつかの重要なヒントが得られる。同じ著者による『現代思想の断層』（岩波新書）では、「神の死」という事態を、ウェーバー、フロイト、ベンヤミン、アドルノの四人がどう受けとめたか、それぞれの思想の転換点と絡めて論じられている。

三島憲一
『戦後ドイツ』
（岩波新書）

終戦直後からベルリンの壁崩壊までの戦後ドイツの知識人たちの思想史・論争史を、五〇年代の復古主義、ＳＰＤの戦略転換、学生蜂起、ＳＰＤ政権成立、環境保護運動の台頭、反核運動など、同時代の政治・社会史と絡めながら、分かりやすく記述している。アドルノとハーバマスの論争や、ハーバマスの公共性論、スローターダイクのシニカル理性批判など、戦後ドイツ思想の焦点になった諸問題の政治的・社会的背景を伝えることに重点が置かれている。ギュンター・グラスの原点となった「四七年グループ」の活動や、学生運動と左派知識人とＳＰＤの三者関係などについて概観を得ることができる。同じ著者による『現代ドイツ』（岩波新書）はこの続編で、統一後のドイツにおけるネオ・ナチの暴力の噴出や、新保守主義の台頭、旧ユーゴ紛争へのＮＡＴＯの介入、戦争責任をめぐる新たな論争などを背景にして、（旧）左派知識人たちがどのようにスタンスを変えていったか詳述されている。

仲正昌樹
『日本とドイツ
　二つの戦後思想』
（光文社新書）

似たような近代史を歩んだとされるドイツと日本の戦後思想の流れを、戦争責任、ナショナル・アイデンティティの変容、マルクス主義の位置付け、ポストモダン思想の受容の四つの側面にわたって比較した。戦争責任・戦後処理をめぐる問題が両国の社会思想の在り方にどのような影響を与えたか、東西分裂がドイツの思想状況をどのように規定していたかに力点を置いた。本文中でも言及した、フランス経由のロマン主義の再評価とポストモダンの関係についても考察を加えた。これと姉妹作である『日本とドイツ　二つの戦前思想』（光文社新書）では、明治維新、ドイツ統一の時期から、第二次大戦までの両国の思想史を、ナショナリズムや「近代の超克」論などの側面から比較した。

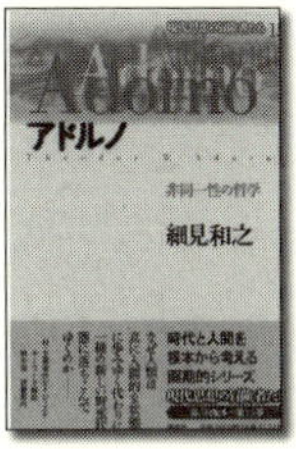

細見和之
『アドルノ』
（講談社）

初期フランクフルト学派の中心的な理論家であるアドルノの思想を、「非同一性」概念を軸にして体系的に解説した著作。戦前のアドルノの思考形成過程をベンヤミンやルカーチとの関係を中心に詳細に記述しており、『啓蒙の弁証法』における「神話」と「自然」の弁証法的関係と、『ドイツ悲劇の根源』などで呈示されたベンヤミンの「自然史」論との繋がりが見通しやすい構成になっている。「非同一性」の他、「限定的否定」「ミメーシス」「ミクロロギー」など、アドルノの難解な概念が文脈に即して分かりやすく説明されている。アドルノの戦略と文体のポストモダン性を理解するうえで、有用な手引きになる。

遠藤克彦
『コミュニケーションの
哲学』
（世界書院）

ハーバマスの哲学の特徴を、「コミュニケーション」をめぐる純理論的考察に絞って解説することを試みた専門的な研究書。『コミュニケイション的行為の理論』を中心に展開された、コミュニケーション的行為の社会的統合・再生産機能をめぐる議論の系譜と、言語行為論との関わりも深い普遍的語用論の系譜、カントの定言命法を間主観的に展開する討議倫理学の系譜が、相互にどう関わっているのか、細かく分析している。ハーバマスの「コミュニケーション」観をきちんと理解したい人にとっては必読。

日暮雅夫
『討議と承認の社会理論』
（勁草書房）

ハーバマスの討議倫理学が、『事実性と妥当性』における権利論、民主主義論、多文化主義論へと発展していく過程を再構成したうえで、それがホーネットの承認論とどのように繋がっているか、理論史的に叙述している。多文化主義をめぐるハーバマスとテイラーの論争を媒介とすることで、ハーバマスの「討議論」とホーネットの「承認論」の関係を、学派内部の継承とは別の文脈、英米の政治哲学の流れに即して捉えることを試みているように思われる。九〇年代以降の学派の方向性が分かりやすく示されている。

高田珠樹
『ハイデガー』
（講談社）

ハイデガー哲学の特徴を、『存在と時間』に至るまでの初期の思想形成に焦点を当てて記述する、独特な概説書。彼の思想のカトリック的な背景や、教授資格論文である「ドゥンス・スコトゥスの範疇論と意味論」における問題意識が、アリストテレスを中心とする古代ギリシア哲学との取り組みを経由して、「存在」と「時間」問題系にどのように繋がっていくかが丹念に追跡されている。彼の「歴史」概念を、ベンヤミンやドロイゼンのそれと比較することも試みられている。独特な用語を駆使し、他との比較を拒絶しているように見えるハイデガーの「存在」論を、思想史的な文脈に位置付け、その特徴を描き出している。〝普通の哲学者〟としてのハイデガーを知ることのできる好著。

ボルツ
『グーテンベルク
銀河系の終焉』
（法政大学出版局）

ドイツの新しいコミュニケーション論をリードするボルツの代表的著作。活字によって切り開かれた、近代の新しい世界像（＝グーテンベルクの銀河系）を分析したマクルーハンのメディア論を、ルーマンのシステム理論、ベンヤミンの都市表象分析、デリダの差延論によって拡張すると共に、現代のハイパー・メディアが作り出すヴァーチャル・リアリティや、「ヒトーマシーン」のシナジー、主体なきコミュニケーションなどの存在論的意義について論じられている。ハーバマスのコミュニケーション理論に対抗する、もう一つのコミュニケーション論を呈示しようとする野心的著作である。同じ著者による『批判理論の系譜学』（法政大学出版局）——原題は《Auszug aus der Entzauberten Welt：脱呪術化された世界からの離脱》——では、両大戦の戦間期における左右のラディカリズムの思想が、「脱呪術化された世界」（ウェーバー）からの離脱を志向する中で、相互に意外と接近していたことが実証されている。特に、シュミットの政治神学とベンヤミンの歴史哲学の接点をめぐる記述が興味深い。

スローターダイク
『シニカル理性批判』
（ミネルヴァ書房）

社会からあらゆる非合理的なものを放逐しようとする啓蒙的理性が、最終的に、非合理的な欲求によって動かされる自己自身をも解体するに至る過程を、ドイツ語圏の様々な哲学、文学テクストや芸術作品を参照しながら描き出した、スローターダイクの出世作。啓蒙的理性の最後の番人として揶揄されたハーバマスとの対決の原点にもなった。『「人間園」の規則』（御茶の水書房）では、人文主義的エクリチュールと共に、「人間」が終焉することを宣言し、物議をかもした。

キトラー
『グラモフォン　フィルム
タイプライター』
（筑摩書房）

メニングハウス
『無限の二重化』
（法政大学出版局）

八〇年代後半以降のドイツにおけるメディア美学をリードしたキトラーの代表的著作。一八八〇年から一九二〇年にかけて登場した、新しい機械的記録媒体（メディア）であるグラモフォン（蓄音機）、フィルム（映画）、タイプライターが人々の思考や知覚にどのような影響を与え、従来の主要な記録手段であった「紙とペン」をどのように圧迫したか、メディアの社会史と、同時代の主要な著述家のテクストに見られるその痕跡の間を往復しながら辿っている。リルケのグラモフォン体験、小説『ゴーレム』の映画的描写、ニーチェやシュミットにとってのタイプライターなど、興味深い取り合わせで分析が進められている。同じくキトラーの代表作である『ドラキュラの遺言』（産業図書）では、ブラム・ストーカー原作の『ドラキュラ』の中で、電報やタイプライターなどのメディアが、前近代の魔物を退治するうえでどのような役割を果たしており、それをメディア史的にどう読むことができるか独特の解釈を示している。エンタテイメントとして面白い。

初期ロマン派のフリードリヒ・シュレーゲルとノヴァーリスの「反省―批評」理論を、ベンヤミンの「ドイツ・ロマン派の芸術批評の概念」、デリダのエクリチュール論、ルーマンのシステム理論などを手掛かりにポストモダン的に再解釈することを試みた、新しいタイプのロマン派論。ロマン派が、フランス現代思想経由で再評価されるようになった理論的な根拠を理解するうえで必読。

ホーネット
『承認をめぐる闘争』
（法政大学出版局）

フランクフルト学派の第三世代を代表するホーネットの代表的著作。ホーネットが、ハーバマス理論の発展的継承者として注目されるきっかけとなった。初期ヘーゲルの「承認」論の再解釈を通して、「承認」の三つ位相（愛、法、連帯）を明らかにしたうえで、その問題意識を部分的に継承していると思われるミード、マルクス、ソレル、サルトルなどの理論において、「承認」問題がどのように扱われているか追跡し、現代の社会哲学における「承認」論の復権を訴えている。『自由であることの苦しみ』（未来社）では、ヘーゲルの法哲学を、現代のリベラル／コミュニタリアン論争の視点から再読することが試みられている。

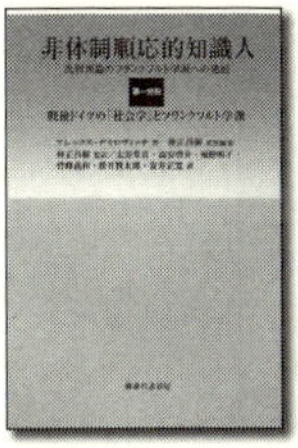

デミロヴィッチ
『非体制順応的知識人』
（第一～第四分冊）
（御茶の水書房）

フランクフルト学派第三世代の一人であるアレックス・デミロヴィッチによる戦後フランクフルト学派の生成史。アドルノとホルクハイマーが、戦後ドイツの社会学や哲学において主導権を得るべく、どのような〝政治〟を大学内外で行ったか、フランクフルト大学を中心にどのような教育実践を行ったか、西ドイツの「市民社会」に対してどのような期待を抱いていたか、資料に基づいて詳細に記述されている。ドイツの社会学の今後の在り方をめぐるシェルスキー、フォン・ヴィーゼとの三つどもえの争いや、実証主義論争までの前史、学生運動との関わりなど、学派の真理政治を知るうえでの貴重な素材が提供されている。

大竹弘二
『正戦と内戦』
（以文社）

カール・シュミットの政治思想を、国際法・国際関係論・歴史哲学を主軸にしながら体系的に解説することを試みた本格的な研究書。戦前の国際連盟・普遍主義批判、戦後の「ヨーロッパ公法」論、「パルチザン」論などにおいてシュミットが探究したものを、「大地のノモス」による「戦争」の枠付けという視点から描き出している。普遍主義的な理念に基づく正戦論や、（攻撃）戦争の犯罪化が、敵／味方の戦闘を激化させ、相互殲滅戦に至るというシュミットの主張の意義を、九〇年代以降のアメリカの一国支配が強まっている国際情勢に照らして論じており、ポストモダン系の国際関係論として読むことができる。ドイツの新左翼運動や、イタリアやスペインなどのラテン諸国におけるシュミット受容についても詳しく紹介されており、シュミットの受容史を知るうえでも参考になる。

もっと奇特な人のためのブックガイド

Jochen Hörisch,
Kopf oder Zahl,
Suhrkamp

近代市民社会において人々を結び付け、社会を機能させる主要媒体となった「貨幣」が、シャイクスピア、ゲーテ、ケラー、フォターネ、マンなど、近代の小説家たちの作品の中でどのように表象されているか記号論的に論じた著作。「貨幣」の同一化作用との関連で、ベンヤミン、ゾーン＝レーテル、アドルノの三者の立場の違いや、貨幣論的なドラキュラ読解の可能性についても論じられている。ポストモダン系の記号論を、個別の文学解釈に応用する具体的方法論を学ぶことができる。同じ著者による姉妹編として、前近代社会における主要メディアであった聖餐の「パンと葡萄酒」の表象について論じた《*Brot und Wein*》（Suhrkamp）がある。

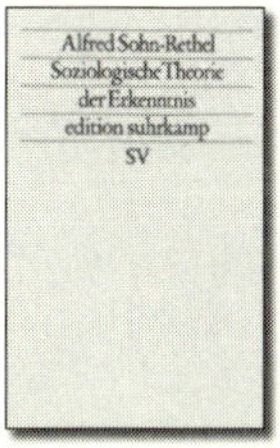

Alfred Sohn-Rethel,
Soziologische Theorie der Erkenntnis,
Suhrkamp

「貨幣」の存在記号論的な機能に焦点を当てることで、マルクス主義の認識論と史的唯物論を記号論的に読み替え、アドルノの［等価交換↓同一化作用］論にも強い影響を与えたゾーン＝レーテルの〝主要著作〟。スイス亡命中に執筆された草稿を、ヘーリッシュの序文付きで刊行したもの。社会的現実を「抽象化」したうえで、反省＝反照的に捉え直す「機能的社会化」を通して、各時代の「社会的存在」が規定されるという前提の下で、マルクス主義的な歴史の発展図式を読み替えていく。「貨幣 Geld 」が普遍的「妥当性 Geltung」を獲得する、資本主義社会において抽象化作用はその頂点に達する。反省＝反照的に規定された存在の地平の下での認識の限界付けという視点から、マルクスとカントを結び付けている。本書の議論の哲学的エッセンスを凝縮したものとして、《*Das Geld, die bare Münze des Apriori*》（Wagenbach）がある。

Heino Schwilk,
Ulrich Schacht (Hrsg.),
Die Selbstbewusste Nation,
Ullstein

統一後のドイツで巻き起こった「ナショナル・アイデンティティ」や「国民意識」をめぐる、主として保守系の議論を集めた論文集。統一ドイツにおける右派的な言説の復権やネオナチの台頭の必然性をニーチェ＝ジラール的な神話学の視点から暗示したことで物議をかもしたボートー・シュトラウスのエッセイ「膨れあがる山羊の歌」を中心に、戦後西ドイツの外交政策を批判的に検証するヴァイスマンの論文、民主主義的右派について論じたツィーテルマンの論文、芸術における悲劇の必要性を訴えるジーバーベルクの論文などが収められている。ドイツ統一後の保守派の言説の概要を知ることのできる重要な文献。

Karl Heinz Bohrer,
Die Kritik der Romantik,
Suhrkamp

ドイツ思想史の基調になっている反ロマン主義的な言説の系譜を、シュレーゲルやノヴァーリスの同時代人であるヘーゲルにまで遡って再構成すると共に、ベンヤミン、シュルレアリスム、ブランショ、デリダなど、ポストモダン系の文脈でのロマン派再評価の動きを詳細にフォローしている。「ロマン派批判（あるいは評価）」というパースペクティヴから、ドイツ思想史を再検証・再構成する試みとして読むこともできる。

Peter Sloterdijk,
Sphären I/II/III,
Suhrkamp

人類の歴史を、ヒトがその中に生きる「天球＝球体＝圏 Sphären」の形成と変容という側面から論じたスローターダイクの三部作。哲学史、美術史、技術史、政治史の知見を動員して、人類の表象、認識、振る舞いがいかに〈Sphären〉と結び付いているか論証することが試みられている。ハイデガーの「存在史」をメディア・表象文化論の視点から、補完することを目指した意欲的な著作。第三部「泡 Schäume」の導入部は、空気操作・管理技術の発展史と、九・一一を結び付けて論じた小著『空震 Luftbeben』（仲正訳、御茶の水書房）として刊行されている。

	ルーマン『社会の法』
1994	ボルツ『コントロールされたカオス』
1995	ハーバマス『ベルリン共和国の正常性』
1996	ヘーリッシュ『表か裏か：貨幣の詩学』
1997	ボルツ『意味に飢える社会』 ルーマン『社会の芸術』
1998	ＳＰＤ・緑の党連立政権成立 ハーバマス『ポスト・ナショナルな編成』 スローターダイク『球体』第１巻
1999	ハーバマス、ＮＡＴＯのコソボ空爆支持発言 スローターダイクの『「人間園」の規則』をめぐる論議 スローターダイク『球体』第２巻
2000	ホーネット『正義の他者』 ルーマン『社会の宗教』
2001	ハーバマス『人間の将来とバイオエシックス』 ボルツ『世界コミュニケーション』 ホーネット『自由であることの苦しみ』
2002	スローターダイクを司会とする哲学トーク番組『哲学カルテット』放送開始
2003	ハーバマスとデリダ、イラク戦争反対の共同マニフェスト
2004	ハーバマス『分裂する西欧』 スローターダイク『球体』第３巻
2005	ＣＤＵ・ＣＳＵとＳＰＤの大連立政権発足 ハーバマス『自然主義と宗教の間で』 ホーネット『物象化』
2008	ハーバマス『ああ、ヨーロッパ』
2009	「福祉国家」をめぐるスローターダイクとホーネットの論争 スローターダイク『君は君の生を変えねばならない』 ボルツ『不平等論』『万人にとっての利益』
2011	ハーバマス『ヨーロッパ憲法に向けて』

	ハーバマス『認識と関心』
1969	ＳＰＤ政権成立
	ルーマン『手続きを通しての正統化』
1970	アドルノ『美の理論』
1971	ハーバマス／ルーマン『批判理論と社会システム理論』
1973	ハーバマス『晩期資本主義における正統化の諸問題』 アーペル『哲学の変換』
1974	プレスナー『遅れてきた国民』
1975	ルーマン『権力』
1976	ハーバマス『史的唯物論の再構成に向けて』
1980	ブロッホ『ユートピアとの決別』
1981	ハーバマス『コミュニケイション的行為の理論』
1982	SPD に代わって、CDU・CSU（キリスト教民主同盟・社会同盟）が政権与党に
1983	「緑の党」が連邦議会進出 スローターダイク『シニカル理性批判』 ハーバマス『道徳意識とコミュニケーション行為』
1984	ルーマン『社会システム理論』
1985	ハーバマス『近代の哲学的言説』『新たなる不透明性』 キトラー『記録システム 1800、1900』 スローターダイク『魔の木』
1986	キトラー『グラモフォン、フィルム、タイプライター』 ホーネット『権力の批判』
1987	メニングハウス『無限の二重化』 ボーラー『ロマン派の手紙』
1988	フランク『ハーバーマスとリオタール：理解の限界』 ハーバマス『ポスト形而上学の思考』
1989	11 月、ベルリンの壁崩壊 フランク『初期ロマン派美学入門』 ボーラー『ロマン派の批判』 ボルツ『批判理論の系譜学』
1990	東西ドイツ統一
1992	ハーバマス『事実性と妥当性』 ホーネット『承認をめぐる闘争』 ヘーリッシュ『パンと葡萄酒』
1993	ボルツ『グーテンベルク銀河系の終焉』 キトラー『ドラキュラの遺言』

1945	5月、ドイツ無条件降伏
1946	ハイデガー『ヒューマニズムについて』
1947	ホルクハイマー／アドルノ『啓蒙の弁証法』 ホルクハイマー『理性の腐食』
1949	ドイツ連邦共和国（西ドイツ）建国 ドイツ民主共和国（東ドイツ）建国 ホルクハイマーとアドルノ、西ドイツに帰国
1950	ハイデガー『杣径』 シュミット『大地のノモス』
1951	ハイデガー、フライブルク大学に復職 ホルクハイマー、フランクフルト大学学長就任 アドルノ『ミニマ・モラリア』
1953	ハイデガーの『形而上学入門』の刊行をめぐる論議
1954	ハイデガー『思惟の経験から』
1955	アドルノ『プリズム』
1956	アドルノ『認識論のメタクリティーク』 ハンガリー動乱
1957	ハイデガー『同一性と差異性』
1959	SPD（社会民主党）、バートゴーデスベルク綱領採択 ハイデガー『言葉への途上』『放下』 ブロッホ『希望の原理』
1960	ガダマー『真理と方法』 「ベルリンの壁」建設
1961	ハイデガー『ニーチェ』
1962	ハーバマス『公共性の構造転換』 ハイデガー『技術論』 ブロッホ『異化』
1963	ハーバマス『理論と実践』 シュミット『パルチザンの理論』 ブロッホ『テュービンゲン哲学入門』
1964	アドルノ『本来性という隠語』
1966	アドルノ『否定弁証法』
1967	ハイデガー『道標』 ホルクハイマー『道具的理性批判』
1968	学生蜂起 ホルクハイマー『伝統理論と批判理論』

[年表]

※主に本書で紹介した書籍（必ずしも邦題ではなく、原書のタイトルに基づいて紹介した）と主な出来事を紹介する。

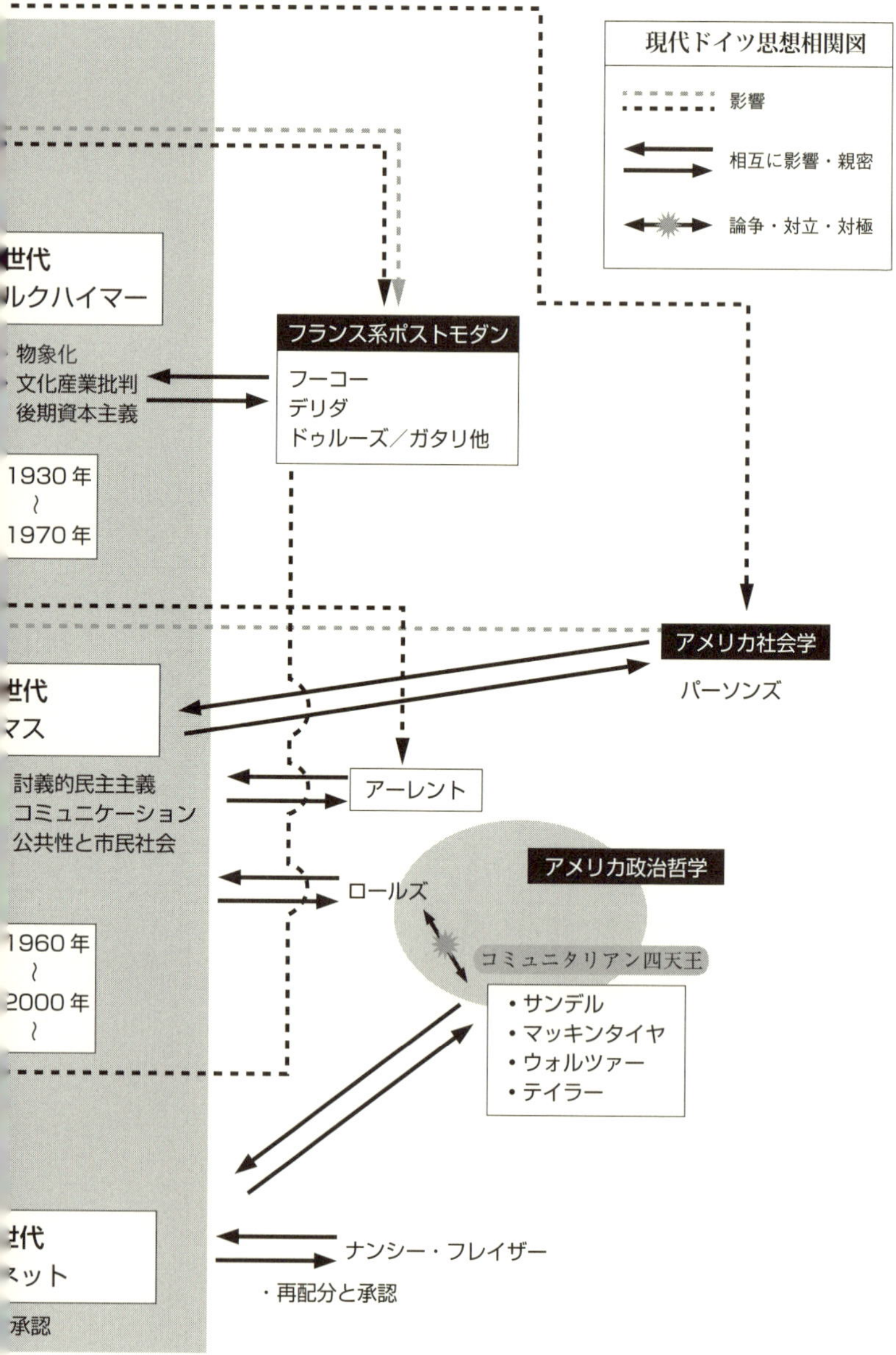
現代ドイツ思想相関図
影響
相互に影響・親密
論争・対立・対極
世代
ルクハイマー
物象化
文化産業批判
後期資本主義
1930年
〜
1970年
フランス系ポストモダン
フーコー
デリダ
ドゥルーズ／ガタリ他
アメリカ社会学
パーソンズ
世代
マス
討議的民主主義
コミュニケーション
公共性と市民社会
アーレント
アメリカ政治哲学
ロールズ
コミュニタリアン四天王
・サンデル
・マッキンタイヤ
・ウォルツァー
・テイラー
1960年
〜
2000年
〜
世代
ネット
承認
ナンシー・フレイザー
・再配分と承認

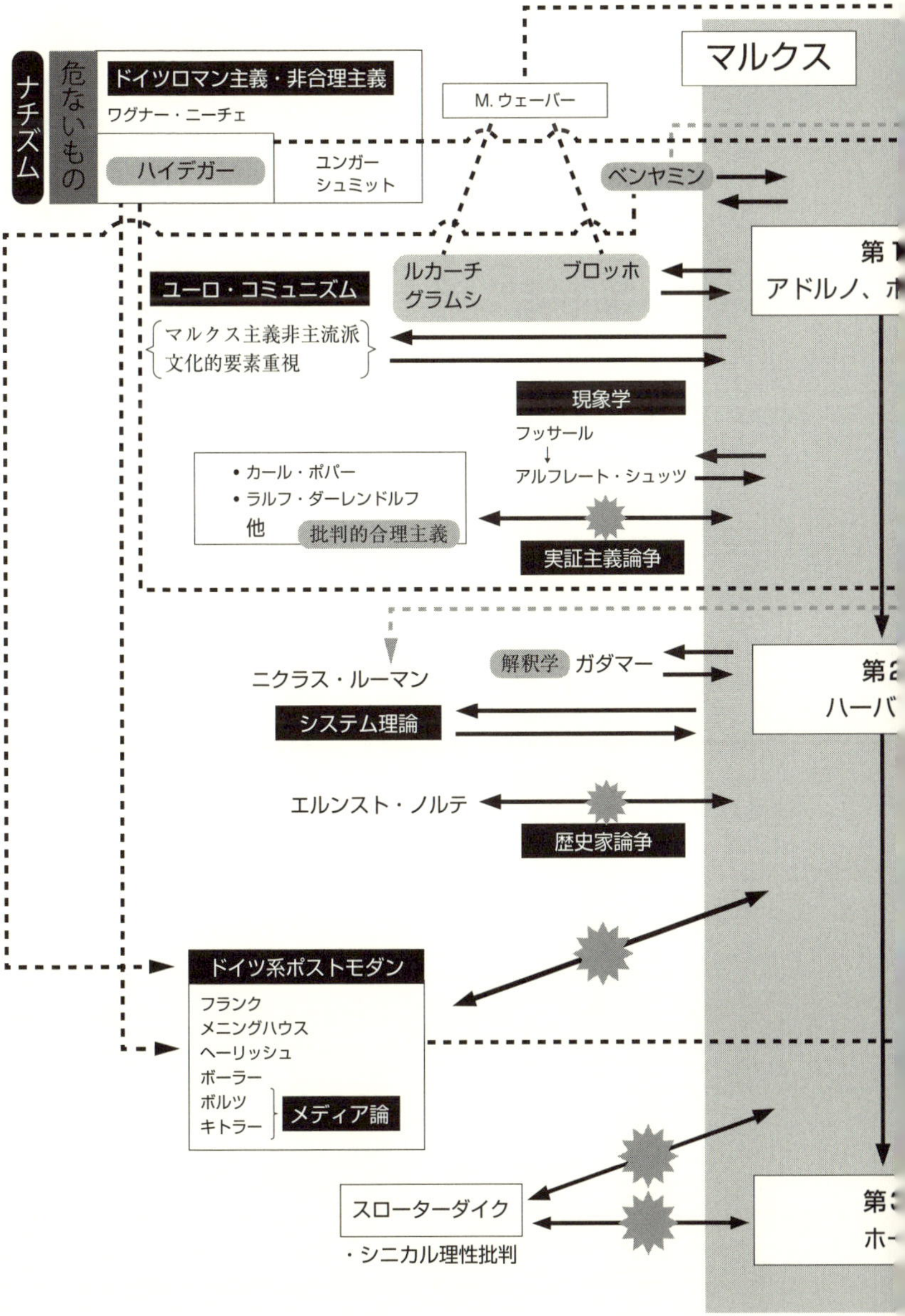

ナチズム
危ないもの
ドイツロマン主義・非合理主義
ワグナー・ニーチェ
ハイデガー
ユンガー
シュミット
M.ウェーバー
マルクス
ベンヤミン
ユーロ・コミュニズム
ルカーチ
グラムシ
ブロッホ
第1
アドルノ、ホ
マルクス主義非主流派
文化的要素重視
現象学
フッサール
アルフレート・シュッツ
・カール・ポパー
・ラルフ・ダーレンドルフ
他
批判的合理主義
実証主義論争
ニクラス・ルーマン
解釈学
ガダマー
第2
ハーバ
システム理論
エルンスト・ノルテ
歴史家論争
ドイツ系ポストモダン
フランク
メニングハウス
ヘーリッシュ
ボーラー
ボルツ
キトラー
メディア論
スローターダイク
・シニカル理性批判
第3
ホー

【著者紹介】

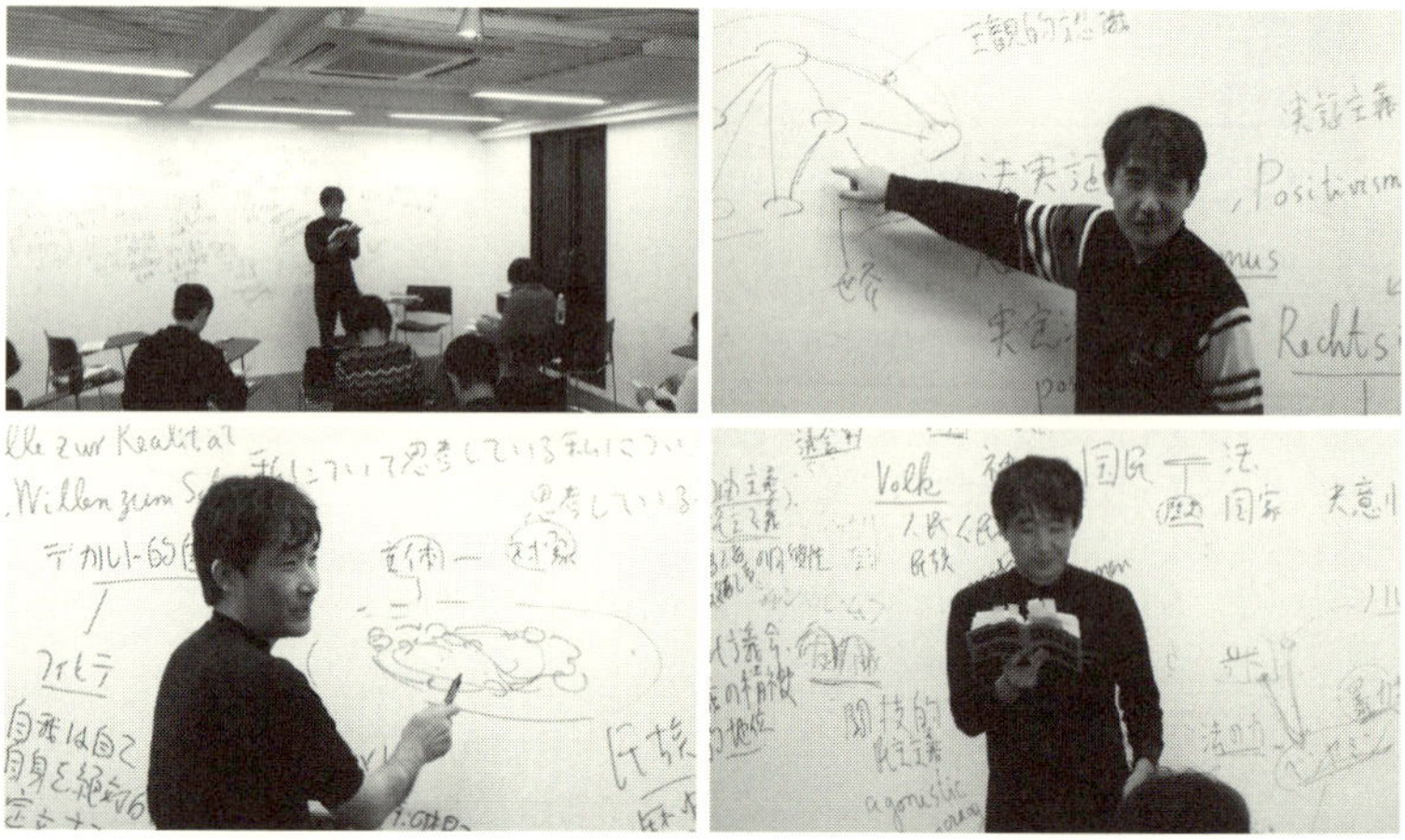

仲正昌樹（なかまさ　まさき）

一九六三年広島生まれ。東京大学総合文化研究科地域文化研究専攻博士課程修了（学術博士）。現在、金沢大学法学類教授。「ポストモダン」が流行の八〇年代に学生時代をすごす。西洋古典、現代ドイツ思想、社会哲学、基礎法学などの“マトモ”な学問から、テレビ、映画、アニメ、はたまた松本清張などの“俗っポイもの”まで幅広くかつ真剣に議論を展開し、また医療問題にも取り組む。

主な最近の著作に、『〈リア充〉幻想』（明月堂書店、2010年）、『ポストモダンの正義論』（筑摩書房、2010年）、『今こそルソーを読み直す』（生活人新書：日本放送出版協会、2010年）、『ヴァルター・ベンヤミン』（作品社、2011年）、『改訂版〈学問〉の取扱説明書』（作品社、2011年）、『いまこそハイエクに学べ』（春秋社、2011年）、共著に、笠井潔・巽孝之監修　海老原豊・藤田直哉編集『3・11の未来――日本・SF・創造力』（作品社、2011年）、翻訳にハンナ・アーレント『完訳カント政治哲学講義録』（明月堂書店）、ドゥルシラ・コーネル『〝理想〟を擁護する』（作品社）など、その著作・共著・翻訳は60冊以上にも及ぶ。【写真は、連合設計社 http://www.rengou-sekkei.co.jp/ にて主催する勉強会の様子】

現代ドイツ思想講義

2012年 3 月 20 日第 1 刷発行
2018年 9 月 25 日第 5 刷発行

著　者　仲正昌樹

発行者　和田肇
発行所　株式会社作品社
〒102-0072　東京都千代田区飯田橋 2-7-4
Tel 03-3262-9753 Fax 03-3262-9757
http://www.sakuhinsha.com
振替口座 00160-3-27183

装　幀　小川惟久
本文組版　有限会社閏月社
印刷・製本　シナノ印刷(株)

Printed in Japan
落丁・乱丁本はお取替えいたします
定価はカバーに表示してあります
ISBN978-4-86182-382-4 C0010

現象学の根本問題

Die Grundprobleme der Phänomenologie

マルティン・ハイデガー
Martin Heidegger

木田元［監訳・解説］
平田裕之・迫田健一［訳］

哲学は存在についての学である

未完の主著『存在と時間』の欠落を補う最重要の講義録。アリストテレス、カント、ヘーゲルと主要存在論を検証しつつ時間性に基づく現存在の根源的存在構造を解き明かす。

Walter Benjamin

ヴァルター・ベンヤミン

「危機」の時代の思想家を読む

Nakamasa Masaki

仲正昌樹

現代思想の〈始原〉を熟読する

暴力と正義、言語、情報とメディア、表象文化、都市空間論……あらゆる思考の出発点、ヴァルター・ベンヤミン（1892-1940）の主要作品群『翻訳者の課題』『暴力批判論』『歴史の概念について』『複製技術時代における芸術作品』を徹底的に読み解く。